DIREITO DE FAMÍLIA

Dados Internacionais de Catalogação na Publicação (CIP)
(Câmara Brasileira do Livro, SP, Brasil)

Roque, Sebastião José
   Direito de Família / Sbastião José Roque ;
[revisão Rosa Maria Cury Cardoso] . – São Paulo :
Ícone, 2004 . – (Elementos de direito)

   1. Direito civil - Brasil 2. Direito de família -
Brasil 3. Direito de família - Legislação - Brasil
I. Título. II. Série.

03-4020   CDU-347.6(81)

Índices para catalogação sistemático:

1. Brasil : Direito de família : Direito civil
347.6 (81)

Sebastião José Roque

- Bacharel, Mestre e Doutor em Direito pela USP
- Advogado e Assessor Jurídico Empresarial
- Árbitro e Mediador
- Autor de 22 obras jurídicas
- Professor da Faculdade de Direito da Universidade São Francisco
- Presidente do Instituto Brasileiro de Direito Comercial "Visconde de Cairu"
- Presidente da Associação Brasileira de Arbitragem – ABAR

DIREITO DE FAMÍLIA

COLEÇÃO ELEMENTOS DE DIREITO

2ª Edição
revista e ampliada

Ícone editora

Copyright © 2004
Ícone Editora Ltda.

Diagramação
Isabel Reis Guimarães

Revisão
Rosa Maria Cury Cardoso

Proibida a reprodução total ou parcial desta obra,
de qualquer forma ou meio eletrônico, mecânico,
inclusive através de processos xerográficos,
sem permissão expressa do editor
(Lei nº 9.610/98).

Todos os direitos reservados pela
ÍCONE EDITORA LTDA.
Rua Lopes de Oliveira, 138 – Barra Funda
CEP: 01152-010 – São Paulo – SP
Tel./Fax: (011) 3666-3095
www.iconelivraria.com.br
E-mail: editora@editoraicone.com.br
edicone@bol.com.br

DEDICATÓRIA

AOS MEUS NETOS: FERNANDA, MARIANA, ISABELLA, GIOVANNI:
VOCÊS QUE SÃO A INSPIRAÇÃO DE MINHA VIDA, FORAM TAMBÉM OS INSPIRADORES DESTE LIVRO. VOCÊS ME FAZEM SENTIR CADA VEZ MAIS QUE NA FAMÍLIA ESTÁ A FONTE DA FELICIDADE. POR ISSO, É MINHA LUTA PARA PRESERVAR A FAMÍLIA E O DIREITO QUE A PROTEGE.

O PODER DA MENTE

Pobre de ti se pensas ser vencido,
Tua derrota é um caso decidido.
Queres vencer mas como em ti não crês
Tua descrença esmaga-te de vez.
Se imaginas perder, perdido estás.
Quem não confia em si marcha para trás.
A força que te impele para a frente
É a decisão firmada em tua mente.

Muita empresa esboroa-se em fracasso
Inda antes de dar o primeiro passo.
Muito covarde tem capitulado
Antes de haver a luta começado.
Pensa em grande e teus feitos crescerão;
Pensa em pequeno e irás depressa ao chão.
O querer é poder arquipotente
É a decisão firmada em tua mente.

Fraco é quem fraco se imagina.
Olha ao alto quem ao alto se destina.
A confiança em si mesmo é a trajetória
Que leva aos altos cimos da vitória.
Nem sempre quem mais corre a meta alcança,
Nem mais longe o mais forte o disco lança.
Mas se és certo em ti, vai firme, vai em frente,
Com a decisão firmada em tua mente.

ÍNDICE

1. A FAMÍLIA E O DIREITO QUE A PROTEGE, 15
   1.1. Conceitos e institutos principais, 17
   1.2. As fontes romanas da família, 18
   1.3. A regulamentação brasileira, 19

2. DO CASAMENTO, 23
   2.1. Conceito, 25
   2.2. Natureza jurídica, 26
   2.3. As fontes romanas, 27
   2.4. O casamento no atual direito brasileiro, 30
   2.5. Efeitos civis do casamento religioso, 31
   2.6. O rompimento do Brasil com Roma, 32

3. DA CAPACIDADE PARA O CASAMENTO, 37
   3.1. Aspectos conceituais da capacidade, 39
   3.2. Os aptos a se casarem e variantes, 40

4. DOS IMPEDIMENTOS MATRIMONIAIS, 43
   4.1. Conceito e tipos, 45
   4.2. Impedimentos dirimentes públicos, 45
   4.3. Oposição dos impedimentos, 48

5. DAS CAUSAS SUSPENSIVAS, 51

6. DO PROCESSO DE HABILITAÇÃO
   PARA O CASAMENTO, 57
   6.1. O formalismo matrimonial, 59
   6.2. O processo de habilitação, 59

7. DA CELEBRAÇÃO PARA O CASAMENTO, 63

7.1. O cerimonial do casamento, 65

7.2. Registro cartorial, 66

7.3. Casamento nuncupativo, 67

7.4. Casamento por procuração, 68

7.5. Implicações internacionais, 69

8. DAS PROVAS DO CASAMENTO, 73

8.1. Os tipos de prova, 75

8.2. Provas do casamento no exterior, 76

8.3. Casamento duvidoso, 77

9. DA INVALIDADE DO CASAMENTO, 79

9.1. O casamento na teoria das nulidades, 81

9.2. Casamento inexistente, 81

9.3. Casamento nulo, 82

9.4. Casamento anulável, 83

9.5. Casamento putativo, 86

9.6. A ação anulatória, 87

10. EFICÁCIA DO CASAMENTO, 93

10.1. Efeitos jurídicos do casamento, 95

10.2. Direitos e deveres dos cônjuges, 97

11. DA DISSOLUÇÃO DA SOCIEDADE CONJUGAL, 103

11.1. Sociedade conjugal e casamento, 105

11.2. A separação judicial, 105

11.3. O divórcio, 107

11.4. Efeitos jurídicos da sentença de divórcio, 108

11.5. Sistema processual, 110

11.6. As disposições do novo Código Civil, 111

12. DA PROTEÇÃO DA PESSOA DOS FILHOS, 123

12.1. Os efeitos danosos da separação, 125

12.2. Direitos e deveres dos pais, 126

12.3. O direito de visita, 129

12.4. Posição dos filhos inválidos,

13. DAS RELAÇÕES DE PARENTESCO, 131
13.1. Tipos de parentesco, 133

14. DA FILIAÇÃO, 137
14.1. A filiação natural, 139

14.2. A filiação artificial, 141

15. DO RECONHECIMENTO DOS FILHOS, 145
15.1. Conceito e tendências, 147

15.2. Legislação pertinente e "status" criado, 149

15.3. A ação de investigação da paternidade, 150

16. DA ADOÇÃO, 157
16.1. Conceito e natureza jurídica, 159

16.2. Requisitos básicos, 159

16.3. Efeitos jurídicos da adoção, 160

16.4. O "modus faciendi" da adoção, 162

16.5. A adoção internacional, 163

16.6. O final da adoção, 166

17. DO PODER FAMILIAR, 169
17.1. Conceito e abrangência, 171

17.2. Caracteres, 171

17.3. Do poder familiar quanto à pessoa dos filhos, 174

17.4. Do poder familiar quanto aos bens dos filhos, 176

17.5. Da suspensão e extinção do poder familiar, 177

17.6. Do processo de perda e suspensão do poder familiar, 180

17.7. Origem romana do "patria potestas", 181

18. DO REGIME DE BENS ENTRE OS CÔNJUGES, 187
18.1. Relacionamento patrimonial entre os cônjuges, 189
18.2. Mutabilidade do regime de bens, 190
18.3. Diversidade de regimes, 191

19. DO PACTO ANTENUPCIAL, 197

20. DO REGIME DE COMUNHÃO PARCIAL, 201

21. DO REGIME DE COMUNHÃO UNIVERSAL, 209

22. DO REGIME DE PARTICIPAÇÃO FINAL NOS AQÜESTOS, 215

23. DO REGIME DE SEPARAÇÃO DE BENS, 225
23.1. Conceito e características, 227
23.2. Espécies de separação, 227

24. DO USUFRUTO E DA ADMINISTRAÇÃO DOS BENS DE FILHOS MENORES, 229
24.1. Condições do usufruto, 231
24.2. Administração dos bens, 231
24.3. Representação e assistência, 231
24.4. Anulação de atos, 232
24.5. Exclusão de poderes, 232

25. DOS ALIMENTOS, 235
25.1. Conceito, 237
25.2. Alimentantes e alimentados, 237
25.3. Pressupostos básicos, 238

25.4. Caracteres, 239
25.5. Legislação pertinente, 239
25.6. Conseqüências da separação, 240
25.7. Da ação de alimentos, 241
25.8. Disposições penais, 242

26. DO BEM DE FAMÍLIA, 247
26.1. Conceito e origem, 249
26.2. Legislação pertinente, 251
26.3. Como instituir, 251
26.4. Extinção do bem de família, 252

27. DA UNIÃO ESTÁVEL, 255
27.1. Conceito e legislação, 257
27.2. Os deveres dos conviventes, 260
27.3. O regime matrimonial, 262
27.4. Direitos emergentes da dissolução da união estável, 263
27.5. A transformação em casamento, 265

28. DA TUTELA, 267
28.1. Conceito e aplicação, 269
28.2. Tipos de tutela, 269
28.3. Dos incapazes de exercer a tutela, 271
28.4. Da escusa dos tutores, 272
28.5. Da garantia da tutela, 273
28.6. Do exercício da tutela, 274
28.7. Dos bens do tutelado, 277
28.8 Da prestação de contas da tutela, 278
28.9. Da cessação da tutela, 279

29. DA CURATELA, 287
29.1. Conceito, 289

29.2. Quem está sujeito à curatela, 290

29.3. O processo de interdição, 292

29.4. Quem deve ser curador, 294

29.5. Da curatela do nascituro e do enfermo ou portador de deficiência física, 295

29.6. O levantamento da interdição, 296

30. O ESTATUTO DA CRIANÇA E DO ADOLESCENTE, 301

30.1. A legislação do menor, 303

30.2. Proteção ao menor, 305

30.3. A colocação em família substituta, 306

30.4. A Justiça da Infância e da Juventude, 307

30.5. Os crimes contra o menor, 308

30.6. O adolescente infrator, 310

1. A FAMÍLIA E O DIREITO QUE A PROTEGE

1.1. Conceitos e institutos principais
1.2. As fontes romanas da família
1.3. A regulamentação brasileira

1.1. Conceitos e institutos principais

Muito se diz que o direito é o conjunto de normas e princípios que regulamentam o funcionamento da sociedade e o comportamento dos membros da sociedade nas relações entre eles. A sociedade, contudo, tem um sentido muito plurivalente e apresenta muitas facetas. Algumas delas são amplas: a nação brasileira, por exemplo. Outras são restritas, constituídas de pequeno número de pessoas, e são mais simples. O direito tutela o funcionamento da sociedade em geral, como também o de cada tipo de sociedade.

Desta vez, estamos falando de um tipo de sociedade restrita, cujos membros podem ser contados com os dedos: a sociedade familiar. Em princípio, é uma sociedade binária, constituída de marido e mulher. Depois se alarga com o surgimento dos filhos. Sob outros prismas, a família alarga-se ainda mais: ao se casarem, os filhos não rompem o vínculo familiar com seus pais e estes continuam fazendo parte da família; os irmãos não se desgarram também, e, por seu turno, casam-se e trazem os filhos para o seio familiar.

Isto posto, concluímos que a família é uma sociedade natural, formada por pessoas físicas, unidas por laços de sangue ou de afinidade. Os laços de sangue resultam da descendência, ou seja, de pai para filho. A afinidade se dá com as pessoas estranhas que se agregam à sociedade familiar pelo casamento, como os cônjuges. Nota-se um importante fator na família, de ser uma sociedade natural e, por isso, preexistente ao direito que a regulamenta. Outro fator, é o de ser ela fundada no casamento. São dois importantes elementos da sociedade familiar, sob o ponto de vista jurídico.

Nossa legislação expõe esses dois elementos em suas numerosas disposições. Começa a demonstração pela Constituição Federal de 1988, no art. 226: "A família, base da sociedade, tem especial proteção do Estado".

A maioria dos países adota critérios semelhantes, como nos faz supor o art. 239 da Constituição italiana:

La Repubblica riconosce i diritti della famiglia come società naturale fondata sul matrimonio.	A República reconhece os direitos da família como sociedade natural fundada no casamento.

Vemos assim que o direito protege o organismo familiar, por ser uma sociedade natural e portanto originária, anterior ao Estado e ao direito. Não foi portanto nem o Estado nem o direito que criaram a família e, dizem alguns, a família é quem criou o Estado e o direito, como sugere a famosa frase de Rui Barbosa: "A pátria é a família amplificada". Por tudo isso, cabe ao Estado e ao direito protegê-la, pois a desagregação da família poderá estremecer as bases do Estado e do direito.

Assim sendo, o organismo familiar não é objeto apenas do direito. Envolve aspectos sociológicos, políticos, econômicos, todos eles com implicações complexas, razão pela qual a Constituição Federal lhe dedica um capítulo, com os arts. 226 a 230. Apesar de serem as relações familiares, além de privadas, até mesmo íntimas, vê-se o direito nas elevadas funções de tutelar essas relações, regulamentando-as de forma bem descrita. Os atos amparados pelo Direito de Família, como o casamento e a adoção, são atos extremamente formais.

Faremos contudo melhor visão sobre o Direito de Família se enumerarmos seus principais institutos e aspectos da vida familiar, por ele tutelados. São os principais temas do Direito de Família:

– Casamento e seus regimes de bens;

– Dissolução da sociedade matrimonial;

– Proteção à pessoa dos filhos menores, dos incapazes e dos anciães (tutela e curatela);

– A formação da família: legítima, extraconjugal e adotiva;

– Deveres e direitos dos cônjuges e filhos;

– O parentesco.

1.2. As fontes romanas da família

Como se disse, a família preexistiu ao direito, ao Estado e até mesmo à história. Não há na história dos povos antigos, tanto da Antigüidade oriental como da Antigüidade clássica (Grécia e Roma), o surgimento de uma sociedade organizada sem que se revele a família instituída. Foi porém na antiga Roma que ela foi sistematizada e, para protegê-la, se criou um conjunto de normas severas que faziam da família uma sociedade patriarcal. O Direito de Família era porém muito complexo, prevendo vários tipos de famílias. Em sentido técnico e restrito, a família era o complexo de pessoas livres, que se encontravam momentaneamente sob o poder do mesmo *pater*. Era preponderante o poder e a posição do pai, chefe da comunidade doméstica.

O pátrio poder (patria potestas) tinha caráter unitário; era exercido apenas pelo pai. Era ainda exercido sobre os netos. Ressalte-se que o conceito de família acima exposto fala em pessoas "livres", ou seja, era aplicado apenas aos cidadãos romanos, aos "quirites". Na sociedade romana, elitista e machista, os poderes do "pater familias" eram numerosos e amplos. Para formar uma idéia, basta examinar os três principais:

A – *jus vitae ac necis* (direito de vida e morte) – o "pater familias" podia até matar seus dependentes, vale dizer, filhos, netos e até a esposa, se estes transgredissem as obrigações reverenciais, tuteladas pela lei;

B – *jus exponendi* (direito de abandono) – em vez de matar, poderia lançar seu filho na rua, ainda que este fosse menor impúbere. Poderia o abandonado ser recolhido por outra família ou por órgãos do Estado.

C – *jus noxae dandi* (direito de dar por prejuízo) – se um dependente cometesse algum delito e causasse danos a outrem, o "pater familias" poderia dar o causador do dano, como escravo, à vítima. Assim sendo, essa pessoa submetida ao pátrio poder era transformada em moeda de pagamento.

Se o "pater famílias" morresse, o pátrio poder não passava para a mãe; o filho mais velho passava a ser o "pater familias" e adquiriu o pátrio poder sobre seus filhos, uma vez que estes eram anteriormente sujeitos ao avô. As filhas não assumiam o pátrio poder, que era vedado às mulheres.

Para atualizarmos a nossa linguagem, a expressão "patrio poder" não é utilizada pelo novo Código Civil, que preferiu adotar "poder familiar".

1.3. A regulamentação brasileira

O direito brasileiro vem sendo alvo de muitas críticas, por ser mal legislado, com a proliferação de leis muitas vezes conflitantes entre elas, leis muito antigas e superadas convivendo com lei novas, muitas omissões a respeito de institutos mais modernos e tantas outras restrições. Há uma frase irreverente de que no direito brasileiro há muito a ser criticado e pouco a ser louvado.

No que tange, porém, ao Direito de Família, não se pode adotar idênticas críticas, tendo em vista o surgimento de novo Código Civil. Podemos dizer que o Direito de Família no Brasil é um ramo rico, coerente, moderno, vibrante e eficaz. É nosso parecer o de que, nesse aspecto, o Direito de Família assemelha-se ao dos países mais desenvolvidos, como a Itália e a França. Nosso Código Civil foi elaborado com base no seu congênere italiano. Não se trata porém de cópia servil, mas com as devidas adaptações às nossas necessidades e modernização de muitas disposições e institutos, visto que o Código Civil italiano é de 1942.

Podemos citar muitos exemplos em que o nosso Código supera em perfeição seu modelo. Bastaria citar um aspecto: o casamento religioso possui determinadas formalidades se for realizado pela Igreja Católica, e outras, se for realizada em igreja de outras religiões "admitidas pelo Estado". Essa discriminação afronta a própria Constituição da Itália; não é admitida no Brasil, pois, além de odiosa, fere a Constituição Federal.

Era motivo de mofa o direito de o marido pedir a anulação de casamento se descobrisse que sua mulher não era virgem quando se casou. Essa excrescência era porém do antigo Código e não mais existe; ficou abolida pelo Código atual. Entretanto, o art.122-2 do Código Civil italiano confere ao marido o direito de pedir a anulação do casamento se descobrir que sua mulher foi condenada por prostituição, com pena superior a dois anos; menos do que esse período não haverá esse direito.

É natural podermos cantar a excelência de nosso Código, de forma teórica e doutrinária, uma vez que mal está ele entrando em vigor e colocado em prática. O que podemos dizer é que foi ele elaborado com ponderação e cuidadosamente adaptado às nossas condições, tendo todas as condições exigidas para ser eficaz.

A significativa importância, riqueza legislativa e tantos cuidados com o Direito de Família decorrem, infelizmente, do abalo que a instituição familiar vem sofrendo, principalmente nos últimos anos. Houve necessidade de reforço, graças a várias leis, mas estas realçaram a importância do Direito de Família. Vamos então enumerar as leis mais sugestivas e mais diretamente ligadas ao Direito de Família:

A – Código Civil – Está esse ramo do Direito Civil regulamentado nos arts. 1.511 a 1.783.

B – Constituição Federal – Consta dos arts. 226 a 230.

C – Lei do Divórcio (Lei 6.515/77).

D – Estatuto da Criança e do Adolescente (Lei 8.069/90).

E – Lei de Investigação de Paternidade (Lei 8.560/92).

F – Lei dos Registros Públicos (Lei 6.015/73).

G – Reconhecimento do casamento religioso (Lei 1.110/50)

H – Casamento de funcionários diplomáticos (Lei 1.542/52)

I – Lei sobre a Adoção (3.133/57).

J – Ação de Alimentos (Lei 5.478/68).

K – Bem de Família (Lei 8.009/90).

L – Direitos de Companheiros (Lei 8.971/94).

M – Organização e Proteção da Família (Decreto-lei 3.200/41).

CONVENÇÕES INTERNACIONAIS

Convenção da ONU sobre consentimento para o casamento (Decreto 66.605/70)

Convenção de La Paz sobre adoção de menores (Decreto 2.429/97)

Convenção de Haia sobre adoção internacional (Decreto 3.087/99)

Outras leis esparsas ainda estabelecem algumas disposições a respeito de questões relacionadas ao Direito de Família, até mesmo o Código Penal, ao falar sobre o casamento como forma de impunidade por mal causado.

As convenções internacionais retro referidas foram transformadas em leis nacionais, incorporando-se pois à legislação de família.

2. DO CASAMENTO

2.1. Conceito
2.2. Natureza jurídica
2.3. As fontes romanas
2.4. O casamento no atual direito brasileiro
2.5. Efeitos civis do casamento religioso
2.6. O rompimento do Brasil com Roma

2.1. Conceito

O casamento ou matrimônio é a instituição máxima do Direito de Família. É por meio dele que a família se constitui juridicamente, a ponto de podermos dizer que o casamento é a forma pela qual a família legalmente se constitui. Muitas definições foram dadas pelos juristas, ou não juristas, no decorrer dos séculos. Delas, porém, exporemos e comentaremos a de Modestino, que forma com Ulpiano, Gaio, Papiniano, Pompônio e Paulo a máxima plêiade dos grandes jurisconsultos romanos:

Nuptiae sunt conjuntio maris et femine et consortium omnis vitae, divini et humani juris comunicatio.	As núpcias são a conjunção do marido e da mulher, em consórcio para toda a vida, e a comunicação do direito humano e divino.

O casamento é pois a conjunção de um homem com uma mulher, tanto que passam a se chamar "cônjuges". Trata-se de uma conjunção física, representada pela coabitação, a união de corpos, para a vida em comum. Tão importante é essa conexão entre ambos, que Modestino a repete, dizendo que marido e mulher formam um consórcio, donde o nome de "consortes" dado a eles. O que suscita dúvidas é o consórcio para toda a vida, porquanto o próprio direito romano previu a dissolução da sociedade conjugal, como o *repudium* unilateral e o *divortium* bilateral. Em princípio, o casamento é o vínculo jurídico continuado e permanente entre os cônjuges; nunca será a prazo. Há o pressuposto de que os consortes desejam que o matrimônio seja para toda a vida e se comprometam a lutar por essa vida em conjunção, ou conjugal, "até que a morte os separe".

Também dá margem a várias interpretações a afirmação de Modestino, de que o casamento é a comunicação do direito divino e humano. Podemos entender a afirmação como sendo de direito natural e positivo. Em sentido mais amplo, o casamento transcende a sua posição de uma instituição jurídica, tanto que a Igreja Católica o elegeu como um sacramento religioso. As outras igrejas, em sua maioria, seguem idêntico critério. O direito divino representa a colocação do casamento no plano religioso. Esse aspecto já era sentido no direito romano, mas, no mundo moderno, é realçado pelo direito de todos os países, qualquer que seja seu credo religioso predominante. Todos os credos empenham-se na luta pela preservação do matrimônio como instituição religiosa, havendo por isso o casamento civil e o religioso. É um ponto de honra no direito canônico tanto quanto no civil.

Essa íntima conjunção parece ser anterior à própria igreja cristã, porquanto antes de Cristo o apóstolo Paulo em sua Epístola aos efésios (versículo 31):

> "Devem os maridos amar suas esposas como a seu próprio corpo. Amar a sua mulher, é amar a si mesmo. Nenhum homem jamais odiou a sua própria carne; ao contrário, ele a nutre e trata, porque somos membros de seu corpo, somos de sua carne e de seus ossos. Eis porque o homem deixará pai e mãe, e se unirá à sua mulher, e serão os dois uma só carne".

Em outra passagem do Evangelho, Paulo dá a entender que falou em carne em sentido figurado, pois a mesma carne representa o casal e não apenas um homem e uma mulher. Refere-se ainda aos filhos, que constituem a mesma carne dos pais.

2.2. Natureza jurídica

Quanto à natureza jurídica, o casamento tem caráter marcantemente institucional. Nota-se no direito de alguns países, como França e Portugal, a consideração do casamento como um contrato, um acordo de vontades entre duas partes, marido e mulher, sobre determinado tipo de relação jurídica entre eles. É o que nos diz o art. 1.577 do Código Civil português:

> "O casamento é o contrato celebrado entre duas pessoas de sexo diferente que pretendem constituir família, mediante uma plena comunhão de vida, nos termos das disposições deste Código.

Mais adiante, no art. 1.672, explica o que considera como plena comunhão de vida:

> "Os cônjuges estão reciprocamente vinculados pelos deveres de respeito, fidelidade, coabitação, cooperação e assistência".

Todavia, o conceito de contrato adquire matizes especiais perante o direito de cada país e perante cada jurista, não havendo um conceito universal e estável. De nossa parte, adotamos para o contrato o conceito expresso no art. 1.321 do Código Civil italiano:

Il contato è l'accordo di due o più parti per costituire, regolare o estinguere tra loro un rapporto giuridico patrimoniale.	O contrato é o acordo de duas ou mais partes para constituir, regular ou extinguir entre elas uma relação jurídica patrimonial.

O novo Código Civil brasileiro inspirou-se profundamente no seu congênere italiano, mas não trouxe esse artigo, o que dá o conceito de contrato, no que aliás, nosso Código andou bem, porquanto dar definições não é função da lei mas da doutrina. Apesar disso, em toda a regulamentação geral dos contratos e de cada um particular, nota-se a presença desse conceito em nosso Código. Portanto, perante nosso direito, o contrato regula uma relação jurídica patrimonial, e o sentido dessa palavra refere-se a dinheiro.

O casamento, entretanto, não tem o escopo econômico, patrimonial, como as obrigações decorrentes dele não têm conteúdo patrimonial. Verdade é que o casamento produz efeitos patrimoniais, mas não foi para isso que ele surgiu.

Embora se origine o casamento de um acordo entre duas partes, trata-se de uma instituição social, de ordem pública. A vontade das partes encontra sérias limitações quanto à sua forma de celebração, quanto aos efeitos e às obrigações dele decorrentes. Não podem as partes impor condições e incluir nele cláusulas de livre escolha delas. Por exemplo: dispensa de coabitação ou de fidelidade, estabelecimento de prazo de duração do casamento, escolha do domicílio do casal, limitação de filhos. Funda-se ele no princípio de que uma convenção entre as partes não pode derrogar um direito de ordem pública (*jus publicum privatorum pactis derrogare non potest*).

2.3. As fontes romanas

O casamento é instituição bem anterior a Roma e devia ser regulamentado pelos mais antigos códigos. É o caso do Código de Hamurabi, da antiquíssima Babilônia, que punia severamente as transgressões aos deveres matrimoniais, geralmente com a morte. Contudo, o casamento ocidental tem sua primeira regulamentação jurídica na antiga Roma. Como acontece com o Direito de Família, o casamento era um ato jurídico complexo e não instantâneo, como o atual; não bastava o "sim" dos nubentes, mas o comportamento deles após as bodas, compatível com a condição de casados. Só assim o matrimônio se completava.

O casamento se aperfeiçoava com a observância de dois fundamentos essenciais: o *affectio conjugalis* e o *honor matrimonii*. O *affectio conjugalis* era o amor, a intenção das partes em se unirem e se ajudarem mutuamente, na tendência de procriar filhos e alargar a família. Ainda sob o impacto do machismo romano, era também chamado de *affectio maritalis,* pois só ao marido era reservado o sentimento do amor, já que a mulher era pouco considerada. Como se trata de um sentimento, um elemento afetivo, necessário se torna que seja ele manifestado de forma clara e positiva. A forma de manifestação do amor é o *honor matrimonii*. É o conjunto de atos sociais do casal, que revelam estarem eles integrados na sociedade conjugal. É, por exemplo, a apresentação pública de ambos, como casal, a participação em atividades públicas e sociais. O fato de gerar filhos em demonstração evidente de *honor matrimonii*.

Flagrante era o caráter publicístico do casamento, como ainda hoje entre nós. Ia além de um ato bilateral entre os nubentes: havia declarado interesse do Estado romano nesse casamento; a religião considerava-o um ato divino, abençoado pelos deuses, donde a afirmação de Modestino: "direito humano e divino". A sociedade romana não só o aprovava e apoiava, mas dele participava como um acontecimento nacional. Roma tinha em mente dominar o mundo e, para esse domínio, necessitava de soldados. Esses soldados seriam fruto do casamento, razão porque só podia o casal evitar filhos se houvesse comum acordo entre marido e mulher. A recusa unilateral poderia resultar no *repudium* ou no *divortium*.

Era um ato solene, formal. A noiva era levada pelo "pater familias" e entregue ao noivo no templo. Ficava demonstrada a intenção do "pater familias"em ampliar a família, desmembrando a sua, já que a filha saía de seu "patria potestas" A cerimônia não era privativa dos parentes e amigos, mas de toda a coletividade, uma vez que o interesse era nacional; ninguém podia ser banido da cerimônia sem motivo. De certa forma, permanece em nossos dias o mesmo espírito de interesse coletivo. Se o casamento for realizado no recinto do cartório, da igreja, ou mesmo na casa de um dos nubentes ou qualquer outro lugar, as portas e as janelas devem ficar abertas, para permitir a presença de qualquer componente da comunidade, podendo este apresentar objeção ao casamento.

Em seguida à cerimônia, os nubentes se dirigiam ao local da noite de núpcias, acompanhados pela população, e tomavam um copo de vinho, derramando três gotas no chão, dedicadas às três divindades romanas: "lares, manes, penates". Esse pleito religioso invocava a proteção dos deuses para o sucesso do casamento e a felicidade da nova família que se constituía. A cerimônia era obrigatória, pois fazia parte do *honor matrimonii*.

Há influência romana no casamento brasileiro, mas apenas de base, de fundamento. Duas nações tão diferentes, separados pelo tempo (2.000 anos) e pelo espaço (13.000 ks), mentalidade e filosofia de vida. A influência romana é preponderante no direito brasileiro mas não no Direito de Família e nem no tocante à sociedade conjugal. Existia em Roma dois direitos. O "jus civilis", chamado ainda de direito quiritário (quirites=cidadão romano) era aplicado só aos cidadãos romanos. O "jus gentium" era aplicado a não romanos, os "peregrinii", incluindo-se os escravos. Havia então vários tipos de casamento nos dois tipos de direito. A influência do direito romano parte porém do "jus civilis" e mesmo este apresentava o casamento legítimo, o "justae nuptiae" com as três modalidades referidas no capítulo anterior: "confarreatio, coemptio, usus".

O moderno direito brasileiro rompeu com essas formalidades e tradições, razão pela qual podemos dizer que o Direito de Família brasileiro é original e consentâneo com a sociedade brasileira.

O casamento estabelece comunhão plena de vida, com base na igualdade de direitos e deveres dos cônjuges. "Comunhão plena de vida" não é expressão vaga a vazia; corresponde ao que Modestino chamou de "comunicação de coisas divinas e humanas". Marido e mulher formam uma unidade e a essa unidade agregam-se os filhos. O direito brasileiro dá continuidade à tradição romana e à tradição bíblica, porém de modo original e adaptado à realidade de nosso país.

Nem tudo porém é romano: ao falar "com base na igualdade de direitos e deveres dos cônjuges", o art. 1.511 consagra o valor de cada membro da sociedade conjugal e da efetiva participação de cada um em todos os problemas domésticos. A discriminação da mulher decorre em parte do sistema romano, malgrado seja de interpretação superficial. A sociedade romana não desmerecia a mulher, mas estabeleceu rígida separação de deveres para o marido e a mulher. O marido deveria ser o estadista, o suporte do lar, o militar, o conquistador romano. À mulher era reservada a educação dos filhos, a administração do lar. Não podia ela participar da vida pública, pois iria se desviar de suas funções. Não era por isso muito considerada nem lembrada.

O orgulho de Roma eram os seus soldados, seus estadistas, seus juristas, como foi, por exemplo, Públio Cornélio Cipião. Quem trouxe porém Cipião ao mundo? Quem o amamentou? Quem o criou, educou e fez dele um ilustre cidadão de Roma e grande general? Quem criou e educou os notáveis tribunos e estadistas Caio Gracco e Tibério Gracco? A mãe deles também foi o orgulho da sociedade romana, como protótipo da mulher romana, revelando as virtudes de simplicidade, austeridade, e dedicação ao lar e à família. Consta da história que ao ser perguntada porque não usava jóias, Cornélia apresentou seus dois filhos, Tibério e Caio, como jóias insubstituíveis.

2.4. O casamento no atual direito brasileiro

Rica e longa é a regulamentação brasileira no que tange ao casamento e ao Direito de Família. Várias leis complementam a lei básica encontrada nos arts. 1.511 a 1.783 do Código Civil. Em nenhum outro ramo do direito sofreu o direito brasileiro tanta evolução e adaptação aos dias atuais como o Direito de Família. Mesmo assim, procurou o novo Código conservar o quanto possível o antigo, evitando assim a transposição muito violenta de um sistema para outro. Apesar das fontes romanas, podemos dizer que o Direito de Família no Brasil seja muito nosso; é original, e originário de nossos costumes, nossas tradições e nossa peculiar filosofia de vida.

Outro aspecto do novo Código Civil é o de ser ele de conteúdo mais genérico, mais conceitual e teórico. O antigo era mais prático, mais objetivo e restrito, começando diretamente nas formalidades estabelecidas pela lei para o casamento. O novo Código estabelece, desde o início, algumas disposições gerais, representando alguns princípios básicos. O primeiro artigo do capítulo, o 1.511, diz que o casamento estabelece comunhão plena de vida, com base na igualdade de direitos e deveres dos cônjuges. Dois princípios se notam nesse primeiro artigo.

Um deles é o princípio de isonomia conjugal: marido e mulher têm os mesmos direitos e deveres. Desaparece no moderno Direito de Família a discriminação entre um e outro. No decorrer do capítulo referente ao Direito de Família vai-se notando a igualdade de atribuições e o esforço em se evitar quaisquer discriminações entre os cônjuges.

O segundo princípio revelado é o de que "o casamento estabelece comunhão plena de vida", facultando a qualquer jurista interpretar o sentido dessa "comunhão". A origem dessa palavra liga-se a "comum", quando duas pessoas adotam vida comum, ligando-se a vida pessoal de cada um para a vida comum, com os mesmos interesses, os mesmos objetivos. Afirmam alguns filólogos que comunhão origina-se de comum/união, tanto que a língua portuguesa medieval a grafava "comunião". Será então a união comum de duas vidas, vale dizer, duas formando uma. Justifica-se então a expressão moderna de que duas pessoas levam "vida em comum". Essa união, a vida em comum, é o resultado do impulso instintivo do ser humano para o convívio com outros seres humanos, neste caso de sexo diferente, para satisfação e consolidação dos interesses pessoais, baseado no velho provérbio de que "uma mão lava a outra". Revela-se assim que o casamento no direito brasileiro é, antes de tudo uma instituição social.

A lei não pode dificultar a vida das pessoas que pretendem casar-se, principalmente as carentes de recursos financeiros. Por isso, o casamento é civil e gratuita a sua celebração. A habilitação para o casamento, o registro e a primeira certidão serão isentos de selos, emolumentos e custas, para as pessoas cuja pobreza for declarada sob as penas da lei (art. 1.512). É civil porque é realizado perante autoridade pública.

Reza o art. 1.513 ser defeso a qualquer pessoa, de direito público ou privado, interferir na comunhão de vida instituída pela família. No mundo moderno é bem difícil acontecer essa interferência externa na vida íntima do casal ou da família, mormente no casamento. Talvez reste ainda no Brasil resquícios de uma época em que o casamento era combinado entre os pais. O Imperador D. Pedro I casou-se duas vezes por procuração, sem conhecer sua futura esposa. É marcante hoje a independência dos jovens na determinação de casar-se. Quis dar contudo a lei segurança legal a essa independência.

2.5. Efeitos civis do casamento religioso

O casamento religioso não era previsto no Código de 1916, tendo em vista que a Igreja Católica impõe conexão entre os dois casamentos: civil e religioso. Foi ele introduzido pela Constituição Federal de 1988 e regulamentado pela Lei dos Registros Públicos. O novo Código Civil, porém, dá-lhe reconhecimento mais amplo nos arts. 1.515 e 1.516, tornando-o ato tão formal quanto o casamento civil.

O casamento religioso que atender às exigências da lei para a validade do casamento civil equipara-se a este, desde que registrado no registro próprio, produzindo efeitos a partir da data da celebração. O registro do casamento religioso submete-se aos mesmos requisitos exigidos para o casamento civil. Nota-se claramente a equiparação do casamento religioso ao casamento civil, vale dizer, o casamento realizado perante o sacerdote e o perante o juiz de casamentos.

Da mesma forma que o casamento civil, o casamento religioso deve ser precedido pela habilitação, conforme ela é regulamentada nos arts. 1.525 a 1.532. A habilitação é o conjunto de formalidades anteriores ao casamento, isto é, a preparação para o casamento; é realizada perante o oficial de registro civil, embora seja casamento religioso.

O registro civil do casamento religioso deverá ser promovido dentro de 90 dias de sua realização, mediante comunicação do celebrante ao ofício competente, ou por iniciativa de qualquer interessado, desde que haja sido homologada previamente a habilitação pelo juiz de casamentos. Após o referido prazo, o registro dependerá de nova habilitação. Exige a lei, portanto, um prazo para que o casamento adquira a eficácia civil, que é o mesmo prazo para o casamento civil. Assim sendo, o prazo de 90 dias após a homologação é exigido para que seja realizado tanto o casamento religioso como o civil.

Apesar do rigorismo das formalidades, nosso Código ainda faculta uma brecha para a legalização do casamento religioso: se este for realizado sem as formalidades exigidas pelo código, mesmo assim terá efeitos civis se, a requerimento do casal, for registrado, a qualquer tempo, no registro civil, mediante prévia habilitação perante a autoridade competente, desde que haja o prazo de 90 dias a partir da habilitação.

Será nulo o registro civil do casamento religioso se, antes dele, qualquer dos consorciados houver contraído com outrem o casamento civil. Se houver dois registros civis de um só casamento religioso, ou seja, da mesma pessoa, seria a legalização da poligamia.

Cabe ainda, a este respeito, esclarecimentos sobre a autoridade religiosa para a celebração. Será a autoridade religiosa de qualquer igreja legalmente registrada e com pessoa investida legalmente de poderes para esse ato. Existe jurisprudência recente no Rio de Janeiro, em que a justiça validou o casamento realizado em Terreiro de Umbanda.

2.6. O rompimento do Brasil com Roma

Vimos porque os romanos ergueram homenagens ao símbolo da mulher verdadeira. Num antigo cemitério de Roma, consta um túmulo como sendo de Cornélia. Numa sugestiva alegoria, o monumento desse túmulo é um jardim com uma ovelha comendo flores. Até a cidade de São Paulo rende também homenagem à dama de Roma, dedicando-lhe a Praça Cornélia, ladeada por duas ruas de nome Tibério Cracco e Caio Gracco, dois tribunos famosos, filhos de Cornélia.

O direito romano era rigoroso com o respeito que deveria merecer a mulher. Filho que desrespeitasse a mãe poderia até perder a cidadania romana e reverter à posição de escravo. Roma passou por vários regimes políticos, como a realeza, o império e a república. O primitivo regime foi a monarquia, com sete reis, começando por Remo, o fundador. O sétimo e último rei, Tarquínio, foi derrubado porque seu filho tentou agarrar uma mulher à força. O desrespeito à mulher ocasionou a derrubada do rei, à expulsão da família real e à extinção da monarquia, que nunca mais voltou a Roma.

A divisão de funções familiares, apesar do respeito à mulher, existiram no direito romano desde a Lei das XII Tábuas, a primeira constituição romana de mais ou menos 500 anos antes de Cristo. Nesses 2.500 anos, o direito evoluiu e se adaptou aos tempos, mas alguns traços permaneciam no direito brasileiro, como a expressão "chefe da família". O novo Código Civil sacudiu definitivamente o ranço do passado e hoje temos sistema jurídico compatível com a realidade. É conveniente citar que a figura do "chefe", a distinção entre direitos e deveres do marido, contrapondo-se aos da mulher e outras excrescências já havia em nosso Código Civil, mas, há muitos anos, tinham sido banidos de nossa vida familiar e social.

Estamos agora rompidos com Roma, pelo menos quanto ao casamento e ao Direito de Família. O direito brasileiro não dá margem às interpretações da vida romana. Diz de forma clara e objetiva o que se concebe como casamento e consagra a igualdade de direitos de forma contundente, para evitar más interpretações, ou influência do passado, conforme se vê na letra e no espírito da lei ao abrir o Livro IV, Direito de Família, no art. 1.511:

> "O casamento estabelece comunhão plena de vida, com base na igualdade de direitos e deveres dos cônjuges".

O casamento é civil e gratuita a sua celebração. A habilitação para o casamento, o registro e a primeira certidão serão isentos de selos, emolumentos e custas, para as pessoas cuja pobreza for declarada, sob as penas da lei. O casamento é instituição valorizada e consagrada pela lei, que procura remover entraves para a sua celebração, garantindo a gratuidade para as pessoas com dificuldades financeiras para o pagamento de custas.

A autonomia da vontade e a liberdade das partes fica evidenciada no casamento. É defeso a qualquer pessoa, de direito público ou privado, interferir na comunhão de vida instituída pela família. É um ato consensual e livre; "o homem e a mulher manifestam a sua vontade de estabelecer vínculo matrimonial". E não existe vontade sem seu atributo essencial: a liberdade. Essa liberdade não se revela no direito romano, tanto que não havia menoridade para o matrimônio; desde que o homem e a mulher estivessem em condições de procriar, já teriam capacidade jurídica para o casamento, como uma menina de 13 anos e um menino de 15 anos. O poder do "paterfamilias" se exercia sobre a vontade dos nubentes. Neste aspecto, o Brasil até afronta o direito tradicional, reflexo da antiga Roma.

O casamento se realiza no momento em que o homem e a mulher manifestam, perante o juiz, a sua vontade de estabelecer vínculo matrimonial e o juiz os declara casados (art.1.514). Produz efeitos imediatos, a partir do momento em que o juiz de casamentos declara os noivos casados. A lei não prevê a possibilidade de retratação e por isso exige muitas formalidades antes que o ato seja praticado. Não há no direito brasileiro o "honor matrimonii" da antiga Roma, pelo qual marido e mulher deveriam apresentar socialmente a sua condição de casados.

Havendo divergências sérias entre os cônjuges, sem possibilidade de acordo, qualquer dos cônjuges poderá recorrer ao juiz, que decidirá tendo em consideração aqueles interesses. A lei remete à Justiça a solução dos conflitos entre marido e mulher sobre a direção da sociedade conjugal. Julgamos esse critério juridicamente certo e não é só nesse tipo de conflito que se faz essa remissão. Contudo, não é forma prática, uma vez que o Judiciário tem-se revelado como mecanismo inadequado para a solução de muitos tipos de lide, inclusive das familiares.

Desenvolvem-se atualmente no Brasil as fórmulas alternativas de solução de litígios, mormente a arbitragem e a mediação. A arbitragem é um sistema de solução de litígios na órbita jurídica, regulamentado pela Lei 9.307/96, aplicado com êxito em vários países.

A mediação é um processo pelo qual o mediador coordena as discussões das partes conflitantes, de tal forma que elas exponham e esclareçam seus pontos de vista sobre o problema em discussão. Contando com um moderador imparcial, as próprias partes poderão chegar a um denominador comum, o que as capacitará de estabelecer um acordo. Parece ser a mediação e a arbitragem as fórmulas mais adequadas para a justa composição das controvérsias familiares. Infelizmente, vem encontrando a arbitragem forte oposição ao ser aplicada no campo dos direitos e deveres familiares, mas a mediação está livre de qualquer restrição de ordem legal.

No código Civil

Do Casamento

Disposições Gerais

Art. 1.511. O casamento estabelece comunhão plena de vida, com base na igualdade de direitos e deveres dos cônjuges.

Art. 1.512. O casamento é civil e gratuita a sua celebração.

Parágrafo único. A habitação para o casamento, o registro e primeira certidão serão isentos de selos, emolumentos e custas, para as pessaoas cuja pobreza for declarada, sob as penas da lei.

Art. 1.513. É defeso a qualquer pessoa, de direito público ou privado, interferir na comunhão de vida instituída pela família.

Art. 1.514. O casamento se realiza no momento em que o homem e a mulher manifestam, perante o juiz, a sua vontade de estabelecer vínculo conjugal, e o juiz os declara casados.

Art. 1.515. O casamento religioso, que atender às exigências da lei para a validade do casamento civil, equipara-se a este, desde que registrado no registro próprio, produzindo efeitos a partir da data de sua celebração.

Art. 1.516. O registro do casamento religioso submete-se aos mesmos requisitos exigidos para o casamento civil.

§ 1º O registro civil do casamento religioso deverá ser promovido dentro de noventa dias de sua realização, mediante comunicação do celebrante ao ofício competente, ou por iniciativa de qualquer interessado, desde que haja sido homologada previamente a habilitação regulada neste Código. Após o referido prazo, o registro dependerá de nova habilitação.

§ 2º O casamento religioso, celebrado sem as formalidades exigidas neste Código, terá efeitos civis se, a requerimento do casal, for registrado a qualquer tempo, no registro civil, mediante prévia habilitação perante a autoridade competente e observado o prazo do art. 1.532.

§ 3º Será nulo o registro civil do casamento religioso se, antes dele, qualquer dos consorciados houver contraído com outrem casamento civil.

3. DA CAPACIDADE PARA O CASAMENTO

3.1. Aspectos conceituais da capacidade

3.2. Os aptos a se casarem e variantes

3.1. Aspectos conceituais da capacidade

A capacidade é a aptidão para praticar os atos da vida civil. É a conseqüência natural da personalidade jurídica de uma pessoa. Surgem-nos, a este respeito, muitas dúvidas, por serem usadas três expressões, cuja conexão é muito íntima e cujas diferenças são muito tênues: pessoa, personalidade e capacidade.

Pessoa é o ser humano, o ente humano; tem ela uma existência real, material. A pessoa tem personalidade jurídica por ser sujeito de direitos, isto é, pode exigir seus direitos e pode outra pessoa exigir dela o cumprimento de obrigações. Todo ser humano, toda pessoa é dotada de personalidade.

Não ocorre desta forma quanto à capacidade, que varia de pessoa para pessoa. A capacidade é um atributo da pessoa que tem personalidade. É a aptidão para a prática dos atos da vida civil. Nem todos têm capacidade jurídica para a prática de certos atos. Por exemplo, uma pessoa de 15 anos de idade tem personalidade, porque pode adquirir direitos. Não tem, contudo, capacidade para praticar certos atos da vida civil, como casar-se ou celebrar certos contratos.

Veremos porém duas facetas da capacidade. A aptidão para adquirir direitos da vida civil é chamada de "capacidade de direito". A aptidão para exercer esses direitos por si mesma é chamada de "capacidade de fato". Capaz é assim a pessoa que se encontra no pleno exercício de seus direitos. Pode o capaz exigir seus direitos, por um atributo natural de sua personalidade. Em princípio, toda pessoa tem capacidade para adquirir seus direitos.

INCAPACIDADE, por sua vez, é a ausência de capacidade, ou seja, a impossibilidade legal da prática dos atos da vida civil, embora não se verifique ausência da personalidade. A incapacidade é a ausência momentânea da prática de certos atos, em razão de circunstâncias e de interesse social. Acolhendo esse interesse social, a lei estabelece restrição à faculdade de agir do incapaz, em benefício não só da sociedade, mas dele próprio. Vimos pois que a incapacidade decorre da lei.

Há graduação no teor da incapacidade; umas são mais profundas, outras superficiais. Assim, uma pessoa de 17 anos deverá ter um grau de incapacidade, enquanto que a de 15 anos possuirá outro grau. Além disso, submete-se ela à ação do tempo. Um menor de 18 anos é atingido pela incapacidade, que cessará quando ele completar 18 anos. Um dependente de drogas poderá ser declarado incapaz enquanto estiver sob o efeito do vício, mas, conseguindo arredá-lo, poderá recobrar sua capacidade jurídica. Há portanto a capacidade apenas temporária, não definitiva. Haverá entretanto capacidade absoluta e relativa.

A incapacidade absoluta é a total inaptidão para o exercício pessoal de direitos e execução de atos da vida civil. O absolutamente incapaz pode adquirir direitos, mas não exercê-los pessoalmente. Exerce-os entretanto por intermédio de seu representante legal, como seu pai. Não pratica diretamente atos da vida civil, mas por meio de outra pessoa que o representa. Se o absolutamente incapaz não tiver pessoa com relação de parentesco e hábil para assumir a representação, ser-lhe-á dado judicialmente um representante legal, como um tutor ou um curador. O caso mais comum de um absolutamente incapaz é o do menor de 16 anos. O limite de idade é arbitrário e peculiar ao direito de cada país. No Brasil, pelo arbítrio legislativo, o menor de 16 anos é absolutamente incapaz para os atos da civil, embora com algumas exceções, mas não poderá casar-se, por ser considerado imaturo para certos atos. Nem que ele tenha permissão dos pais, não poderá praticar esse ato. Seus atos são nulos de pleno direito.

A incapacidade relativa não apresenta motivos muito fortes para que certas pessoas sejam privadas de certos direitos, mormente de casar-se. Seus atos não são nulos de pleno direito mas apenas anuláveis. Não são totalmente incapazes. Poderão casar-se, se quiserem, desde que tenham aprovação dos pais. Não se aplica ao relativamente incapaz a figura da representação mas da assistência. É ele quem pratica o ato, embora com a assistência dos pais.

3.2. Os aptos a se casarem e variantes

Malgrado seja um ato de vontade livremente manifestada, essa vontade só deve ser manifestada no momento em que a lei permitir. O casamento, em princípio, é um ato jurídico praticado por maior de 18 anos. Não tem capacidade para casar-se o menor de 18 anos. Poderão porém o homem e a mulher com a idade entre 16 e 18 anos casar-se, desde que haja autorização de ambos os pais ou de seus representantes legais, já que o poder familiar compete aos pais. Na falta ou impedimento de um deles, o outro o exercerá com exclusividade. Diz o art.1.632 que a separação judicial não altera as relações entre pais e filhos, o que nos leva a concluir a necessidade de ambos autorizarem o filho menor a casar, ainda que se encontrem separados; essa outorga nada tem a ver com a guarda do filho. Se um dos pais negar a autorização, poderá o outro requerer à Justiça o suprimento da autorização. A denegação do consentimento, quando injusta, pode ser suprida pelo juiz (art.1.519). Neste caso, cabe ao menor pedir ao Ministério Público para requerer ao juiz a solução.

A autorização é revogável; até a celebração do matrimônio podem os pais, tutores ou curadores revogá-la (art.1.518).

Excepcionalmente, será permitido o casamento de quem ainda não alcançou a idade núbil, para evitar imposição ou cumprimento da pena criminal ou em caso de gravidez da mulher (art.1.520). Digamos que um rapaz maior de 18 anos seduz garota de 15; poderá ele ser condenado criminalmente. Assim sendo, para evitar sua condenação, poderá haver o casamento com a menor, que será uma forma de reparação de danos. Outra situação mais séria poderá surgir: a menor de 16 anos é engravidada; é outro caso em que poderá haver suprimento judicial para o casamento.

Apresentaram-se aqui as soluções para a situação desagradável em que ficarão ambos os envolvidos. Se não houver o casamento, a criança que nascer ficará sem pai, recebendo o nome da mãe. Ainda que o pai reconheça ou admita a paternidade, a criança não será fruto de casamento, por não haver certidão. Há colégios que não aceitam alunos, se forem eles filhos de pais não casados. Se o pai também for menor não teria capacidade jurídica de reconhecer o filho, razão pela qual se impõe o suprimento judicial.

Novo Código Civil

Da capacidade para o casamento

Art. 1.517. O homem e mulher com dezesseis anos podem casar, exigindo-se autorização de ambos os pais, ou de seus representantes legais, enquanto não atingida a maioridade civil.

Parágrafo único. Se houver divergência entre os pais, aplica-se o disposto no parágrafo único do art. 1.631.

Art. 1.518. Até à celebração do casamento podem os pais, tutores ou curadores revogar a autorização.

Art. 1.519. A denegação do consentimento, quando injusta, pode ser suprida pelo juiz.

Art. 1.520. Excepcionalmente, será permitido o casamento de quem ainda não alcançou a idade núbil (art. 1.517), para evitar imposição ou cumprimento de pena ou em caso de gravidez.

4. DOS IMPEDIMENTOS MATRIMONIAIS

4.1. Conceito e tipos
4.2. Impedimentos dirimentes públicos
4.3. Oposição dos impedimentos

4.1. Conceito e tipos

Impedimentos matrimoniais são circunstâncias que impedem juridicamente o casamento. São determinados fatos que ferem os requisitos do matrimônio, de tal forma que poderão acarretar sanções aos que dele participaram, e até anulá-lo. Há sete tipos de impedimentos, previstos em sete incisos do art. 1.521 do novo Código Civil. São também chamados de "impedimentos dirimentes públicos". São públicos porque atentam contra a ordem pública e moral, como o casamento de pessoas já casadas. Casamento realizado com essa espécie de impedimento será nulo; está eivado de nulidade "pleno jure". Pode ser anulado pelo juiz "ex officio", a pedido do Ministério Público, pelas partes ou quaisquer pessoas. Se o juiz, ou o oficial de registro, tiver conhecimento da existência de algum impedimento, será obrigado a declará-lo. Os impedimentos podem ser opostos, até a celebração do casamento, por qualquer pessoa capaz.

Outros não são tão graves, de maneira que os efeitos que produzem são variáveis. Por isso há vários tipos de impedimentos, como os públicos e os privados, citando-se como causas suspensivas, que são também tipos de impedimentos, tratados pelo código em capítulo avulso, no art. 1.523.

Os impedimentos podem ser opostos, até o momento da celebração do casamento, por qualquer pessoa capaz. Se o juiz, ou o oficial de registro, tiver conhecimento da existência de algum impedimento, será obrigado a declará-lo (art. 1.522).

4.2. Impedimentos dirimentes públicos

Às vezes, o impedimento é tão evidente e chocante que o casamento não será nulo mas inexistente. Se é inexistente, não chega a entrar no mundo jurídico, não gerando nem direitos nem obrigações. É o caso do casamento de dois homens entre si: é uma aberração tão grande que a lei o desconhece. Apesar disso, não é ponto pacífico de que seja uma aberração. Quando o novo Código Civil foi promulgado, em 10.1.2002, surgiu celeuma tão grande que se transformou o principal ponto de crítica ao novo Código: a falha maior foi a de não regulamentar o casamento entre pessoas do mesmo sexo. Em São Paulo, houve a passeata do "Orgulho Gay", da qual participaram cem mil pessoas, de ambos os sexos, alegando terem sido discriminados por uma lei retrógrada.

Os impedimentos dirimentes públicos são igualmente graves. São públicos porque atentam contra a ordem pública e a moral, como o casamento de pessoas já casadas. Casamento celebrado com esse tipo de impedimento será nulo; está eivado de nulidade "pleno jure". Pode ser anulado pelo juiz. Vejamos os sete incisos do art. 1.521, indicadores de pessoas impedidas de se casarem.

I – Não podem casar os ascendentes com os descendentes, seja o parentesco natural ou civil. Há relação muito íntima de parentesco entre os cônjuges, o que faz do casamento uma relação incestuosa e, portanto, moralmente chocante. Seria até ridículo, como o caso de a avó casar com seu neto. Além disso, sob o ponto de vista genético, será perigoso e inconveniente, conforme está demonstrado cientificamente.

Fala ainda nosso Código em parentesco natural ou civil. O parentesco civil é o que decorre de relações criadas pela lei, como a adoção. O adotado equivale a filho do adotante, e irmão dos filhos dele. O adotado não tem o mesmo sangue que os filhos do adotante, mas não pode casar-se com filha dele, que equivale à sua irmã.

Há também condenação pela eugenia, uma vez que o cruzamento do mesmo sangue poderá provocar a degeneração da prole. A pecuária, por exemplo, procura separar os produtos do mesmo tronco, inclusive importando sêmen de outros países ou trazendo reprodutores de outras regiões. Acredita-se que entre seres humanos haja idêntico efeito.

O casamento entre primos em 1º grau e entre tio e sobrinha foi regulamentado e permitido pelo Decreto-lei 3.200/41, se houver prévio exame médico, que comprove não haver efeitos negativos para os filhos do casal. Vê-se então que a legislação brasileira adota o casamento eugênico entre pessoas de sangue semelhante.

II – Também não podem casar os afins em linha reta. A afinidade é o vínculo estabelecido, pelo casamento, entre o cônjuge e os parentes do outro. A restrição atinge apenas ao 1º grau, como os sogros e os cunhados e na linha reta. O cônjuge não poderá casar com sua sogra ou sua madrasta, nem o padrasto com a enteada, e a madrasta com o enteado. Poderá entretanto um homem casar-se com sua cunhada, pois não é considerada afim em linha reta.

O vínculo da afinidade não se extingue com a dissolução do casamento que a originou. Assim, se houver o divórcio de um casal, a nora deixou de ser mulher do filho de seu sogro, mas não é por isso que poderá casar-se com ele. Ocorre ainda desta forma se se tratar de união estável, tanto que o art.1.595 § 2º diz: "na linha reta, a afinidade não se extingue com a dissolução do casamento ou da união estável".

III – Igualmente o adotante com quem foi cônjuge do adotado e o adotado com quem o foi do adotante. Por exemplo, Ulpiano é adotado por Modestino, e este com a adoção tornou-se pai adotivo de Ulpiano. Depois Ulpiano casa com Fábia e falece. Não poderá assim Modestino casar com Fábia, que ficou equiparada à sua nora, ou seja, parente por afinidade.

Vimos no primeiro impedimento que o parentesco civil, como a adoção, equivale ao parentesco natural para esse efeito. E no segundo a afinidade em linha reta. Esse terceiro aspecto traz os elementos dos dois primeiros impedimentos, ombreando-se os afins do cônjuge adotado.

Ressalte-se que o direito procura tutelar a adoção como forma salutar de constituição de família, solucionando problemas que perturbem todas as partes. Dá pois ao adotado o mesmo "status" de legítimo parente. Iria contrariar o espírito da lei se fosse permitir o casamento de pessoas ligadas pela adoção.

IV – Incluem-se ainda os irmãos e os colaterais, até o 3º grau inclusive. O casamento entre irmãos, além de legalmente proibido, é condenado geneticamente por terem o mesmo sangue, podendo gerar descendentes problemáticos. Esse fenômeno acontece ainda com os bois. O casamento entre primos foi permitido pelo Decreto-lei 3.200/41, se houver um prévio exame médico, que comprove não haver efeitos negativos para os filhos do casal. Ocorre a mesma exigência para o casamento de tio e sobrinha.

V – Está legalmente impedido de casar o adotado com o filho do adotante. Por exemplo: Paulo é filho adotivo de Pompônio; Pompônio tem uma filha chamada Fedra.

Paulo está impedido de casar com Fedra. Não há ligação sangüínea alguma entre Paulo e Fedra, mas ela é equiparada juridicamente à posição de irmã dele.

VI – Pessoas casadas não podem casar novamente, pois o segundo casamento será nulo e poderão incorrer em crime de adultério e poligamia. Não pode produzir efeito algum esse casamento. Quando a lei fala em pessoa casada refere-se ao estado de casado, vale dizer, cujo matrimônio ainda perdura juridicamente. O casamento desfeito por morte de um dos cônjuges, pelo divórcio ou pela anulação judicial, tira da pessoa o estado de casado, deixando de haver impedimento. A separação judicial não libera, uma vez que desfaz a sociedade conjugal mas não o casamento.

VII – Está impedido o casamento entre uma pessoa e alguém que tenha sido condenado por homicídio, ou tentativa de homicídio, contra o consorte do cônjuge sobrevivente. Examinemos essa hipótese: Papiniano era casado com Terência; mas Fúlvia mata Terência e é condenada por este homicídio. Papiniano, que ficou viúvo, não poderá casar com Fúlvia, assassina de sua ex-esposa.

4.3. Oposição dos impedimentos

Resta agora saber quais são as pessoas legalmente autorizadas a opor impedimentos contra a celebração do casamento. Há variações de pessoas, conforme o tipo de impedimento. Igualmente variam se puderem ser opostos antes ou depois do casamento.

No tocante aos impedimentos dirimentes públicos, podem eles ser opostos até o momento da celebração do casamento, por qualquer pessoa capaz (art.1.522). A primeira oposição deverá ser oferecida pelo oficial do registro civil, que não poderá realizar o casamento se notar a existência de impedimentos, como por exemplo, se o nubente for de menor idade, se já é casado ou algum outro fator impeditivo. Se falhar o oficial do cartório, o juiz de casamentos não poderá realizá-lo por ser um ato viciado.

Novo Código Civil

Dos impedimentos

Art. 1.521. Não podem casar:

I – os ascendentes com os descendentes, seja o parentesco natural ou civil;

II – os afins em linha reta;

III – o adotante com quem foi cônjuge do adotado e o adotado com quem o foi do adotante;

IV– os irmãos, unilaterais ou bilaterais, e demais colaterais, até o terceiro grau inclusive;

V – o adotado com o filho do adotante;

VI – as pessoas casadas;

VII – o cônjuge sobrevivente com o condenado por homicídio ou tentativa de homicídio contra o seu consorte.

Art. 1.522. Os impedimentos podem ser opostos, até o momento da celebração do casamento, por qualquer pessoa capaz.

Parágrafo único. Se o juiz, ou o oficial de registro, tiver conhecimento da existência de algum impedimento, será obrigado a declará-lo.

5. DAS CAUSAS SUSPENSIVAS

5. Das causas suspensivas

Também chamadas de impedimentos impedientes, são também impedimentos, mas, menos graves do que os impedimentos públicos. São contudo igualmente relevantes. São privados porque afetam as pessoas e não a sociedade. Por essa razão, apenas os prejudicados poderão opor as causas suspensivas. O casamento não é nulo mas anulável, não podendo o juiz decretar a nulidade "ex officio"; só mediante provocação das partes. Nota-se a diferença até nos termos do novo Código Civil: no art.1.521, regulamentando os impedimentos, fala que "não podem casar"; mas no art.1.523, ao falar nas causas suspensivas diz "não devem casar". Elas não impedem o casamento, mas criam dificuldades ou impõem sanções.

O elenco das causas suspensivas é menor do que o dos impedimentos. Há quatro incisos no art.1.523.

I – Não devem casar o viúvo ou a viúva que tiver filho do cônjuge falecido, enquanto não fizer inventário dos bens do casal e der partilha aos herdeiros. Examinemos este exemplo: falece o marido, deixando viúva e filhos, abrindo-se o inventário que está correndo na justiça. O juiz a que está afeto o processo de inventário constata que ele é constituído de valiosos bens e casa-se com a viúva. Em seguida morre a viúva e o segundo marido pode querer concorrer com os filhos dela na herança deixada por ela. Se a viúva não tivesse filhos, não haveria impedimento, pois só ela colheria as conseqüências de um possível ato precipitado.

II – Da mesma forma a viúva, ou a mulher cujo casamento se desfez por ser nulo ou ter sido anulado, até 10 meses depois do começo da viuvez, ou da dissolução da sociedade conjugal. Esse prazo destina-se a evitar confusão sobre a paternidade de um possível filho. Esse inciso aplica-se exclusivamente às mulheres. É exemplo este caso: Papiniano é casado com Lívia, mas ele falece, deixando Lívia viúva, mas esta casa com Vinicius dois meses depois, engravidando logo em seguida. Conforme o dia do nascimento da criança poderão ser levantadas dúvidas sobre quem seria o pai, com sérias implicações jurídicas e patrimoniais. Essa hipótese é muito rara, porém se aplica, principalmente quando há anulação do casamento: enquanto corre o processo de anulação, o casal está separado, mas assim que sair a anulação a mulher se casa novamente, engravidando logo em seguida.

Cabe porém uma pergunta: e se o primeiro marido for comprovadamente atingido por impotência COEUNDI ou GENERANDI? Nesse caso, somos de opinião de que cessou o impedimento, pois há certeza jurídica de que não será o marido anterior o pai da criança.

III – Não deve casar o divorciado, enquanto não houver sido homologada ou decidida a partilha dos bens do casal. Essa causa suspensiva é semelhante às anteriores, diferenciando-se quanto ao motivo da dissolução do casamento. Geralmente se faz a partilha dos bens do próprio ato do divórcio, mas nem sempre. É feito o divórcio mas a partilha fica por fazer; antes que ela se complete a divorciada casa-se novamente e tem um filho antes de formalizada a partilha.

IV – O último dos incisos do art.1.523 a ser citado aplica-se a pessoas que exerçam legalmente um poder sobre a pessoa com quem pretenda casar, como o tutor e o curador. Não devem casar o tutor ou o curador e os seus descendentes, ascendentes, irmãos, cunhados e sobrinhos, com a pessoa tutelada ou curatelada, enquanto não cassar a tutela ou curatela, e não estiverem saldadas as contas. Essa causa suspensiva atinge ainda os parentes do tutor ou do curador. Conforme veremos no capítulo dedicado à curatela, o curador é a pessoa que administra os bens de uma pessoa incapacitada momentaneamente de administrá-los. A lei impõe ao curador as obrigações de zelo no exercício de suas funções. O possível casamento do curador com a pessoa sobre quem exerce ele a tutela irá livrá-lo de responsabilidade de má administração dos bens da curatelada. Além disso, haverá a natural ascendência do curador sobre a curatelada, qual poderá valer-se para colher benefícios.

As causas suspensivas da celebração do casamento devem ser argüídas pelos parentes em linha reta de um dos nubentes, sejam consangüíneos ou afins, enfim por pessoas diretamente interessadas na questão. Não pode ser argüida pelo juiz, pelo escrivão ou pelo Ministério Público. Não é o interesse coletivo que está em jogo mas de pessoas privadas. Embora devamos fazer amplo estudo sobre as relações de parentesco, que estão previstas nos arts.1.591 a 1.595 do novo Código Civil, como tem havido referência a elas, resumiremos o que sejam:

A – parentes em linha reta: pai, filho, avô, etc.
B – parentes em linha colateral: irmão, primo, tio, etc.

C – parentes por afinidade: cunhado, sogro, padrasto, genro, enteado.

As causas suspensivas podem ser opostas a partir da publicação dos proclamas até o dia do casamento. O cartório dará aos nubentes, ou a seus representantes, nota do impedimento oposto, podendo eles contestar o processo de impedimento. Cabe o julgamento ao juiz de casamentos.

É permitido aos nubentes solicitar ao juiz que não lhes sejam aplicadas as causas suspensivas previstas para o casamento de divorciado antes da partilha dos bens e do tutor ou curador. Deverão porém provar a inexistência de prejuízos ao herdeiro, ex-cônjuge, ou à pessoa tutelada ou curatelada.

No caso de viúva que tiver se engravidado, deverá provar o nascimento do filho que tiver nascido fora do prazo ou então que não havia gravidez na fluência do prazo.

Voltamos a esclarecer que as causas suspensivas não impedem a realização do casamento mas suspendem alguns efeitos, donde o nome de "causas suspensivas".

Novo Código Civil

Das causas suspensivas

Art. 1.523. Não devem casar:

I – o viúvo ou a viúva que tiver filho do cônjuge falecido, enquanto não fizer inventário dos bens do casal e der partilha aos herdeiros;

II – a viúva, ou a mulher cujo casamento se desfez por ser nulo ou ter sido anulado, até dez meses depois do começo da viuvez, ou da dissolução da sociedade conjugal;

III – o divorciado, enquanto não houver sido homologada ou decidida a partilha dos bens do casal;

IV – o tutor ou o curador e os seus descendentes, ascendentes, irmãos, cunhados ou sobrinhos, com a pessoa tutelada ou curatelada, enquanto não cessar a tutela ou curatela, e não estiverem saldadas as respectivas contas.

Parágrafo único. É permitido aos nubentes solicitar ao juiz que não lhes sejam aplicadas as causas suspensivas previstas nos incisos I, III e IV deste artigo, provando-se a inexistência de prejuízo, respectivamente, para o herdeiro, para o ex-cônjuge e para a pessoa tutelada ou curatelada; no caso do inciso II, a nubente deverá provar nascimento de filho, ou inexistência de gravidez, na fluência do prazo.

Art. 1.524. As causas suspensivas da celebração do casamento podem ser argüidas pelos parentes em linha reta de um dos nubentes, sejam consangüíneos ou afins, e pelos colaterais em segundo grau, sejam também consangüíneos ou afins.

6. DO PROCESSO DE HABILITAÇÃO PARA O CASAMENTO

6.1. O formalismo matrimonial
6.2. O processo de habilitação

6.1. O formalismo matrimonial

No estudo dos atos jurídicos nota-se a presença de dois tipos de atos: formais ou solenes e informais ou não solenes. Os atos formais ou solenes são aqueles aos quais a lei impõe determinadas formalidades em sua realização. O agente não tem liberdade de escolha quanto à forma em que deva praticar o ato jurídico. O casamento é exemplo sugestivo de ato formal; tremendamente formal. Não pode ser realizado conforme o desejo das partes, mas conforme os minuciosos requisitos previstos pela lei.

O conjunto das formalidades anteriores ao casamento é chamado de habilitação. Essas formalidades preliminares estão previstas nos arts.1.525 a 1.532. Esses artigos são completados e esclarecidos pela Lei dos Registros Públicos (Lei 6.015/73), nos arts. 67 a 76. Será até conveniente enumerar os quatro capítulos e os artigos dessa lei, que prevêem essa questão:

Cap.V – Da habilitação para o casamento (arts. 67 a 69).
Cap.VI – Do casamento (arts. 70).
Cap.VII – Do registro do casamento religioso para efeitos civis (arts. 71 a 75).
Cap.VIII – Do casamento em iminente risco de vida (art. 76)

O excessivo formalismo adotado para o casamento revela os cuidados legais para tutelar uma instituição que transcende ao próprio interesse jurídico. É o reconhecimento legislativo de que o casamento representa importante fundamento da felicidade individual e da paz coletiva. Dá-se pois a conexão entre o direito "divino e humano", na expressão de Modestino. Não pode um ato de tamanha magnitude ficar ao sabor das partes, instituindo cláusulas de interesse exclusivo e momentâneo delas. Afora os interesses da coletividade, um dos efeitos do casamento será o nascimento de filhos; o interesse deles deverá ser tutelado pela lei, ainda mesmo antes do casamento.

6.2. O processo de habilitação

A habilitação para o casamento faz-se perante o Cartório de Registro Civil de Pessoas Naturais. Os noivos requererão ao oficial encarregado do cartório do distrito em que um deles estiver domiciliado, apresentando os documentos exigidos. O requerimento para a habilitação será firmado por ambos os nubentes, de próprio punho, ou, a seu pedido, por outrem que os represente, e deve ser instruído com os seguintes documentos:

I – certidão de idade ou prova equivalente (certidão de nascimento);

II – declaração de duas testemunhas maiores, parentes ou não, que atestem conhecê-los e afirmem não existir impedimento que os iniba de casar;

III – declaração do estado civil, do domicílio e da residência atual dos contraentes e de seus pais, se forem conhecidos.

Essa documentação é exigida de pessoas desimpedidas, livres para o casamento, sem vínculos matrimoniais anteriores. Entretanto, se o pretendente ao casamento já tiver sido casado, necessário será apresentar a certidão de óbito do cônjuge falecido, de sentença declaratória de nulidade ou anulação do casamento transitada em julgado, ou do registro da sentença de divórcio, conforme o caso. Se for incapaz, a autorização por escrito das pessoas sob cuja dependência legal estiver, ou ato judicial que a supra.

Se a habilitação estiver em termos, após a audiência do Ministério Público, será homologada pelo juiz de casamentos. Estando em ordem a documentação o oficial extrairá o edital, que se afixará durante 15 dias nas circunscrições do Registro Civil de ambos os nubentes, e, obrigatoriamente se publicará na imprensa local, se houver. A autoridade competente, havendo urgência, poderá dispensar a publicação (art. 1.527). Assim sendo, se o noivo residir numa cidade e a noiva na outra, haverá necessidade do edital nas duas cidades. Nas cidades em que houver várias circunscrições também. Por exemplo, um noivo morando na Penha vai casar-se com noiva que mora na Lapa: embora ambos morem em São Paulo o edital deverá ser afixado nos cartórios da Penha e da Lapa.

É dever do oficial de registro esclarecer os nubentes a respeito dos fatos que podem ocasionar a invalidade do casamento, bem como sobre os diversos regimes de bens. Essa orientação de natureza legal destina-se a evitar fraudes ou enganos que possam levar os nubentes a decisões baseadas em falsas informações. No casamento religioso, também o sacerdote faz preleção aos noivos, procurando orientá-los para a vida conjugal.

Qualquer pessoa, que tenha justos motivos, poderá se opor ao casamento. Por essa razão, as portas e janelas do cartório deverão permanecer abertas para permitir o livre acesso de pessoas interessadas. Se o casamento for realizado na casa de um dos nubentes, as portas e janelas deverão ficar abertas para permitir o livre ingresso de alguma pessoa que deva opor impedimentos ao ato nupcial. Tanto os impedimentos quanto às causas suspensivas serão opostos em declaração escrita e assinada, instruída com as provas do fato alegado, ou com a indicação do lugar onde possam ser obtidas (art. 1.529).

Não é freqüente a impugnação ao casamento, mas todos os cuidados são necessários. Às vezes, há necessidade de exame mais acurado da documentação. Por exemplo: a sentença de divórcio, de casamento realizado no Brasil, concedido pela justiça de outro país; precisará essa sentença ser homologada pelo Supremo Tribunal Federal. Além disso, é freqüente encontrar-se documento falso ou adulterado, ou pessoas que se casam com documento de outra. O zelo aparentemente excessivo de nossa lei é a continuação das formalidades e tradições do direito romano, que se nota também nos países que não seguem o rito da antiga Roma.

A transparência, a pompa, a solenidade do casamento visa a garantir a importância e a estabilidade desse ato. Além disso, as solenidades dão tempo aos nubentes para que raciocinem melhor sobre as responsabilidades assumidas e estimulam a firmeza de suas decisões. Dá ainda oportunidade para que surjam alguns entraves que possam macular ou estremecer a sociedade conjugal a ser estabelecida. Não é sem razão que o direito canônico adotou idêntico critério a ser seguido pela Igreja Católica e acreditamos que esse critério seja também o de outros credos.

Certificando o oficial de registro que os nubentes estão habilitados para se casarem, deverão eles celebrar o casamento no prazo de 90 dias, a contar da data em que foi extraído o certificado. Passado esse prazo "in albis", será preciso novo processo de habilitação.

Novo Código Civil

Do Processo de Habilitação PARA O CASAMENTO

Art. 1.525. O requerimento de habilitação para o casamento será firmado por ambos os nubentes, de próprio punho, ou, a seu pedido, por procurador, e deve ser instruído com os seguintes documentos:

I – certidão de nascimento ou documento equivalente;

II – autorização por escrito das pessoas sob cuja dependência legal estiverem, ou ato judicial que a supra;

III – declaração de duas testemunhas maiores, parentes ou não, que atestem conhecê-los e afirmem não exitir impedimento que os iniba de casar;

IV – declaração do estado civil, do domicílio e da residência atual dos contraentes e de seus pais, se forem conhecidos;

V – certidão de óbito do cônjuge falecido, de sentença declaratória de nulidade ou de anulação de casamento, transitada em julgado, ou do registro da sentença de divórcio.

Art. 1.526. A habilitação será feita perante o oficial do Registro Civil e, após a audiência do Ministério Público, será homologada pelo juiz.

Art. 1.527. Estando em ordem a documentação, o oficial extrairá o edital, que se afixará durante quinze dias nas circunscrições do Registro Civil de ambos os nubentes, e, obrigatoriamente, se publicará na imprensa local, se houver.

Parágrafo único. A autoridade competente, havendo urgência, poderá dispensar a publicação.

Art. 1.528. É dever do oficial do registro esclarecer os nubentes a respeito dos fatos que podem ocasionar a invalidade do casamento, bem como sobre os diversos regimes de bens.

Art. 1.529. Tanto os impedimentos quanto as causas suspensivas serão opostos em declaração escrita e assinada, instruída com as provas do fato alegado, ou com a indicação do lugar onde possam ser obtidas.

Art. 1.530. Oficial do registro dará aos nubentes ou a seus representantes nota da oposição, indicando os fundamentos, as provas e o nome de quem a ofereceu.

Parágrafo único. Podem os nubentes requerer prazo razoável para fazer prova contrária aos fatos alegados, e promover as ações civis e criminais contra o oponente de má-fé.

Art. 1.531. Cumpridas as formalidades dos arts. 1.526 e 1.527 e verificada a inexistência de fato obstativo, o oficial do registro extrairá o certificado da habilitação.

Art. 1.532. A eficácia da habilitação será de noventa dias, a contar da data em que foi extraído o certificado.

7. DA CELEBRAÇÃO DO CASAMENTO

7.1. O cerimonial do casamento
7.2. Registro cartorial
7.3. Casamento nuncupativo
7.4. Casamento por procuração
7.5. Implicações internacionais

7.1. O cerimonial do casamento

Realça-se bastante a solenidade como importante característica do casamento. É um ato formal, solene e cercado de amplo cerimonial, com ingredientes exigidos por lei. As primeiras exigências legais a serem satisfeitas dizem respeito ao momento e ao local da celebração. São os noivos que escolhem esses pormenores, requerendo ao juiz de casamentos – que normalmente acata o pedido – a designação da hora e do local em que pretendem casar-se. Celebrar-se-á o casamento no dia, hora e lugar previamente designados pela autoridade que houver de presidir o ato, mediante petição dos contraentes que se mostrem habilitados com o devido certificado de habilitação. É o que diz o art. 1.533 do novo Código Civil.

A solenidade celebrar-se-á na casa de audiências, com toda a publicidade, a portas abertas, presentes pelo menos duas testemunhas, parentes ou não dos contraentes, ou, querendo as partes e consentindo a autoridade celebrante, noutro edifício público e particular. Quando o casamento for em edifício particular, ficará este de portas abertas durante o ato. Da mesma forma adotada na antiga Roma, o casamento é um ato público, não podendo ser impedida alguma pessoa que queira assisti-lo e apresentar impugnação.

Os editais ficam expostos no cartório e ele ficará com portas e janelas abertas, para não impedir o acesso de outras pessoas. Poderão os noivos escolher outro lugar para casar-se, como a igreja ou a casa de um dos nubentes. Seja onde for, as portas e janelas do recinto deverão ficar abertas. Consta que certa vez uma aeromoça desejava casar a bordo de um avião em vôo; não o permitiu o juiz de casamentos, pois as portas e janelas do avião estariam fechadas, impedindo a participação de outras pessoas e contrariando a lei.

Os nubentes deverão estar presentes à cerimônia, a menos que estejam representados por procurador especialmente designado para esse fim. Deverão também estar presentes as duas testemunhas; se algum dos contraentes não souber escrever, serão quatro as testemunhas. O oficial do registro civil deverá comparecer, pois é ele quem fará o registro no livro e assinará. O juiz então, de viva voz, pedirá confirmação dos noivos, para que eles dêem o "sim", ratificando o propósito de casarem-se de livre e espontânea vontade. A celebração do casamento será imediatamente suspensa se algum dos contraentes recusar à solene afirmação da vontade, declarar que esta não é livre e espontânea, ou manifestar-se arrependido. O nubente que, por algum desses fatos, der causa à suspensão do ato, não será admitido a retratar-se no mesmo dia. Não há necessidade, entretanto, de abrir novo processo; ele é suspenso, marcando-se um novo dia para que a cerimônia possa realizar-se, com a retratação do nubente.

Não havendo entretanto incidentes e se os noivos tiverem dado o "sim", o juiz de casamentos declarará efetuado o casamento deles, pronunciando as seguintes palavras, previstas no art.1.535 do novo Código Civil:

> "De acordo com a vontade que ambos acabais de afirmar perante mim, de vos receberdes por marido e mulher, eu, em nome da lei, vos declaro casados".

É conveniente observar a expressão "marido" e "mulher", adotada pela lei. Socialmente, não é muitas vezes recebida a designação de "mulher" dada à cônjuge, sob alegação de ser expressão chula e depreciativa. Todavia, é o termo juridicamente adequado.

7.2. Registro cartorial

Da cerimônia do casamento civil deverá ser feito o devido assento no livro de registros do Cartório de Registro Civil de Pessoas Naturais, assinado pelo presidente do ato, pelos cônjuges, as testemunhas e o oficial de registro, chamado vulgarmente de escrivão. Devem constar do registro dados bem minuciosos, tais como nomes, prenomes, datas de nascimento, profissão, domicílio e residência atual dos cônjuges.

Devem ainda constar os prenomes, sobrenomes, datas de nascimento ou de morte, domicílio e residência atual dos pais dos cônjuges, o prenome e sobrenome do cônjuge precedente e a data da dissolução do casamento, a data da publicação dos proclamas e da celebração do casamento, a relação dos documentos apresentados ao oficial do registro, o prenome, sobrenome, profissão, domicílio de residência atual das testemunhas.

Será ainda registrado o regime do casamento, com a declaração da data e do cartório em cujas notas foi lavrado a escritura antenupcial, quando o regime não for o da comunhão parcial, ou o obrigatoriamente estabelecido.

Esses dados, exigidos pelo art.1.536 no novo Código Civil constavam já do art.70 da Lei dos Registros Públicos (Lei 6.515/73).

Quando o casamento depender de autorização, como no caso de menor, essa autorização deverá ser transcrita integralmente na escritura antenupcial.

7.3. Casamento nuncupativo

É o realizado em circunstâncias excepcionais, às pressas, obrigando ao abandono ou preterição de certas normas. Por ser mais comum para pessoas gravemente enfermas ou em risco de vida é chamado casamento realizado "in extremis momentis" ou "in articulo mortis". O termo deriva de "nuncupare"= dizer de viva voz, em vista das formalidades escritas serem substituídas por formas orais, mais rápidas e flexíveis. É um tipo de privilégio concedido a pessoas que, por várias razões, estejam impedidas de atender às exigências legais. Pode ser uma pessoa enferma ou impossibilitada de locomover-se e ir até o cartório; que sofreu um acidente grave e esteja com a vida periclitando; que sofreu enfarte ou derrame e tenha ficado nas mesmas condições.

No caso de moléstia grave de um dos nubentes, o presidente do ato irá celebrá-lo onde se encontrar o impedido, sendo urgente, ainda que à noite, perante duas testemunhas que saibam ler e escrever. A falta ou impedimento da autoridade competente para presidir o casamento surprir-se-á por qualquer dos seus substitutos legais, e a do oficial do Registro Civil por outro "ad hoc", nomeado pelo presidente do ato. O termo avulso, lavrado pelo oficial "ad hoc", será registrado no respectivo registro dentro em cinco dias, perante duas testemunhas, ficando arquivado. Assim reza o art.1.539 do novo Código Civil.

Refere-se esse caso a pessoas cuja enfermidade as impeça de locomover-se até o cartório ou atender à exigências da lei, não sendo obrigatório que estejam em iminente risco de vida.

Nesse caso, quando o enfermo tiver restabelecido sua saúde, deverá comparecer ao cartório e ratificar sua intenção de casar. Assim sendo, a habilitação para o casamento se dá "a posteriori". O termo "ad hoc", utilizado pela lei significa "para isto", vale dizer, para esse fim, para essa finalidade. No presente problema, escrivão "ad hoc" é um escrivão nomeado especialmente para celebrar o casamento, em vista da ausência do oficial.

O segundo caso de rito excepcional adotado é o do casamento em iminente risco de vida, previsto no art.76 da Lei dos Registros Públicos, confirmado pelo art. 1540 e seguintes no novo Código. Trata-se de casamento realizado sem a presença do juiz de casamento, que é a autoridade competente para celebrá-lo, mas será um casamento judicial. Quando algum dos contraentes estiver em iminente risco de vida, não obtendo a presença da autoridade à qual incumba presidir o ato, nem a de seu substituto, poderá o casamento ser celebrado na presença de seis testemunhas, que com os nubentes não tenham parentesco em linha reta, ou, na colateral, até segundo grau.

Dentro de dez dias após a realização do casamento, as testemunhas deverão comparecer perante a autoridade judicial mais próxima, a fim de que sejam reduzidas a termo suas declarações. Deverão elas confirmar que foram convocadas por parte do enfermo e que este parecia estar em perigo de vida, mas em seu juízo; dirão ainda que, em sua presença, declararam os contraentes, livre e espontaneamente, receber-se por marido e mulher.

O casamento em iminente risco de vida é pois um ato privado entre os cônjuges e na presença de seis testemunhas. Se as testemunhas não comparecerem em juízo, poderá algum interessado requerer a intimação delas. Abre-se pois processo judicial. O oficial de registro, mediante despacho da autoridade competente, à vista dos documentos exigidos pela lei e independentemente do edital de proclamas, dará a certidão de habilitação. Autuadas as declarações e encaminhadas à autoridade judiciária competente, se outra for a que as tomou por termo, será ouvido o órgão do Ministério Público e se realizarão as diligências necessárias para verificar a inexistência de impedimentos para o casamento. Se não houver recurso contra a decisão do juiz, ou se ela passar em julgado, o juiz mandará registrá-la no livro de Registro dos Casamentos. O assento assim lavrado retroagirá os efeitos do casamento ao estado dos cônjuges à data da celebração e, quanto aos filhos comuns, à data do nascimento.

É possível porém que o cônjuge enfermo convalesça e saia do iminente risco de vida, tornando-se apto a apresentar-se à autoridade competente e ao oficial de registro público, para ratificar a sua decisão de casar. Assim acontecendo, ficam dispensadas as formalidades retro referidas.

7.4. Casamento por procuração

O casamento pode celebrar-se por procuração, por instrumento público, com poderes especiais (art.1.542). Essa procuração deve ser outorgada em cartório, ou seja, por instrumento público, contendo os poderes especiais do mandatário para receber, em nome do outorgante, o outro contraente. A eficácia desse mandato não poderá ultrapassar a 90 dias.

Se a procuração só pode ser outorgada por instrumento público, também por instrumento público poderá se revogada. A revogação do mandato não precisa chegar ao conhecimento do mandatário; mas, celebrado o casamento sem o mandatário ou o outro contraente tivessem ciência da revogação, responderá o mandante por perdas e danos.

7.5. Implicações internacionais

Resta-nos examinar o casamento com implicações internacionais, por constituir um ato jurídico internacional. Considera-se ato jurídico internacional a manifestação de vontade que esteja vinculada, no seu exame e julgamento, à legislação de dois ou mais países. Essa conexão de um casamento com a lei de dois ou mais países decorre de vários elementos, geralmente a nacionalidade dos noivos, seu domicílio ou o local em que o casamento for realizado. Por exemplo: dois noivos estrangeiros no Brasil ou dois brasileiros que se casam no exterior. Fato mais complexo, por exemplo, uma uruguaia e seu noivo francês querem casar-se no Brasil. Há, pois, muitas variações.

Problemas dessa natureza não pertencem ao campo do Direito Civil, mas do Direito Internacional Privado. Foram por isso tratados em nosso compêndio *Direito Internacional Privado.* Todavia, como estamos examinando o casamento, é de bom alvitre examiná-lo também sob esse aspecto específico. Se os nubentes forem domiciliados no Brasil e quiserem casar deverão fazê-lo nos termos da lei brasileira e perante autoridade brasileira, ainda que sejam estrangeiros. Se quiserem casar-se em seu país de origem ou no consulado desse país, poderão fazê-lo, mas este casamento não terá validade no Brasil. Não poderá esse casamento ser registrado no Cartório de Registro Civil de Pessoas Naturais .

Se ambos os nubentes forem já casados em seu país de origem e emigrarem para o Brasil, esse casamento terá validade em nosso país, embora realizado no rito e no regime de bens do país em que foi celebrado. O estrangeiro casado, que se naturalizar brasileiro, pode, mediante expressa anuência de seu cônjuge, requerer ao juiz, no ato de entrega do decreto de naturalização, que se apostile a ele a adoção de regime de comunhão parcial de bens, respeitados os direitos de terceiros e dada esta adoção ao competente registro. Assim sendo, o casamento realizado no estrangeiro é amoldado ao regime de bens costumeiramente adotado no Brasil, já que são diferentes os regimes reconhecidos pela legislação dos demais países.

Essas normas são estabelecidas pelo art.7º da Lei de Introdução ao Código Civil. Quanto ao caso contrário, quer dizer, os casamentos de brasileiros domiciliados no estrangeiro, vigora o disposto no art.18 da Lei de Introdução ao Código Civil. Devem casar-se no consulado brasileiro do país em que se encontrarem, pois as autoridades consulares do Brasil em outro país têm competência para celebrar casamento e praticar outros atos cartoriais. Não terá validade no Brasil casamento de brasileiro realizado perante autoridades estrangeiras.

A validade do casamento de brasileiro no estrangeiro perante o cônsul do Brasil foi confirmada e regulamentada de forma mais pormenorizada pelo art. 32 da Lei dos Registros Públicos (Lei 6.015/73). A certidão emitida pelo consulado deverá ser registrada no Cartório de Registro Civil de Pessoas Naturais, aqui no Brasil.

Novo Código Civil

Da Celebração do Casamento

Art. 1.533. Celebrar-se-á o casamento, no dia, hora e lugar previamente designados pela autoridade que houver de presidir o ato, mediante petição dos contraentes, que se mostrem habilitados com a certidão do art. 1.531.

Art. 1.534. A solenidade realizar-se-á na sede do cartório, com toda publicidade, a portas abertas, presentes pelo menos duas testemunhas parentes ou não dos contraentes, ou querendo as partes e consentindo a autoridade celebrante, noutro edifício público ou particular.

§ 1º. Quando o casamento for em edifício particular, ficará este de portas abertas durante o ato.

§ 2º. Serão quatro as testemunhas na hipótese do parágrafo anterior e se algum dos contraentes não souber ou não puder escrever.

Art. 1.535. Presentes os contraentes, em pessoa ou por procurador especial, juntamente com as testemunhas e o oficial de registro, o presidente do ato, ouvida aos nubentes a afirmação de que pretendem casar por livre e espontânea vontade, declarará efetuado o casamento, nestes termos:

"De acordo com a vontade que ambos acabais de afirmar perante mim, de vos receberdes por marido e mulher, eu, em nome da lei, vos declaro casados".

Art. 1.536. Do casamento, logo depois de celebrado, lavrar-se-á o assento no livro de registro. No assento, assinado pelo presidente do ato, pelos cônjuges, as testemunhas, e o oficial do registro, serão exarados:

I – os prenomes, sobrenomes, datas de nascimento, profissões, domicílio e residência atual dos cônjuges;

II – os prenomes, sobrenomes, datas de nascimento ou de morte, domicílio e residência atual dos pais;

III – o prenome e sobrenome do cônjuge precedente e a data da dissolução do casamento anterior;

IV – a data da publicação dos proclamas e da celebração do casamento;

V – a relação dos documentos apresentados ao oficial do registro;

VI – o prenome, sobrenome, profissão, domicílio e residência atual das testemunhas;

VII – o regime do casamento, com a declaração da data e do cartório em cujas notas foi lavrada a escritura antenupcial, quando o regime não for o da comunhão parcial, ou o obrigatoriamente estabelecido.

Art. 1.537. O instrumento da autorização para casar transcrever-se-á integralmente na escritura antenupcial.

Art. 1.538. A celebração do casamento será imediatamente suspensa se algum dos contraentes:

I – recusar a solene afirmação da sua vontade;

II – declarar que esta não é livre e espontânea;

III – manifestar-se arrependido.

Parágrafo único. O nubente que, por algum dos fatos mencionados neste artigo, der causa à suspensão do ato, não será admitido a retratar-se no mesmo dia.

Art. 1.539. No caso de moléstia grave de um dos nubentes, o presidente do ato irá celebrá-lo onde se encontrar o impedido, sendo urgente, ainda que à noite, perante duas testemunhas que saibam ler e escrever.

§ 1º A falta ou impedimento da autoridade competente para presidir o casamento suprir-se-á por qualquer dos seus substitutos legais, e a do oficial do Registro Civil por outro *ad hoc*, nomeado pelo presidente do ato.

§ 2º O termo avulso, lavrado pelo oficial *ad hoc*, será registrado no respectivo registro dentro em cinco dias, perante duas testemunhas, ficando arquivado.

Art. 1.540. Quando algum dos contraentes estiver em iminente risco de vida, não obtendo a presença da autoridade à qual incumba presidir o ato, nem a de seu substituto, poderá o casamento ser celebrado na presença de seis testemunhas, que com os nubentes não tenham parentesco em linha reta, ou, na colateral, até segundo grau.

Art. 1.541. Realizado o casamento, devem as testemunhas comparecer perante a autoridade judicial mais próxima, dentro em dez dias, pedindo que lhes tome por termo a declaração de:

I – que foram convocados por parte do enfermo;

II – que este parecia em perigo de vida, mas em seu juízo;

III – que, em sua presença, declararam os contraentes, livre e espontaneamente, receber-se por marido e mulher.

§ 1º Autuado o pedido e tomadas as declarações, o juiz procederá às diligências necessárias para verificar se os contraentes podiam ter-se habilitado, na forma ordinária, ouvidos os interessados que o requererem, dentro de quinze dias.

§ 2º Verificada a idoneidade dos cônjuges para o casamento, assim o decidirá a autoridade competente, com recurso voluntário às partes.

§ 3º Se da decisão não se tiver recorrido, ou se ela passar em julgado, apesar dos recursos interpostos, o juiz mandará registrá-la no livro do Registro dos Casamentos.

§ 4º O assento assim lavrado retrotrairá os efeitos do casamento, quanto ao estado dos cônjuges, à data da celebração.

§ 5º Serão dispensadas as formalidades deste e do artigo antecedente, se o enfermo convalescer e puder ratificar o casamento na presença da autoridade competente e do oficial do registro.

Art. 1.542. O casamento pode celebrar-se mediante procuração, por instrumento público, com poderes especiais.

§ 1º A revogação do mandato não necessita chegar ao conhecimento do mandatário; mas, celebrado o casamento sem que o mandatário ou o outro contraente tivessem ciência da revogação, responderá o mandante por perdas e danos.

§ 2º O nubente que não estiver em iminente risco de vida poderá fazer-se representar no casamento nuncupativo.

§ 3º A eficácia do mandato não ultrapassará noventa dias.

§ 4º Só por instrumento público se poderá revogar o mandato.

8. DAS PROVAS DO CASAMENTO

8.1. Os tipos de prova
8.2. Provas do casamento no exterior
8.3. Casamento duvidoso

8.1. Os tipos de prova

Vamos repetir que o casamento é um ato jurídico formal, solene e que gera efeitos jurídicos amplos e importantes. Ato dessa natureza necessita de ser provado de forma ampla, cabal e insofismável; casamento não se presume, mas se prova. E a prova contundente do casamento é apontada pelo Código Civil, no art.1.543: o casamento celebrado no Brasil prova-se pela certidão do registro. O casamento é precedido pela habilitação que se faz no Cartório de Registro Civil de Pessoas Naturais. Sua celebração se faz perante o juiz de casamentos, sendo lavrado no Registro de Casamentos pelo oficial de registro civil; este expedirá certidão de registro; esta certidão é um documento público e dotado de fé pública. Voltemos então ao que diz o art.1.543: o casamento é provado pela certidão de casamento emitido pelo Cartório de Registro Civil de Pessoas Naturais.

Justificada a falta ou perda do registro civil, é admissível qualquer espécie de prova em direito permitidas. Em situações excepcionais, são permitidos outros meios de prova. A certidão pode ser perdida e os registros do cartório podem ser destruídos, tornando-se impossível extrair nova certidão. Em caso semelhante cabe ao interessado o ônus da prova dessa impossibilidade. Será então admissível alguma outra espécie de prova, não determinando o Código Civil quais devam ser, sendo pois inúmeras as possibilidades. Imprescindível, entretanto, que seja claramente provada.

Situação mais excepcional ainda é prevista no art.1.545, prevendo um instituto chamado de "posse de estado". O casamento de pessoas que, no estado de casadas, não possam manifestar vontade, ou tenham falecido, não se pode contestar em prejuízo da prole comum, salvo mediante certidão do Registro Civil que prove que já era casada alguma delas, quando contraiu o matrimônio impugnado. Insta esclarecer primeiro o que se entenda como "estado de casadas". Fica evidenciado que o estado de casado é a vida conjugal que a pessoa falecida apresentava perante a comunidade em que vivia.

Havia um casamento aparente, com provas fortes. Por exemplo: a viúva tem carteira de identidade em que seu nome leva o sobrenome do marido e dá o estado civil como sendo casada. Pode haver declaração de ambos em que se declaram casados; testemunhas, correspondência com endereço comum; um era segurado do outro perante a Seguridade Social. Há entretanto uma prova que fulmina o casamento possível neste caso: se o interessado apresentar certidão de casamento legítimo de um deles, provando que era casado anteriormente. Ante essa prova, ainda que seja provado por certidão o casamento contestado não terá validade.

8.2. Provas de casamento no exterior

Quanto à forma de prova do casamento realizado no exterior, é uma questão de Direito Internacional Privado. O casamento realizado fora do Brasil prova-se de acordo com a lei do país onde foi celebrado. Se, porém, contraiu-se casamento perante o agente consular, provar-se-á por certidão do assento no registro do consulado. Se o casamento for de dois brasileiros domiciliados no exterior, este deve ser feito no consulado do Brasil, e a prova do casamento é a certidão emitida pelo cônsul brasileiro que o tiver realizado. Se for um casal de estrangeiros da mesma nacionalidade, o casamento deles, realizado em seu país natal, será provado pela certidão desse país. Essa certidão, para instruir um processo, deverá estar traduzida por um tradutor público juramentado e registrada no Cartório de Títulos e Documentos.

É possível porém que o brasileiro seja casado perante a autoridade de outro país. A situação é bem complexa, mas diz o art.1.544 que deverá ser registrado em 180 dias a contar da volta de um ou de ambos os cônjuges ao Brasil. Entretanto, a certidão de casamento deverá ser homologada pela Justiça brasileira. Resumiremos então o problema em vários aspectos:

A – brasileiro casa no estrangeiro perante a autoridade do país em que está domiciliado:

Neste caso, a certidão de casamento é passada por autoridade estrangeira e no idioma desse país. Esse documento deve ser homologado pela Justiça brasileira antes de ser registrado no Cartório do Brasil. O processo de homologação trará a certidão traduzida ao idioma nacional por tradutor oficial e provas da legitimidade do documento, já que foi elaborado conforme a lei do país em que o casamento foi realizado.

B – brasileiro casa no estrangeiro perante o consulado do Brasil:

A certidão expedida pelo cônsul é documento hábil, mas deverá ser registrada no Brasil.

8.3. Casamento duvidoso

É possível ainda que o casamento duvidoso seja debatido em processo judicial. É o caso do casamento realizado em iminente risco de vida, já estudado. Quando a prova da celebração legal do casamento resultar de processo, a inscrição da sentença no livro de registro civil produzirá, assim, no que toca aos cônjuges, como no que respeita aos filhos, todos os efeitos civis, desde a data do casamento. Portanto, se a Justiça reconhecer como válido um casamento por sentença judicial, essa sentença será registrada no Cartório de Registro Civil de Pessoas Naturais e dessa inscrição no Livro de Casamentos será emitida a certidão pelo oficial do cartório. A inscrição da sentença fará retroagir os efeitos do casamento até a data da celebração.

Outra disposição referente à "posse do estado de casado" é prevista no art. 1.547: na dúvida entre as provas pró e contra, julgar-se-á pelo casamento se os cônjuges, cujo matrimônio se impugna, viverem ou tiverem vivido na posse do estado de casados. Como esse artigo utiliza o verbo "julgar", presume-se que se refira ao caso de uma demanda judicial pela validade de um casamento. Nesse processo, as provas a favor e contra a validade do casamento chocam-se e equivalem-se. Ante a equivalência das provas, o juiz decidirá a favor do casamento, se houver prova de que entre os cônjuges existe casamento de fato, a aparência do estado de casados, que, no dizer da lei, é a posse de casados.

Tem-se em vista que o casamento é uma instituição tutelada pela lei, pela moral e pelo direito e portanto a ele se aplica o princípio: "in dubio pro matrimonium".

Novo Código Civil

Das Provas do Casamento

Art. 1.543. O casamento celebrado no Brasil prova-se pela certidão do registro.

Parágrafo único. Justificada a falta ou perda do registro civil, é admissível qualquer outra espécie de prova.

Art. 1.544. O casamento de brasileiro, celebrado no estrangeiro, perante as respectivas autoridades ou os cônsules brasileiros, deverá ser registrado em cento e oitenta dias, a contar da volta de um ou de ambos os cônjuges ao Brasil, no cartório do respectivo domicílio, ou, em sua falta, no 1º Ofício da Capital do Estado em que passarem a residir.

Art. 1.545. O casamento de pessoas que, na posse do estado de casadas, não possam manifestar vontade, ou tenham falecido, não se pode contestar em prejuízo da prole comum, salvo mediante certidão do Registro Civil que prove que já era casada alguma delas, quando contraiu o casamento impugnado.

Art. 1.546. Quando a prova da celebração legal do casamento resultar de processo judicial, o registro da sentença no livro do Registro Civil produzirá, tanto no que toca aos cônjuges como no que respeita aos filhos, todos os efeitos civis desde a data do casamento.

Art. 1.547. Na dúvida entre as provas favoráveis e contrárias, julgar-se-á pelo casamento, se os cônjuges, cujo casamento se impugna, viverem ou tiverem vivido na posse do estado de casados.

9. DA INVALIDADE DO CASAMENTO

9.1. O casamento na teoria das nulidades
9.2. Casamento inexistente
9.3. Casamento nulo
9.4. Casamento anulável
9.5. Casamento putativo
9.6. A ação anulatória

9.1. O casamento na teoria das nulidades

Fizemos amplas considerações sobre o casamento válido e os impedimentos a serem observados para a perfeição desse ato jurídico. Examinaremos agora o casamento imperfeito, vale dizer, eivado de vícios, de variável gradação. Iremos então considerar a Teoria das Nulidades, tratada no Código Civil em sua Parte Geral, tendo sido por isso examinada em nosso curso sobre a Parte Geral. Essa mesma teoria sobre nulidade de atos jurídicos é também aplicada para o ato jurídico específico do casamento e prevista nos arts.1.548 a 1.564 do novo Código Civil.

Há vários tipos de impedimentos e a infração deles provocará vários tipos de sanções, consoante a gravidade de cada infração. Assim, um impedimento dirimente público desobedecido provocará a nulidade do casamento; o impedimento dirimente privado provocará a anulabilidade, e impedimento impediente, embora não invalide o casamento, acarreta ao infrator alguma sanção. Vamos por isso encontrar diversos tipos de casamentos viciados: o inexistente, o nulo, o anulável e o irregular.

9.2. Casamento inexistente

Ato jurídico inexistente é aquele ao qual falta um elemento essencial. Por exemplo, um contrato de compra e venda em que não há a coisa vendida: não houve então contrato de compra e venda. Um casamento em que não haja o marido ou a mulher é um casamento inexistente; não houve casamento, pois faltou-lhe um elemento essencial, indispensável à sua realização. Essencial é o que está na essência, ou seja, fator de uma coisa, que, sem a qual, essa coisa deixa de ser o que é. Desnecessária se torna a ação anulatória para atacar um ato inexistente; se ele não é hábil a produzir efeitos, não é possível anular esses efeitos. Assim também ocorre com o casamento em que não há o consentimento dos cônjuges; falta-lhe um pressuposto básico, atingindo a essência do casamento. Se for emitida certidão desse casamento, a ação anulatória visará a anular o documento, mas não o casamento, já que este não houve.

O casamento inexistente não ingressa no mundo jurídico e não produz efeito. Se num processo chegar às mãos do juiz a certidão de casamento de dois homens entre si, o magistrado não deverá decretar a nulidade desse casamento "ex officio", mas apenas não o levará em consideração. Há no ato inexistente um pressuposto de fato (no ato nulo há um pressuposto de direito). Os pressupostos de fato, essenciais à existência do casamento, são em número de três: consentimento de ambos os contraentes; celebração pela autoridade competente; presença do marido e da mulher (diversidade de sexos). Houvéramos falado sobre a falta de consentimento, essencial por ser uma escolha, cujas conseqüências seguem o nubente pelo resto da vida e refletem perante terceiros. Não há neste caso uma vontade viciada, mas nem existe vontade.

O segundo elemento essencial do casamento é a celebração de acordo com as exigências da lei. Esse passo é revestido de rigoroso formalismo. Destarte, se, em vez de juiz de casamentos, a cerimônia se dá perante uma autoridade religiosa, o casamento é inexistente; houve o casamento religioso mas não o civil. A certidão dada pela autoridade religiosa poderá ser registrada no cartório e daí será possível considerar a existência de casamento.

O terceiro pressuposto fático é a diversidade de sexo entre os nubentes. Voltamos à opinião de Modestino: "nuptiae sunt conjunctio maris et feminae" (as núpcias são a conjunção do marido e da mulher). Nosso Código antigo não fazia referência a esse elemento, não relacionando a identidade de sexo como um impedimento à celebração do casamento, por ser ele de tão brutal evidência, que desnecessária seria essa imposição. O atual Código porém deixa bem clara essa questão, e nossa Constituição já expôs claramente a diversidade de sexo como elemento essencial do casamento. Estranhamente, quando a imprensa deu a notícia da promulgação do novo Código, surgiram veementes protestos de entidades várias e juristas contra o novo Código, anunciando uma cruzada pela sua revogação, ante tantas falhas e nascimento já anacrônico, baseada na falta de regulamentação do casamento entre pessoas do mesmo sexo. Houve em São Paulo, passeata de cem mil pessoas pelo casamento andrógino.

9.3. Casamento nulo

A nulidade "pleno jure" atinge o casamento eivado pela infração dos impedimentos dirimentes públicos, os previstos no art.1.548, incisos I e II, a saber:

I – pelo enfermo mental sem o necessário discernimento para os atos da vida civil;

II – por infringência de impedimento.

É nulo e de nenhum efeito, quanto aos contraentes e aos filhos, o casamento contraído com infração de qualquer daqueles dois incisos. O casamento nulo não pode gerar efeitos pois o ato jurídico nulo produz efeitos jurídicos nulos: "quod nullus est nullum effectum producit"; mais precisamente não produz direitos. Por isso, o pronunciamento judicial que declara a nulidade do casamento produz efeitos "ex tunc", ou seja, desde o momento em que o casamento se celebrou. Assim afirma o art.1.563: a sentença que decretar a nulidade do casamento retroagirá à data da sua celebração, sem prejudicar a aquisição de direitos, a título oneroso, por terceiros de boa-fé, nem a resultante de sentença transitada em julgado. É a hipótese de um casal que vende um imóvel a terceiro, recebendo o preço desse imóvel, sem que seja constatada a má-fé do comprador e este desconhecia a irregularidade do casamento dos vendedores. Ainda que seja declarado nulo o casamento, cujos efeitos partem desde a celebração, a venda fica inatacada, pois não seria justo que o terceiro inocente pagasse por atos de outras pessoas.

A decretação da nulidade do casamento pelos motivos retrocitados, pode ser promovida mediante ação direta, por qualquer interessado ou pelo Ministério Público. Não diz a lei se o juiz poderá declarar a nulidade "ex officio", o que nos leva a concluir que só poderão empreender a ação anulatória os pais e parentes ou alguém que revele ter interesse na questão.

9.4. Casamento anulável

Acontece o casamento anulável quando ele se realiza em contravenção aos seis impedimentos dirimentes privados, previstos nos incisos do art.1.550. É anulável o casamento:

I – de quem não completou a idade mínima para casar (18 anos);

II – do menor em idade núbil, quando não autorizado por seu representante legal;

III – por vício da vontade se houve por parte de um dos nubentes, ao consentir, erro essencial quanto à pessoa do outro, ou se houver coação, quando o consentimento de um ou de ambos os cônjuges houver sido captado mediante temor de mal considerável e iminente para a vida, a saúde e a honra, sua ou de seus familiares;

IV – do incapaz de consentir ou manifestar, de modo inequívoco, o consentimento;

V – realizado pelo mandatário, sem que ele ou o outro contraente soubesse da revogação do mandato.

VI – por incompetência da autoridade celebrante. Equipara-se à revogação a invalidade do mandato judicialmente decretada.

Vamos comentar esses seis incisos, já que muitos aspectos escondem-se atrás de sua clara mas lacônica redação. A idade para casar é, em princípio, o da maioridade, isto é, 18 anos. Como diz porém o art.1.517, "o homem e a mulher com 16 anos podem casar, exigindo-se autorização de ambos os pais, ou de seus representantes legais". Há, pelo que se nota, duas idades mínimas para casar: 18 e 16 anos. Os 18 anos dá capacidade plena, os 16 anos dá capacidade relativa. Afronta a esses impedimentos pode anular o casamento.

Outra causa da anulabilidade do casamento é por vício da vontade, ou seja, a manifestação de vontade aparentemente correta, mas está ela viciada ou perturbada, por erro essencial quanto à pessoa do outro cônjuge. Erros desse tipo são muitos, mas o art.1.557 relaciona quatro espécies, que comentaremos em seguida.

Aquilo que diga respeito à sua identidade, sua honra, sendo esse erro tal que o seu conhecimento anterior torne insuportável a vida em comum ao cônjuge enganado. É muito difícil estabelecer parâmetros para esse engano quanto à identidade de uma pessoa, vale dizer, parecia ser pessoa normal, mas revelou-se séria anormalidade referente à sua personalidade. Digamos, por exemplo, que um dos cônjuges esteja contaminado pelo HIV: colocaria em risco a integridade do outro cônjuge e prejudicaria seriamente a procriação. Outra hipótese dessa espécie: o cônjuge varão sofre de irremediável impotência "coeundi", impedindo a complementação da sociedade conjugal. Outro motivo será grave lesão cerebral, que se manifesta ocasionalmente, mas coloca em risco a própria integridade física da família. Tais razões exigem firme comprovação, mal irremediável e manifesta ameaça e impossibilidade da sociedade conjugal.

Não se trata de erro de identidade física, mas psicossocial, de tal forma que, se fosse conhecido pelo outro cônjuge antes do casamento, este não se teria realizado. Será o caso de uma esposa que vem a descobrir ser seu marido pai de filhos com outra mulher e ser obrigado judicialmente ao pagamento de alimentos.

É também anulável o casamento em virtude de coação, quando o consentimento de um ou de ambos os cônjuges houver sido captado mediante fundado temor de mal considerável e iminente para a vida, a saúde e a honra, sua ou de seus familiares. A coação deve ter sido exercida no momento do casamento e deve perdurar. Se, mesmo cessada a coação, o cônjuge coato não se manifesta e permanece em convivência com o coator, perde o direito de reclamar depois a anulação do casamento. A faculdade de requerer a anulação do casamento é privativa do cônjuge afetado.

O casamento realizado nas condições de anulabilidade não constitui ultraje à sociedade, mas poderá prejudicar os interesses dos noivos ou de terceiros. Por atingir interesses particulares e não públicos é que esses impedimentos recebem o nome de dirimentes privados. Ao contrário do casamento nulo, o anulável pode ser validado posteriormente.

Sanções Previstas

Quando o casamento for anulado por culpa de um dos cônjuges, esta incorrerá:

1 – na perda de todas as vantagens havida do cônjuge inocente;

2 – na obrigação de cumprir promessas que lhe fez no contrato antenupcial.

Quem provocou a ruptura do casamento cometeu um delito civil ou até penal, e o delito não pode gerar direitos; ao revés, deve anular direitos. Examinemos a situação do marido que tenha abandonado a família. Perde ele a guarda dos filhos e não poderá reclamar sua meação; a mulher poderá retirar de seu nome o nome do marido faltoso. Se ele cair em desgraça financeira, não poderá pedir alimentos à ex-esposa, ou aos filhos. Em idêntica situação ficaria a esposa se tivesse sido ela a causadora da ruptura.

Outra sanção acarretada ao causador da ruptura é a obrigação de cumprir os compromissos assumidos no pacto antenupcial. O pacto antenupcial é o acordo entre os cônjuges, referente à formação do patrimônio do casal. É muito adotado no direito italiano e francês, mas no Brasil raramente é celebrado, a não ser em algumas famílias dotadas de bom patrimônio. Aliás, fala o art. 1.564 em "contrato antenupcial", sendo de se acreditar que seja influência do Código Civil italiano, no qual se baseou nosso novo Código. O direito italiano e francês dá ao casamento certa conotação contratual, tendo em vista algumas implicações patrimoniais. Achamos preferível a designação de pacto, por ser mais tradicional e adaptar-se melhor ao direito brasileiro.

9.5. Casamento putativo

Embora anulável ou mesmo nulo, se contraído de boa-fé por ambos os cônjuges, o casamento, em relação a estes como aos filhos, produz todos os efeitos até o dia da sentença anulatória. Vamos compreender bem a razão deste critério. O casamento tinha vício insanável, mas provocado por terceiros; os nubentes desconheciam a irregularidade e agiram de boa-fé. Se eles tivessem filhos, não têm estes responsabilidade pelo casamento irregular de seus pais. Neste caso, o casamento produzirá efeitos para os cônjuges e para os filhos durante a constância da sociedade conjugal, ou seja, desde a celebração até a anulação.

Cabe uma dúvida: anulado o casamento e não havendo mais impedimento, poderão eles casar-se novamente? E se eles pudessem casar-se, porque então anular o casamento que celebraram antes? Não seria mais lógico validar o casamento, evitando a dualidade de atos?

Há outra situação um pouco diferente: se um dos cônjuges estava de boa-fé ao celebrar o casamento, os seus efeitos civis só a ele e seus filhos aproveitarão. Fica impedido de colher benefícios o cônjuge que houver agido de má-fé. Se ambos os cônjuges estavam de má-fé ao celebrar o casamento, os seus efeitos civis só aos filhos aproveitarão. Nesse caso cabe culpa aos dois nubentes e não poderão eles auferir vantagens com seu delito. Nenhuma culpa caberá aos filhos porém, e, perante eles, o casamento é válido e os direitos por eles adquiridos prevalecem.

É uma hipótese excepcional de casamento, por contrariar a teoria das nulidades. O casamento putativo, mesmo sendo nulo ou anulado, produz efeitos jurídicos, como se fosse válido. Esse casamento foi realizado em desacordo com algum impedimento e por isso deverá ser anulado. Foi entretanto contraído sem que os cônjuges soubessem da irregularidade, e portanto de boa-fé. Está aí o importante fator do casamento putativo: a boa-fé dos contraentes.

Vê-se pois que a boa-fé pode ser de ambos os cônjuges ou de um só deles. O casamento não poderá produzir efeitos jurídicos em benefício do cônjuge que tenha agido de má-fé. Produzi-los-á porém em benefício do cônjuge bem intencionado e em favor dos filhos do casal (in favorem prolis). Por isso, os filhos oriundos do casamento são legítimos, ainda que seus pais tenham agido de má-fé, pois filhos não podem colher malefícios em decorrência de atos praticados pelos pais.

Essa legitimidade é garantida mesmo fora do casamento putativo pois a Lei do Divórcio, no art.14, estabeleceu que ainda que nenhum dos cônjuges esteja de boa-fé ao contrair o casamento, seus efeitos civis aproveitarão aos filhos comuns. Assim sendo, o casamento contraído irregularmente, sem a boa-fé de ambos os nubentes, será considerado putativo em relação aos filhos do casal. Como o presente Código Civil regulamentou a dissolução da sociedade conjugal, é provável que a Lei do Divórcio (Lei 6.515/77) seja revogada ou modificada. Contudo, esse critério está revigorado no Código Civil,

O termo putativo origina-se etimologicamente do verbo latino "putare" (considerar, crer, supor). São-lhe palavras cognatas: "reputação" (fama, consideração) e "reputado" (considerado, suposto). Podemos assim dizer que o casamento é "reputado como verdadeiro, ou seja, considerado verdadeiro. É possível haver um filho putativo, oriundo de casamento putativo, ou considerado como realmente do casal. Assim considerado, o casamento putativo faz retroagir seus efeitos até a data da celebração, mas esses efeitos cessam no momento em que o casamento for anulado.

Há também outra manifestação desse princípio. Subsiste o casamento celebrado por aquele que, sem possuir a competência exigida pela lei, exercer publicamente as funções de juiz de casamento e, nessa qualidade, tiver registrado o ato no Registro Civil (art.1.554). Se ocorreu alguma irregularidade no serviço cartorário, é problema da administração pública e não deve perturbar o casamento como ato praticado de boa-fé pelos cônjuges. Nem a instituição matrimonial nem a vontade dos nubentes podem sofrer por atos da administração pública. Portanto, tem-se como legítimo; é reputado verdadeiro o casamento realizado nas condições acima referidas.

9.6. A ação anulatória

Antes de mover a ação de nulidade do casamento, a de anulação, a de separação judicial ou a de dissolução da união estável, poderá requerer a parte, comprovando sua necessidade, a separação de corpos, que será concedida pelo juiz com a possível brevidade (art.1.562). Se um dos cônjuges mover processo contra o outro, não haverá mais condições para a vida em comum. Além disso, se um cônjuge alega ter-se casado sob coação, mas continua coabitando com seu coator, dá presunção de haver perdoado seu agressor.

Há várias diferenças entre o casamento nulo e o anulável. O casamento nulo normalmente constitui um ultraje à sociedade e não pode ser validado, a não ser em algum caso excepcional. Ao contrário do casamento nulo, o anulável pode ser validado posteriormente. Se for anulado, a anulação produzirá efeitos "ex nunc", isto é, desde o momento da sentença de anulação. Desde o momento em que foi celebrado, até a anulação, o casamento esteve em vigor e produziu efeitos. Se os cônjuges tiverem adquirido um imóvel, por exemplo, pertencerá ao casal e, com a anulação, deverá submeter-se à partilha.

Assim, quem contraiu casamento, enquanto incapaz, pode ratificá-lo quando adquirir a necessária capacidade, e essa justificação dará efeito retroativo à data da celebração. Digamos, por exemplo, que se casaram dois incapazes por serem menores, em idade entre 16 e 18 anos. Não tiveram autorização de ambos os pais, como manda a lei. Deve ter havido um cochilo do oficial do registro civil, cuja responsabilidade não deve ser transferida aos nubentes. Contudo, passam-se os anos e eles já atingiram a maioridade; são portanto capazes. Se eles juridicamente podem praticar algum ato da vida civil, poderão ratificar o casamento celebrado quando eram incapazes. Esse casamento terá validade e produzirá efeitos jurídicos, não "ex "nunc", mas "ex-tunc", vale dizer, desde o dia da celebração. Idêntica situação ocorrerá com o interdito ou outro incapaz.

O novo Direito de Família incluiu outra possibilidade de validação do casamento, antes mesmo de ser atingida a idade de 16 anos. O menor que não atingiu a idade nupcial poderá, depois de completá-la, confirmar seu casamento, com a autorização de seus representantes legais, se necessária, ou com suprimento judicial (art. 1.553). Em tal hipótese, o menor deveria antes de casar, obter a autorização dos pais, mas não o fez. Mesmo assim casou; após o casamento, os pais concedem autorização e contando com ela, o menor ficará apto a validar seu casamento.

Achamos muito delicada a interpretação desse dispositivo legal. Tomemos como hipótese um rapaz de 15 anos, que se casa: é casamento nulo. O que é nulo não pode ser validado, em princípio. Entretanto, se completa 16 anos poderá confirmar seu casamento, desde que tenha autorização dos pais. Embora nulo, esse casamento foi validado, o que é excepcional.

Conforme diz o art. 1.517, só podem casar, seja homem seja mulher, os maiores de 18 anos, e os menores, entre 16 e 18 anos com licença dos pais, o que nos faz presumir que será nulo o casamento de menor de 16 anos. Contudo o art. 1.553 abre brecha para a validade desse casamento.

Achamos naturais essas disposições malgrado pareçam incoerentes. O casamento é instituição sagrada e nele repousa a constituição da família. Todos nós somos frutos da família mas vai alastrando com os filhos e agregados. Foi nesse sentido que Rui Barbosa, em magnífico escrito, começou-o com esta frase: "A pátria é a família amplificada".

Por esses motivos, o casamento não pode ficar ao sabor de filigranas jurídicas. Nessa questão nem sempre a "dura lex sed lex" atinge os objetivos sociais e humanos que o próprio direito persegue. Nota-se então no novo Código Civil que deve prevalecer toda e qualquer possibilidade de se validar o casamento irregular, de valorizar e proteger essa instituição, ainda que haja dúvidas. Não vigora nesse problema o princípio do "in dubio pro reo", mas do "in dubio pro societate". Assim sendo, o máximo faz a lei para que o casamento sobreviva e se confirme e o para que não seja desfeito, princípio que também se retrata no art.1.551: "não se anulará, por motivos de idade, o casamento de que resultou gravidez".

A decretação da nulidade do casamento, pelos motivos dessa menoridade, pode ser promovida mediante ação direta, por qualquer interessado, ou pelo Ministério Público, mas não pelo juiz "ex officio". Segundo o art.1.549, pode ser promovida por qualquer interessado, mas a lei não estabelece os parâmetros para esse "interessado". São naturalmente interessados os parentes em linha reta de um dos nubentes, sejam consanguíneos ou afins ou pelos colaterais em segundo grau, consangüíneos ou afins. E os próprios nubentes ou seus representantes legais poderiam? Ao nosso modo de ver são eles interessados e por isso podem requerer a nulidade. Será preciso porém examinar cada caso.

Prescrição da ação anulatória

Os prazos prescricionais variam de acordo com a modalidade de infração, contando da data da celebração. Há os seguintes prazos:

1 – se o casamento tiver sido realizado por autoridade incompetente: 2 anos;

2 – se o casamento tiver sido realizado por mandatário sem que ele ou o outro contraente soubesse da revogação do mandato e não sobrevivendo coabitação entre os cônjuges: –180 dias a partir da data em que o mandante tiver conhecimento da celebração;

3 – se houver erro de identidade, ignorância de crime anterior ao casamento, ignorância de defeito físico ou de doença mental, conforme o art. 1.557: – 3 anos;

4 – casamento de menor de 16: – 180 dias, contando o prazo:

I – para o menor, do dia em que perfez essa idade;

II – para os seus representantes legais ou ascendentes, da data do matrimônio.

Novo Código Civil

Da Invalidade do Casamento

Art. 1.548. É nulo o casamento contraído:

I – pelo enfermo mental sem o necessário discernimento para os atos da vida civil;

II – por infringência de impedimento.

Art. 1.549. A decretação de nulidade de casamento, pelos motivos previstos no artigo antecedente, pode ser promovida mediante ação direta, por qualquer interessado, ou pelo Ministério Público.

Art. 1.550. É anulável o casamento:

I – de quem não completou a idade mínima para casar;

II – do menor em idade núbil, quando não autorizado por seu representante legal;

III – por vício da vontade, nos termos dos arts. 1.556 a 1.558;

IV – do incapaz de consentir ou manifestar, de modo inequívoco, o consentimento;

V – realizado pelo mandatário, sem que ele ou o outro contraente soubesse da revogação do mandato, e não sobrevindo coabitação entre os cônjuges;

VI – por incompetência da autoridade celebrante.

Parágrafo único. Equipara-se à revogação a invalidade do mandato judicialmente decretada.

Art. 1.551. Não se anulará, por motivo de idade, o casamento de que resultou gravidez.

Art. 1.552. A anulação do casamento dos menores de dezesseis anos será requerida:

I – pelo próprio cônjuge menor;

II – por seus representantes legais;

III – por seus ascendentes.

Art. 1.553. O menor que não atingiu a idade núbil poderá, depois de completá-la, confirmar seu casamento, com a autorização de seus representantes legais, se necessária, ou com suprimento judicial.

Art. 1.554. Subsiste o casamento celebrado por aquele que, sem possuir a competência exigida na lei, exercer publicamente as funções de juiz de casamentos e, nessa qualidade, tiver registrado o ato no Registro Civil.

Art. 1.555. O casamento do menor em idade núbil, quando não autorizado por seu representante legal, só poderá ser anulado se a ação for proposta em cento e oitenta dias, por iniciativa do incapaz, ao deixar de sê-lo, de seus representantes legais ou de seus herdeiros necessários.

§ 1.º O prazo estabelecido neste artigo será contado do dia em que cessou a incapacidade, no primeiro caso; a partir do casamento, no segundo; e, no terceiro, da morte do incapaz.

§ 2.º Não se anulará o casamento quando à sua celebração houverem assistido os representantes legais do incapaz, ou tiverem, por qualquer modo, manifestado sua aprovação.

Art. 1.556. O casamento pode ser anulado por vício da vontade, se houve por parte de um dos nubentes, ao consentir, erro essencial quanto à pessoa do outro.

Art. 1.557. Considera-se erro essencial sobre a pessoa do outro cônjuge:

I – o que diz respeito à sua identidade, sua honra e boa fama, sendo esse erro tal que o seu conhecimento ulterior torne insuportável a vida em comum ao cônjuge enganado;

II – a ignorância de crime, anterior ao casamento, que, por sua natureza, torne insuportável a vida conjugal;

III – a ignorância, anterior ao casamento, de defeito físico irremediável, ou de moléstia grave e transmissível, pelo contágio ou herança, capaz de pôr em risco a saúde do outro cônjuge ou de sua descendência;

IV – a ignorância, anterior ao casamento, de doença mental grave que, por sua natureza, torne insuportável a vida em comum ao cônjuge enganado.

Art. 1.558. É anulável o casamento em virtude de coação, quando o consentimento de um ou de ambos os cônjuges houver sido captado mediante fundado temor de mal considerável e iminente para a vida, a saúde e a honra, sua ou de seus familiares.

Art. 1.559. Somente o cônjuge que incidiu em erro, ou sofreu coação, pode demandar a anulação do casamento; mas a coabitação, havendo ciência do vício, valida o ato, ressalvadas as hipóteses dos incisos III e IV do art. 1.557.

Art. 1.560. O prazo para ser intentada a ação de anulação do casamento, a contar da data da celebração, é de:

I – cento e oitenta dias, no caso do inciso IV do art. 1.550;

II – dois anos, se incompetente a autoridade celebrante;

III – três anos, nos casos dos incisos I a IV do art. 1.557;

IV – quatro anos, se houver coação.

§ 1º. Extingue-se, em cento e oitenta dias, o direito de anular o casamento dos menores de dezesseis anos, contado o prazo para o menor do dia em que perfez essa idade; e da data do casamento, para seus representantes legais ou ascendentes.

§ 2º. Na hipótese do inciso V do art. 1.550, o prazo para anulação do casamento é de cento e oitenta dias, a partir da data em que o mandante tiver conhecimento da celebração.

Art. 1.561. Embora anulável ou mesmo nulo, se contraído de boa-fé por ambos os cônjuges, o casamento, em relação a estes como aos filhos, produz todos os efeitos até o dia da sentença anulatória.

§ 1º. Se um dos cônjuges estava de boa-fé ao celebrar o casamento, os seus efeitos civis só a ele e aos filhos aproveitarão.

§ 2º. Se ambos os cônjuges estavam de má-fé ao celebrar o casamento, os seus efeitos civis só aos filhos aproveitarão.

Art. 1.562. Antes de mover a ação de nulidade do casamento, a de anulação, a de separação judicial, a de divórcio direto ou a de dissolução de união estável, poderá requerer a parte, comprovando sua necessidade, a separação de corpos, que será concedida pelo juiz com a possível brevidade.

Art. 1.563. A sentença que decretar a nulidade do casamento retroagirá à data da sua celebração, sem prejudicar a aquisição de direitos, a título oneroso, por terceiros de boa-fé, nem a resultante de sentença transitada em julgado.

Art. 1.564. Quando o casamento for anulado por culpa de um dos cônjuges, este incorrerá:

I – na perda de todas as vantagens havidas do cônjuge inocente;

II – na obrigação de cumprir as promessas que lhe fez no contrato antenupcial.

10. EFICÁCIA DO CASAMENTO

10.1. Efeitos jurídicos do casamento
10.2. Direitos e deveres dos cônjuges

10.1. Efeitos jurídicos do casamento

Eis aqui um capítulo do Direito de Família que sofreu profundas modificações em relação ao antigo, fundamentado no Código Civil de 1916. Houve bastante simplificação, pois o antigo direito produzia efeitos bem diferentes para o marido e a mulher. Aliás, o Direito de Família é o ramo do Direito Civil que mais profundamente foi reformulado pelo novo Código Civil.

Pelo novo Código, homem e mulher assumem mutuamente a condição de consortes, companheiros e responsáveis pelos encargos da família. Estão aqui relacionados três fatores importantes e essenciais. Marido e mulher passam a ser consortes (cum-sorte); a sorte é o destino, o porvir, os sucessos e revezes da vida: tudo pertence a ambos; os dois devem compartilhar todos os problemas surgidos na vida familiar. Marido e mulher formam uma sociedade: a sociedade conjugal, e a principal característica de uma sociedade é a união de seus membros, ditada por objetivos comuns.

Passam a ser companheiros. O companheirismo foi realçado no casamento da antiga Roma (cum-panis), simbolizado pela "confarreatio", pela qual os nubentes repartiam o pão, e faziam com ele oferenda a Júpiter. Repartir o pão era símbolo da solidariedade entre os cônjuges e a extensão dessa solidariedade a terceiros. É a origem do bolo de noiva, em que os nubentes comem um pedaço e oferecem o restante à coletividade.

Importante fator e pressuposto do casamento é a responsabilidade de ambos pelos encargos da família, e não só pelos encargos mas pela educação dos filhos e outras obrigações conjugais. Na antiga Roma, havia rígida separação de responsabilidades e o antigo Direito de Família brasileiro seguia a tradição romana. Segundo o direito romano, ao casar, a mulher saia do poder paterno e passava para o poder do marido, sendo chamada de "alieni juris". O marido exercia autoridade e poder sobre a mulher; era ele o chefe de família e competia a ele prover o sustento dos filhos. Assim era também, 2000 anos após, no Direito brasileiro. Não era porém a prática da sociedade brasileira; há mais de 30 anos, marido e mulher formam um casal, assumindo ambos as responsabilidades do lar.

Felizmente, o novo Código Civil veio colocar um paradeiro nesse sistema jurídico anômalo, irreal e superado. Existe hoje o paralelismo entre o direito e a realidade social: marido e mulher formam um casal, duas pessoas agindo como uma só, de forma sincronizada. Não existem mais certos direitos e obrigações para o marido e para a mulher; existem direitos e obrigações do casal. Poderá haver acordo entre os cônjuges, distribuindo as tarefas para cada um. Trata-se porém de acordo de vontades, sem imposição legal.

Importante inovação foi prevista com o planejamento familiar, dando aos cônjuges a faculdade de limitar o número de filhos. O planejamento familiar é de livre decisão do casal, competindo ao Estado propiciar recursos educacionais e financeiros para o exercício desse direito, vedado qualquer tipo de coerção por parte de instituições privadas ou públicas. Segundo o novo Código, cabe ao Estado estimular o planejamento familiar, dando orientação e incentivo para a sua prática. O Estado deverá exercer essa função naturalmente dentro da lei, porquanto há vários métodos anticonceptivos vedados legalmente. É o caso do aborto, elencado como crime no Código Penal.

A antiga Roma rejeitava essa prática, uma vez que o casamento tinha nítido sentido reprodutivo. O Estado incentivava a produção de filhos, pois queria aumentar a população romana e o efetivo militar. O casamento deveria produzir os soldados romanos e os estadistas do Império. Por isso, a maioridade romana não dependia da idade, mas da capacidade produtiva. A mulher torna-se maior na primeira menstruação; o homem no momento em que também atingia a capacidade reprodutora. Digamos que uma menina de 12 anos já estivesse em condições de engravidar: já poderia casar. Não só poderia casar, mas seu pai, o "paterfamilias" deveria procurar casamento para ela.

Esse critério decorria do fato de o casamento romano ter a finalidade de produzir os conquistadores do mundo para Roma. O Estado romano incentivava as famílias numerosas, considerando o parto um ato patriótico. Era essa a tônica do Direito de Família na antiga Roma; era também da religião romana. Em Pompéia, a cidade soterrada por erupção do Vesúvio, existe uma casa conservada pela camada de lava e depois redescoberta bem conservada: a Casa Vitti. No centro da casa há um jardim com várias estátuas inclusive a de Eros, o deus do amor. Há também um quarto com estátuas e adornos eróticos e pinturas nas paredes, incrivelmente conservadas. Eram locais destinados à prática de atos libidinosos, ou seja, atos que não visem a reprodução. O casal romano não podia apresentar no seu quarto de dormir manifestações sexuais que não tendessem à reprodução. Se quisessem agir de forma diferente teriam que praticar seus atos no jardim ou no aposento destinado a esse fim. O quarto de dormir era o sacrário em que marido e mulher ofereciam ao Estado romano e a Júpiter um novo cidadão ou um conquistador do mundo. Não agindo dessa forma, o casal afrontava a moral pública, os preceitos religiosos e os interesses do Estado.

O moderno Direito brasileiro afasta-se inteiramente de suas origens latinas. O esquema romano era da interferência na vida íntima dos cidadãos. No Brasil é vedada essa interferência estatal; segundo diz o Código Civil "o planejamento familiar é de livre decisão do casal", ou seja, podem ter quantos filhos quiser, podendo entretanto restringi-los. Mais ainda, o Código incumbe ao Estado a função de colaborar com os casais nesse sentido. Não deixa nosso direito de lado as primitivas raízes romanas, mas 13.000 km. de distância e 2.000 anos nos afastam da antiga Roma. Não vamos dizer que os romanos estavam errados, mas pertenciam a uma sociedade bem diferente da nossa. Nosso Código Civil interpreta a sociedade brasileira atual e procura regulamentar os problemas que nos afligem no presente momento.

10.2. Direitos e deveres dos cônjuges

Inovação inesperada do novo direito é o uso recíproco do nome. Qualquer dos nubentes, querendo, poderá acrescentar ao seu o sobrenome do outro. Em nosso antigo direito e no de vários países a mulher podia acrescentar o sobrenome do marido, mas o marido usar o nome da mulher é inusitado. É a capacidade brasileira de inovar. Entretanto, usa a lei o verbo "pode" e não "deve", o que nos leva a crer que nenhum deles está obrigado, podendo ambos permanecer com o nome de solteiro.

Os deveres do casal

Nosso antigo direito, seguindo a tradição romana, apresentava dois capítulos bem distintos: "os direitos e obrigações do marido", e "os direitos e obrigações da mulher". Agora porém existem direitos e deveres de ambos os cônjuges, principalmente os englobados em cinco incisos do art. 1.566:

1 – fidelidade recíproca;
2 – vida em comum, no domicílio conjugal;
3 – mútua assistência;
4 – sustento, guarda e educação dos filhos;
5 – respeito e consideração mútuos.

1. Fidelidade recíproca

O termo fidelidade tem o sentido de exclusividade: o marido não pode ter duas mulheres nem a mulher dois maridos. A monogamia tem sentido radical e completo. Demonstrações de amor são reservadas apenas de um cônjuge ao outro, aplicando-se o 4º mandamento da Lei de Moisés: "não desejar a mulher do próximo". Afronta máxima a esse dever é o adultério, que nosso Código Penal cataloga como crime. Talvez por força da tradição, o adultério da mulher apresenta maior gravidade, ou talvez por ser mais delicado, uma vez que poderá trazer um estranho ao lar conjugal. Pode ainda ser considerada traição aos compromissos assumidos no casamento civil e religioso, quando se comprometem a dedicar amor e fidelidade. Hão há diferença entre os deveres de marido e mulher, pois o Código fala em fidelidade recíproca.

2. Vida em comum, no domicílio conjugal

É o dever de coabitação. Entende-se por lar, um local fixo em que se processa a convivência familiar. A vida em comum implica desfrutar do leito comum. Os filhos do casal habitam determinado local e exigem a presença dos pais o máximo possível; de ambos os pais.

3. Mútua assistência

Diz o art.1.565 que, pelo casamento, homem e mulher assumem a posição de consortes e companheiros. A mulher é companheira porque acompanha o marido; é sua companhia permanente, devendo colaborar com seu marido nos problemas familiares; se um tiver alguma dificuldade, precisará do apoio e colaboração do outro. As obrigações do marido são idênticas às da mulher. Entretanto, essa mútua assistência revela-se mais nos momentos difíceis, nas crises por que passa muitas vezes o casal, como nas dificuldades financeiras e nos problemas de saúde. Um brocardo italiano retrata esses momentos:

L' amico si conosce nelle sventure; nella battaglia l'eroe; la moglie nella perdita dei beni; nei debiti l'uomo onesto; nella calamità i parenti.

(O amigo se conhece na desventura; na batalha o herói; a mulher na perda do dinheiro; nas dívidas o homem honesto; na calamidade os parentes).

4. Sustento, guarda e educação dos filhos

Os filhos não são nem do pai nem da mãe; são do casal. Cabe a ambos os pais todos os cuidados e todas as tarefas em relação aos filhos, cada um dentro de sua possibilidade. Não existem obrigações do pai de um lado, e obrigações da mãe de outro. O que normalmente faz um casal é dividir as tarefas, mas cada um exerce sua função em colaboração com o outro.

5. *Respeito e consideração mútuos*

Não estabelece a lei os parâmetros possíveis para os atos que possam ser considerados como a afronta ao respeito e consideração. Entretanto, criaram-se em São Paulo delegacias especializadas em crimes contra a mulher; muitos crimes cometidos pelo marido, como agressões de várias espécies.

Acontecem muitas vezes o abandono do lar pela mulher, ou desídia no cumprimento de suas obrigações, o que constituem desrespeito e desconsideração a seu cônjuge. O mais comum porém é o homem abandonar mulher e filhos à míngua; unir-se a outra mulher, pondo filhos no mundo e partindo para outra vida. Vê-se um cônjuge humilhar o outro publicamente; tratar aos gritos e ofensas em altos brados.

Os bares de São Paulo estão com freqüência cheios de homens tomando cerveja, acompanhada de petiscos, não se sabendo se em sua casa a esposa tem o que pôr à mesa. Atos desse tipo constituem desrespeito e desconsideração ao cônjuge. Ciúmes, violência, alcoolismo e egoísmo constituem as causas mais comuns de falta de respeito e consideração.

Disposições do novo Código

A direção da sociedade conjugal será exercida, em colaboração, pelo marido e pela mulher, sempre no interesse do casal e dos filhos. Havendo divergência, qualquer dos cônjuges poderá recorrer ao juiz, que decidirá tendo em consideração aqueles interesses (art.1.567). É outro aspecto em que o direito moderno rompeu com a influência do direito romano e do direito canônico. Sob o ponto de vista legal não há mais o chefe de família, designação que não nos parecia louvável. Entre os índios havia o chefe da família, que era também o chefe de tudo. Na civilização ocidental moderna não cabe mais a designação de chefe para o marido. Seria até pândego a mulher e os filhos chamarem o pai de "chefe".

Havendo divergências entre os membros do casal a respeito das medidas necessárias para o lar, a lei remete à Justiça a solução dos conflitos entre o marido e a mulher sobre a direção da sociedade conjugal. Julgamos esse critério juridicamente certo e não é só nesse tipo de conflito que se faz essa remissão. Contudo, é nosso parecer que não é forma prática, uma vez que o Judiciário tem-se revelado como mecanismo inadequado para a solução de muitos tipos de lide, inclusive das familiares.

Os cônjuges são obrigados a concorrer, na proporção de seus bens e dos rendimentos do trabalho, para o sustento da família e a educação dos filhos, qualquer que seja o regime patrimonial (art.1.568). É outra igualdade entre os cônjuges: a igualdade de obrigações, principalmente na época em que marido e mulher normalmente trabalham e os dois auferem rendimentos. Esses rendimentos passam a ser do casal.

O domicílio do casal será escolhido por ambos os cônjuges, mas um e outro podem ausentar-se do domicílio conjugal para atender a encargos públicos, ao exercício de sua profissão, ou a interesses particulares relevantes (art.1.569). O direito anterior atribuía ao marido a escolha do domicílio, o que era também uma disposição inadequada aos dias atuais, como já era inadequada há um século atrás. A mulher era a maior interessada na escolha do domicílio, pois ficava mais em casa, enquanto o marido saía à rua e tinha suas preocupações desviadas para ganhar o sustento da família.

Reserva a lei, contudo, o que é bem louvável, a liberdade de ambos quanto à sua movimentação. Nos dias hodiernos, tanto marido quanto mulher exercem atividades profissionais e esse exercício não pode ser tolhido pela lei.

Se qualquer dos cônjuges estiver em lugar remoto ou não sabido, encarcerado por mais de 180 dias, interditado judicialmente ou privado, episodicamente, de consciência, em virtude de enfermidade ou de acidente, o outro exercerá com exclusividade a direção da família, cabendo-lhe a administração dos bens (art.1.570). Prevê a lei os impedimentos momentâneos de um dos cônjuges para o exercício da direção da família. Disposição nesse sentido consta do direito de muitos países e também no nosso antigo direito, mas nosso Código é bem mais explícito, indicando vários aspectos em que se emprega o exclusivismo da direção da família. Malgrado traga várias incidências, essa lista é apenas exemplificativa e não enumerativa: não constitui um "numerus clausus". Acontecerá sempre que um dos cônjuges estiver impossibilitado de exercer a direção da família e houver necessidade de decisões urgentes e necessárias.

Novo Código Civil

Da Eficácia do Casamento

Art. 1.565. Pelo casamento, homem e mulher assumem mutuamente a condição de consortes, companheiros e responsáveis pelos encargos da família.

§ 1.º Qualquer dos nubentes, querendo, poderá acrescer ao seu o sobrenome do outro.

§ 2.º O planejamento familiar é de livre decisão do casal, competindo ao Estado propiciar recursos educacionais e financeiros para o exercício desse direito, vedado qualquer tipo de coerção por parte de instituições privadas ou públicas.

Art. 1.566. São deveres de ambos os cônjuges:

I – fidelidade recíproca;

II – vida em comum, no domicílio conjugal;

III – mútua assistência;

IV – sustento, guarda e educação dos filhos;

V – respeito e consideração mútuos.

Art. 1.567. A direção da sociedade conjugal será exercida, em colaboração, pelo marido e pela mulher, sempre no interesse do casal e dos filhos.

Parágrafo único. Havendo divergência, qualquer dos cônjuges poderá recorrer ao juiz, que decidirá tendo em consideração aqueles interesses.

Art. 1.568. Os cônjuges são obrigados a concorrer, na proporção de seus bens e dos rendimentos do trabalho, para o sustento da família e a educação dos filhos, qualquer que seja o regime patrimonial.

Art. 1.569. O domicílio do casal será escolhido por ambos os cônjuges, mas um e outro podem ausentar-se do domicílio conjugal para atender a encargos públicos, ao exercício de sua profissão, ou a interesses particulares relevantes.

Art. 1.570. Se qualquer dos cônjuges estiver em lugar remoto ou não sabido, encarcerado por mais de cento e oitenta dias, interditado judicialmente ou privado, episodicamente, de consciência, em virtude de enfermidade ou de acidente, o outro exercerá com exclusividade a direção da família, cabendo-lhe a administração dos bens.

11– DA DISSOLUÇÃO DA SOCIEDADE CONJUGAL

11.1. Sociedade conjugal e casamento

11.2. A separação judicial

11.3. O divórcio

11.4. Efeitos jurídicos da sentença de divórcio

11.5. Sistema processual

11.6. As disposições do novo Código Civil

11.1. Sociedade conjugal e casamento

Essa questão foi tratada, durante muito tempo, pelos arts. 315 a 328 do Código Civil, de forma simples, em vista da indissolubilidade do matrimônio, adotada na Constituição Federal. Todavia, a Emenda Constitucional nº 9, de 28.6.77, aboliu a indissolubilidade do matrimônio, instituindo o divórcio. No mesmo ano, a Lei 6.515, de 26.12.1977, regulamentou a aplicação do divórcio no Brasil. Na verdade, a Lei 6.515/77 é bem mais ampla do que a simples regulamentação do divórcio, derrogando o Código Civil nos arts. 315 a 328, passando a regular a separação judicial, a dissolução do casamento, ou a cessação de seus efeitos civis e respectivos processos, a proteção à pessoa dos filhos e outras disposições. Foi abolida a expressão "desquite", substituída por "separação judicial".

Segundo o art. 2º da Lei do Divórcio, a sociedade conjugal termina de quatro maneiras: pela morte de um dos cônjuges, pela nulidade ou anulação do casamento, pela separação judicial ou pelo divórcio. Contudo, o parágrafo único desse artigo diz que o casamento válido somente se dissolve pela morte de um dos cônjuges ou pelo divórcio. Patenteado está que a lei brasileira considera dois institutos distintos: o casamento e a sociedade conjugal. O casamento tem mais amplitude do que a sociedade conjugal, pois esta pode ser dissolvida com a separação, enquanto o casamento permanece. A recíproca não é verdadeira: cessando o casamento, automaticamente cessa a sociedade conjugal. A separação põe fim à sociedade conjugal, mas os ex-cônjuges podem cancelar a separação, restabelecendo a sociedade conjugal, enquanto o casamento permaneceu íntegro. Contudo, se o casamento for dissolvido pelo divórcio e os ex-cônjuges quiserem restabelecer a sociedade conjugal terão de se casar novamente. O aspecto mais importante é que a dissolução da sociedade conjugal não libera os consortes para um novo casamento. Necessário se torna a dissolução do casamento, para que os cônjuges sejam liberados para outro.

11.2. A separação judicial

A separação judicial põe termo aos deveres de coabitação, fidelidade recíproca e ao regime matrimonial de bens, como se o casamento fosse dissolvido (art. 3º). Assim diz a lei, mas o casamento não é dissolvido. Ficam porém claramente definidos os efeitos jurídicos principais da separação judicial: cessam os deveres de coabitação e de fidelidade para ambos os consortes. O terceiro efeito é a cessação do regime de bens, liquidando-se o patrimônio comum do casal. Deve haver normalmente um efeito prévio, a "separação de corpos", que antecede ao pedido de separação. Não terá lógica um cônjuge empreender ação de separação contra o outro perante a justiça e continuarem a viver ambos sob o mesmo teto; necessário que o autor do pedido retire-se de casa, mas, se ele assim fizer, poderá caracterizar o abandono do lar. Por essa razão, o abandono do lar deverá ser fundado em alvará judicial, como medida cautelar. No prazo de 30 dias deverá o autor empreender a ação principal.

A separação poderá se dar por mútuo consentimento dos cônjuges, se forem casados há mais de dois anos, manifestado perante o juiz e devidamente homologado (art. 4º). Nesse caso, é chamada de "separação consensual". Os consortes entram em acordo sobre as bases da separação e poderão firmar acordo extrajudicial. Requerem a Ação de Separação Consensual, pedindo ao juiz a homologação do acordo extrajudicial, não havendo necessidade de expor os motivos. No acordo, constarão as bases da separação, como a partilha dos bens, a guarda dos filhos, quem permanecerá no domicílio conjugal, se a mulher conserva o sobrenome do marido, se há prestação de alimentos, os dias de visita aos filhos, e outras disposições estabelecidas pelo próprios cônjuges. A homologação do acordo pela sentença judicial produzirá efeitos após o prazo para apelação. É possível que o processo seja requerido por advogado comum para ambos, pois não há conflito entre as partes.

Quando não houver a separação por mútuo consentimento, poderá um dos cônjuges requerer judicialmente a Ação de Separação Judicial. Caso seja incapaz, poderá ser representado por curador, ascendente ou irmão. O pedido deve ser motivado, alegando ter o outro cônjuge cometido grave violação dos deveres do casamento e ter tornado insuportável a vida em comum. A lei aponta como causa da separação judicial a "conduta desonrosa". Não especifica a lei o que seja "conduta desonrosa", mas a jurisprudência tem interpretado como grave violação dos deveres do casamento. Esses deveres estão no próprio Código, como os deveres do marido e da mulher, já estudados. Vamos enumerar os principais: fidelidade recíproca, coabitação sob o mesmo teto, guarda e educação dos filhos, respeito e colaboração mútua e muitos outros deveres previstos esparsamente nas leis. A esses somam-se as obrigações naturais, as que nascem com o homem e se preservam através dos séculos, cultivadas pela religião, pelos costumes e pela ética.

A mais grave violação aos deveres conjugais, dentro da tradição romana e ocidental e da moral cristã, é o adultério. Trata-se de transgressão grave, mas de difícil comprovação. Adultério não se presume, mas se prova. De outro lado, o conceito desse delito é muito variável, havendo juristas que lhe conferem sentido muito abrangente. Preferimos interpretá-lo no sentido estrito que lhe dava o direito romano: "Adulterium accessio ad uterum allienum est" = Adultério é o acesso ao útero alheio. Implica pois em conjugação carnal, em penetração no útero alheio. Praticamente, há duas provas viáveis: um filho do cônjuge adúltero com seu parceiro, devidamente reconhecido, ou a confissão do delito, pois a confissão é a rainha das provas.

Embora um delito não constitua adultério, pode ser uma grave violação ao matrimônio e à moral, como freqüência a boates, assídua intimidade com pessoa do sexo oposto e outras. Somam-se, a essas liberalidades, embriaguez habitual, ausências do lar, dedicação ao jogo, desocupação habitual, agressões físicas e morais, homossexualismo.

Pode dar causa, ao pedido de separação judicial, a existência de uma separação de fato por prazo superior a um ano, e a impossibilidade de reconstituição da vida em comum. Como não há uma causa juridicamente comprovada da separação, nem da culpabilidade de um dos cônjuges, poderá a separação ser concedida, mas sem a sucumbência da outra parte.

O cônjuge pode ainda pedir a separação judicial quando o outro estiver acometido de grave doença mental, manifestada após o casamento, que torne impossível a vida em comum, desde que, após uma duração de cinco anos, a enfermidade tenha sido reconhecida de cura improvável. Da mesma forma que na causa anterior, não há sucumbência do cônjuge enfermo. Ficar doente não constitui grave ofensa aos deveres matrimoniais, nem seria justo penalizar um ser humano pela desgraça que se abateu sobre sua pessoa. Aliás, no próprio art. 4º estabelece a Lei do Divórcio que, nesse caso, a separação judicial poderá ser negada, se constituir, respectivamente, causa de agravamento das condições pessoais ou da doença do outro cônjuge, ou determinar, em qualquer caso, conseqüências morais de excepcional gravidade para os filhos menores. Não havendo esses agravantes, poderá ser desfeita a sociedade conjugal, uma vez que não há condições para que ela seja mantida.

11.3. O divórcio

O divórcio é a forma de dissolução da sociedade conjugal mais avançada do que a separação judicial, já que põe termo ao casamento e aos efeitos civis do matrimônio religioso. Aliás, a separação judicial é normalmente um preâmbulo do divórcio; sendo a primeira obtida, após um ano poderá ser completada pelo divórcio. Não se decretará o divórcio se ainda não houver sentença definitiva da separação judicial, ou se esta não tiver decidido sobre a partilha dos bens (art. 31). Há porém uma exceção, embora nossa legislação seja confusa a respeito da possibilidade de se pedir diretamente o divórcio, sem passar pela separação judicial. Nosso Judiciário tem largamente estendido a aplicação ao art. 40, decretando o divórcio de casal que já esteja separado de fato há mais de dois anos.

Quanto ao divórcio indireto, ou seja, requerido após a separação, deverá ser requerido após um período de um ano. Previu a lei um prazo em que o casal possa se reencontrar, resolver suas pendências e reconciliar-se. Bastará então requerer ao juiz o cancelamento da separação judicial, voltando os ex-consortes ao estado de casados, já que o vínculo matrimonial permanecerá. Não é o que ocorreria com o divórcio. Se os cônjuges divorciados quiserem restabelecer a união conjugal só poderão fazê-lo mediante novo casamento (art. 33).

De idêntica forma como acontece na separação, pode o divórcio ser consensual ou litigioso. O divórcio consensual dá-se por mútuo consentimento dos cônjuges, elaborando um acordo e requerendo a homologação do juiz. Se não houver acordo entre os consortes, uma das partes tomará a iniciativa, pedindo a citação da outra, que geralmente adere, pois o divórcio libera ambos para um novo casamento. A conversão em divórcio da separação judicial dos cônjuges, existente há mais de um ano, contada da data de decisão ou da que concedeu a medida cautelar correspondente, será decretada por sentença, da qual não constará referência à causa que a determinou (art. 25). O pedido de divórcio, quer consensual quer litigioso, somente competirá aos cônjuges, podendo contudo ser exercido, em caso de incapacidade, por curador, ascendente ou irmão.

11.4. Efeitos jurídicos da sentença de divórcio

O divórcio põe fim ao casamento e ao relacionamento entre os consortes. Podem eles casar-se novamente, cessa o regime de bens, não há mais direitos e obrigações conjugais. Essa ruptura, no entanto, apresenta algumas exceções, principalmente se houver filhos. Mesmo quanto ao cônjuge, permanecem alguns vínculos, quer indiretamente por intermédio dos filhos, quer diretamente. O cônjuge responsável pela separação judicial prestará ao outro, se dela necessitar, a pensão que o juiz fixar (art. 19). O responsável é normalmente quem tomou a iniciativa de requerer judicialmente, a menos que tenha sido provado e declarado por sentença que o cônjuge réu tenha violado os deveres conjugais, provocando a separação.

Outro vínculo que não se rompe é o sobrenome da mulher. Se a culpa da separação for da mulher, ou seja, vencida na ação, e se o pedido for de iniciativa da mulher sem a sucumbência do marido, perde ela o direito de continuar usando o nome do marido (art. 17). Entretanto, se for ela vencedora na ação, poderá optar pelo uso ou não do patronímico do marido. Mesmo que o tenha conservado poderá a qualquer momento renunciar a ele. Não sendo vencida na ação, isto é, em casos duvidosos, caberá à mulher optar pela conservação do nome de casada, uma vez que é também o nome dos filhos. A mulher só perderá o direito ao nome de casada se for declarada culpada pela ruptura do vínculo conjugal.

Restam ainda obrigações comuns com referência aos filhos. Estamos falando de uma ruptura conflitante da sociedade conjugal, fruto de divergência e lítigio entre os cônjuges, cuja solução caberá ao juiz. Se a separação decorrer de um acordo entre as partes, ou seja, consensual, prevalecerá o que os cônjuges tinham acertado. Em princípio, a parte culpada pela separação perde a guarda dos filhos, mas conserva o direito de visitá-los. Se o filho for maior de 21 anos, poderá ele escolher o caminho a seguir. Se pela separação judicial forem responsáveis ambos os cônjuges, os filhos menores ficarão em poder da mãe, salvo se o juiz verificar que de tal solução possa advir prejuízo de ordem moral para eles. A guarda dos filhos é pois, de preferência, reservada à mãe, pelas razões já debatidas. A índole da mulher é mais propensa à educação dos filhos e manutenção do lar, enquanto a do marido é mais propensa à luta fora de casa. Há exceções, mas a tradição ainda permanece.

Muitas são as variantes, pois a questão é muito delicada. Poderá o juiz impor a um dos cônjuges a guarda dos filhos, ou aos avós. Poderá ainda adotar qualquer outra solução, como entregá-los à guarda de pessoa estranha ou até à FEBEM. Se o cônjuge devedor da pensão vier a casar, o novo casamento não alterará sua obrigação (art. 30). Entretanto, a justiça não observa o mesmo critério quanto à existência de filhos do segundo casamento; tem havido muitos casos de redução de pensão quando o separando vem a ter novos filhos, inclusive oriundos de concubinato. O novo casamento do cônjuge credor da pensão extinguirá a obrigação do cônjuge devedor (art. 29). A nosso modo de ver, esta disposição desestimula o casamento legal e estimula o concubinato. Aliás, o concubinato não precisa de estímulo para alastrar-se e desenvolver-se, tal o prestígio que hoje alcançou. Conhecem-se inúmeros casos de mulheres divorciadas, que evitam casar-se para não perder a pensão e entretanto estabelecem o concubinato. É chocante: o casamento traz sanção e o concubinato vantagem.

Em relação aos filhos, a situação é mais inflexível. O divórcio não modificará os direitos e deveres dos pais em relação aos filhos; o novo casamento de quaisquer dos pais ou de ambos também não importará restrição a esses direitos e deveres (art. 27).

11.5. Sistema processual

Embora o *modus faciendi* na aplicação da Lei do Divórcio caiba ao estudo do Direito Processual Civil, o próprio direito substantivo estabelece suas normas. O Código de Processo Civil também estabelece normas idênticas nos arts. 1.120 a 1.124. Não vemos razão para a dualidade de regulamentação do mesmo assunto em dois diplomas legais. Como, entretanto, a Lei do Divórcio prevê os passos processuais para a dissolução da sociedade conjugal e do vínculo matrimonial, teremos de expô-las neste trabalho. A separação consensual seguirá rito próprio, previsto nos arts. 1.120 a 1.124 do Código de Processo Civil. A separação judicial litigiosa e o divórcio seguem procedimento ordinário.

Falaremos primeiro sobre a separação consensual. A exordial poderá ser assinada pelos cônjuges com firma reconhecida, mesmo havendo procuração nos autos e assinatura do advogado. Com essa medida, os juízes costumam atender as partes na apresentação em juízo, dispensando a designação de audiência. Cada parte poderá dar procuração a seu advogado, mas, como há acordo entre elas, é possível uma só procuração e um só advogado. Se os cônjuges não puderem ou não souberem escrever, é lícito que outrem assine a petição a rogo deles. As assinaturas, quando não lançadas na presença do juiz, serão reconhecidas por tabelião.

A petição inicial segue a regra geral estabelecida pelo Código de Processo Civil, com um histórico sobre a sociedade conjugal, juntando a certidão de casamento e do nascimento dos filhos. O acordo extrajudicial de separação deverá ser assinado pelos dois cônjuges, com firma reconhecida, de preferência com duas testemunhas. Nesse acordo deverão constar as bases da separação, como a guarda dos filhos, o montante da prestação alimentícia se a houver, um esboço de partilha. Se houver pacto antenupcial, deverá também ser juntado.

Na petição inicial, os cônjuges pedem a homologação do acordo, que será feito à parte ou na própria petição. Apresentada a petição ao juiz, este verificará se ela preenche os requisitos exigidos pela lei. Em seguida, ouvirá os cônjuges sobre os motivos da separação consensual, esclarecendo-lhes as conseqüências da manifestação de vontade (art. 1.122). A ação é normalmente inócua, pois se as partes batem à porta da justiça é porque os meios suasórios tornaram-se inoperantes.

Convencendo-se o juiz de que ambos, livremente e sem hesitações, desejam a separação consensual, mandará reduzir a termo as declarações e, depois de ouvir o Ministério Público no prazo de cinco dias, a homologará; em caso contrário, marcar-lhes-á dia e hora, com quinze a trinta dias de intervalo, para que voltem a fim de ratificar o pedido de separação consensual. Como se trata de séria decisão, estabelece a lei que os consortes, mesmo que tenham assinado o acordo extrajudicial com firma reconhecida e a petição inicial, devam ratificar pessoalmente perante o juiz. Não havendo empecilhos para a homologação do acordo, será ele homologado por sentença judicial. Essa sentença deverá ser averbada no Cartório de Registro Civil e, caso haja bens imóveis na partilha, será ainda averbada na circunscrição imobiliária. Os cônjuges, após essa averbação, devem promover a troca de seus documentos, como a cédula de identidade, devendo constar nos novos documentos o estado civil decorrente da sentença.

11.6. As disposições do novo Código Civil

Uma das inúmeras vantagens prestadas pelo novo Código Civil ao Direito de Família foi a inclusão do capítulo denominado "Da Dissolução da Sociedade e do Vínculo Conjugal", dedicando-lhe os arts.1.571 a 1.582. Na verdade, o novo Código Civil não modificou substancialmente esta questão, que já constava da Lei do Divórcio (Lei 5.615/77). Talvez seja a Lei do Divórcio revogada, mas a inclusão de seus artigos no Código Civil integra a dissolução da sociedade conjugal e do casamento no sistema jurídico nacional, já que um código constitui lei sistêmica mais estável e com a integralização de todos os institutos.

O Direito de Família foi o ramo do Direito Civil que mais sofreu o impacto das idéias renovadoras. Todavia, leis esparsas já tinham derrogado muitas partes do antigo Código Civil, de tal forma que ele se tornou estropiado.

Houve o surgimento da "união estável", a nova lei da adoção, a lei dos alimentos. Em 1962 surgiu a lei denominada "Estatuto da Mulher Casada", tentando estabelecer a igualdade de direitos entre o marido e a mulher.

Por outro lado, o antigo Código Civil, de 1916, sobreviveu a várias Constituições, a de 1934, 1956, 1967 e principalmente a atual, a de 1988. Cada uma ia derrogando tacitamente algum artigo, de tal forma que, ao final de sua vigência, não se sabia o que estava em eficácia e o que comentar.

Nosso Código atual é um todo monolítico e coerente. É de notável clareza. Há muitos aspectos em que não se sabe o que comentar; basta ler e já se tem o sentido de muitas disposições. O direito brasileiro tem enfim a legislação que merecia e recebeu o prêmio pelo qual lutou.

Não mais tem uma salada indigesta de normas, umas antiquadas, outras avançadas, muitas vezes conflitantes. O Direito de Família atual poderá assim suportar muitos anos pela frente, mantendo-se atualizado.

Pelo que foi exposto, o que nos resta a fazer é a transcrição de cada artigo e, em seguida, a remissão aos nossos comentários.

Art. 1.571

A sociedade conjugal termina:

I – pela morte de um dos cônjuges;
II – pela anulação do casamento;
III– pela separação judicial;
IV– pelo divórcio.

§1º – O casamento válido só se dissolve pela morte de um dos cônjuges ou pelo divórcio, aplicando-se a presunção estabelecida neste Código quanto ao ausente.

§2º – Dissolvido o casamento pelo divórcio direto ou por conversão, o cônjuge poderá manter o nome de casado; salvo, no segundo caso, dispondo-se em contrário a sentença de separação judicial.

O art. 1.571 do Código Civil equivale ao art. 2º da Lei do Divórcio e remetemos a apreciação dele ao exposto no item 11.1. O divórcio direto resulta do processo de divórcio e a conversão ocorre quando o casal já estava separado judicialmente e requer que a separação seja transformada em divórcio.

Quanto ao nome, houve nova disposição de que o marido poderá adotar o nome da mulher e poderá conservá-lo após o divórcio. Ocorre essa preferência por uma série de motivos, um dos quais para manter o sobrenome dos filhos. Por exemplo, o pai chama-se João Lima e o filho Mário Faria; fica a situação desagradável para ambos.

No tocante à mulher, permaneceu o que estabelecia o antigo código; pode ela adotar o nome do marido e conservá-lo após o divórcio, principalmente por ser o sobrenome dos filhos.

Surge por fim a complicada situação do casamento que tiver sido anulado; não se pode aplicar os mesmos critérios acima referidos. A sentença que tiver anulado o casamento deverá porém trazer a solução: se o cônjuge poderá ou não conservar o nome do outro.

Art. 1.572

Qualquer dos cônjuges poderá propor a ação de separação judicial, imputando ao outro qualquer ato que importe grave violação dos deveres do casamento e torne insuportável a vida em comum.

§1º A separação judicial pode também ser pedida se um dos cônjuges provar ruptura da vida em comum há mais de um ano e a impossibilidade de sua reconstituição.

§2º O cônjuge pode ainda pedir a separação judicial quando o outro estiver acometido de doença mental grave, manifestada após o casamento, que torne impossível a continuação da vida em comum, desde que, após uma duração de dois anos, a enfermidade tenha sido reconhecida de cura improvável.

§ 3º No caso retrocitado, reverterão ao cônjuge enfermo, que não houver pedido a separação judicial, os remanescentes dos bens que levou para o casamento, e se o regime dos bens adotado o permitir, a meação dos adquiridos na constância da sociedade conjugal.

Há várias dúvidas quanto ao motivo para a separação judicial: a ruptura da vida conjugal há mais de um ano. A Lei do Divórcio estabelecera cinco anos, mas com o novo Código Civil passou a ser de um ano, por ser a lei mais nova e a lei nova revoga a anterior no que com ela contravenha. O prazo portanto deve ser de um ano.

Esse mesmo problema existia no pedido de separação judicial quando o cônjuge estiver com grave enfermidade, com prazo de recuperação de dois anos. A Lei do Divórcio dizia cinco, mas deve permanecer dois. Ficou porém incluído o parágrafo em defesa do enfermo: bens do patrimônio do casal, que reverterão em benefício do cônjuge enfermo. Não constava essa disposição na Lei do Divórcio. Os bens reservados ao enfermo serão de duas espécies:

1 – a meação dos bens adquiridos pelo casal após o casamento;
2 – os bens que eram do cônjuge enfermo, antes do casamento, e integram o patrimônio do casal.

Art. 1.573:
Podem caracterizar a impossibilidade da comunhão de vida a ocorrência de alguns dos seguintes motivos:

I – adultério;
II – tentativa de morte;
III – sevícia ou injúria grave;
IV – abandono do lar conjugal, durante um ano contínuo;
V – condenação por crime infamante;
VI – conduta desonrosa.

Parágrafo único. O juiz poderá considerar outros fatos que tornem evidente a impossibilidade da vida em comum.

As causas da separação judicial constituem lista exemplificativa e não enumerativa, pois existem causas inumeráveis e o parágrafo único desse artigo releva esta questão. Inexiste o "numerus clausus" dessas causas. Já fizemos comentários sobre elas no item 11.2. Além disso, a expressão "conduta desonrosa" é pouco esclarecedora, por não estabelecer parâmetros para os atos que possam ser incluídos nesse sentido.

O termo "conduta" parece-nos um galicismo inútil e inadequado, pois deveria ser "comportamento", expressão mais aceita na psicologia e no direito. Contudo, o termo "conduta" é bem vulgarizado e bem aceito na linguagem popular. O nosso Código Civil prima pela clareza e simplicidade, o que nos leva a crer ter sido esse o motivo da escolha do termo de maior aceitação pública.

O direito anterior era mais fechado, enquanto o atual parece ser mais liberal e mais aberto, deixando a cargo da Justiça a apreciação das afrontas à dignidade conjugal. Assim por exemplo, a embriaguez freqüente pode ser

114

considerada uma lesão ao matrimônio, dependendo do grau e dos efeitos; a vadiagem freqüente, como a do marido assíduo freqüentador de bares e de rodas de amigos, relaxando a manutenção do lar; as assíduas "noitadas", o fanatismo religioso, e tantos outros fatos, dependendo das circunstâncias.

Art. 1.574
Dar-se-á a separação judicial por mútuo consentimento dos cônjuges se forem casados por mais de um ano e o manifestarem perante o juiz, sendo por ele devidamente homologada a convenção.

§ 1º – O juiz pode recusar a homologação e não decretar a separação judicial se apurar que a convenção não preserva suficientemente os interesses dos filhos ou de um dos cônjuges.

Já previa a Lei do Divórcio a "separação consensual" após dois anos do casamento. O prazo agora foi abreviado para um ano. O poder do juiz foi mais reforçado e pode rechaçar o pedido dos cônjuges se, de acordo com o prudente arbítrio do juiz, a separação consensual for decisão leviana ou afetar negativamente os filhos ou algum dos cônjuges.

Art. 1.575
A sentença de separação judicial importa a separação de corpos e a partilha de bens.

Parágrafo único. A partilha de bens poderá ser feita mediante proposta dos cônjuges e homologada pelo juiz ou por este decidida.

Essa questão foi cuidada no item 11.2., mas é bom ressaltar que entre os vários efeitos da separação judicial ressalta-se o rompimento de vínculos entre os cônjuges, ficando aqui apontados dois deles:
1. a separação de corpos;
2. a partilha de bens.

Art. 1.576
A separação judicial põe termo aos deveres de coabitação e fidelidade recíproca e ao regime matrimonial de bens.

Parágrafo único. O procedimento judicial de separação caberá somente aos cônjuges, e, no caso de incapacidade, serão representados pelo curador, pelo ascendente ou pelo irmão.

São mais dois efeitos da separação judicial. O casamento impõe aos cônjuges uma série de obrigações recíprocas e a sua dissolução cancela essas obrigações, ressaltando as cinco especialmente designadas nos arts.1.575 e 1.576, que são as seguintes:

– separação de corpos – partilha de bens – dever de coabitação – regime matrimonial de bens – dever de fidelidade recíproca.

A "facultas agendi" é privativa dos cônjuges; só eles podem pedir a separação judicial.

Art. 1577

Seja qual for a causa da separação judicial e o modo como esta se faça, é lícito aos cônjuges restabelecer, a qualquer tempo a sociedade conjugal, por ato regular em juízo.

Parágrafo único. A reconciliação em nada prejudicará o direito de terceiros, aquirido antes e durante o estado de separado, seja qual for o regime de bens.

A reconciliação do casal separado tem alcance social e humano igual à do próprio casamento. A lei garante aos cônjuges essa possibilidade, que deve ser incentivada. Se houver separação judicial, é possível seu cancelamento, bastando um acordo entre as partes, em instrumento separado, homologado pelo juiz, ou então, acordo em audiência judicial. Estamos falando entretanto de separação judicial e não em casamento, ou seja, em separação e não em divórcio. Caso o casamento estiver rompido, a única saída será um novo casamento.

Art. 1.578

O cônjuge declarado culpado na ação de separação judicial perde o direito de usar o sobrenome do outro, desde que expressamente requerido pelo cônjuge inocente e se a alteração não acarretar:

I – evidente prejuízo para a sua identificação;

II – manifesta distinção entre o seu nome de família e o dos filhos havidos da união dissolvida;

III– dano grave reconhecido na decisão judicial.

§ 1º. O cônjuge inocente na ação de separação judicial poderá renunciar, a qualquer momento, ao direito de usar o sobrenome do outro.

§ 2º. Nos demais casos caberá a opção pela conservação do nome de casado.

Cuida este artigo dos efeitos jurídicos da sentença decretatória da separação judicial, em processo contencioso, ou seja, processo movido por um cônjuge contra outro. O cônjuge vencido, perde o direito de usar o nome do outro, isto é, o que provocou a ruptura da sociedade conjugal. Por outro lado, o cônjuge vencedor, o que não provocou a separação, poderá optar pela continuação do uso do nome ou eliminação. Mesmo que tenha tomado uma decisão, poderá revogá-la depois. Fica ainda reservado ao cônjuge inocente o direito de dispensar depois o nome do outro cônjuge.

É possível porém que o juiz tome decisão na sentença, sem levar em consideração a escolha do cônjuge, desde que haja motivos previstos em lei, como se causar dificuldades para a identificação ante a mudança de nome, ou então coloque os filhos em situação difícil de como explicar que o nome deles seja diferente do dos pais.

Art. 1.579
O divórcio não modificará os direitos e deveres dos pais em relação aos filhos.

Parágrafo único. Novo casamento de qualquer dos pais, ou de ambos, não poderá importar restrições aos direitos e deveres previstos neste artigo.

O divórcio modifica o "status" jurídico entre o marido e a mulher, mas não afeta o poder familiar. Igualmente o novo casamento do pai ou da mãe não afetará os direitos e obrigações de cada um em relação aos filhos.

Art. 1.580
Transcorrido o prazo de um ano do trânsito em julgado da sentença que houver decretado a separação judicial, ou da decisão concessiva da medida cautelar de separação de corpos, qualquer das partes poderá requerer sua conversão em divórcio.

§ 1º – A conversão em divórcio da separação judicial dos cônjuges será decretada por sentença, da qual não constará referência à causa que a determinou.

§ 2º – O divórcio poderá ser requerido, por um ou por ambos os cônjuges, no caso de comprovada separação de fato por mais de dois anos.

O divórcio pode ser direto e indireto, conforme já estava previsto. Indiretamente se opera o divórcio com a conversão da separação judicial em divórcio. A separação judicial é portanto um preâmbulo, como se fosse provisória, a fim de dar tempo ao casal para revisão de seus problemas. Decorrido o prazo de um ano, deu-se o tempo julgado pela lei para que o casal se reconcilie ou se mantenha na firme disposição de manter-se separado. Nesta última hipótese, poderão marido e mulher requerer judicialmente a conversão da separação judicial em divórcio. Poderão requerer em conjunto, demonstrando o consenso entre eles, ou separadamente, abrindo processo contencioso.

Em vez de separação judicial, a simples separação de corpos decretada judicialmente, poderá ensejar essa conversão: de separação de corpos em divórcio, desde que decorrido também o prazo de um ano a partir do trânsito em julgado da sentença de separação.

É possível ainda o divórcio direto, sem passar pela separação judicial. Desde que haja separação de fato, devidamente comprovada, podem os cônjuges requerer diretamente o divórcio, ou então cada um deles.

Art. 1.581
O divórcio pode ser concedido sem que haja prévia partilha de bens.

Em casos excepcionais, será possível a concessão do divórcio, deixando a partilha para depois. Muitas vezes a partilha pode tornar-se difícil e retardará a concessão do divórcio, que se afigura como inevitável e urgente. Em casos assim, fica a partilha a ser realizada posteriormente, o que se torna obrigatório, já que o divórcio põe fim ao regime de bens entre os cônjuges.

Art. 1.582
O pedido de divórcio somente competirá aos cônjuges.

Parágrafo único. Se o cônjuge for incapaz para propor a ação ou defender-se, poderá fazê-lo o curador, o ascendente ou o irmão.

A "facultas agendi" fica reservada aos cônjuges e na impossibilidade de eles poderem agir, agirão por seus representantes legais.

Novo Código Civil

Da Dissolução da Sociedade e do Vínculo Conjugal

Art. 1.571. A sociedade conjugal termina:
I – pela morte de um dos cônjuges;
II – pela nulidade ou anulação do casamento;
III – pela separação judicial;
IV – pelo divórcio.

§ 1.º O casamento válido só se dissolve pela morte de um dos cônjuges ou pelo divórcio, aplicando-se a presunção estabelecida neste Código quanto ao ausente.

§ 2.º Dissolvido o casamento pelo divórcio direto ou por conversão, o cônjuge poderá manter o nome de casado; salvo, no segundo caso, dispondo em contrário a sentença de separação judicial.

Art. 1.572. Qualquer dos cônjuges poderá propor a ação de separação judicial, imputando ao outro qualquer ato que importe grave violação dos deveres do casamento e torne insuportável a vida em comum.

§ 1.º A separação judicial pode também ser pedida se um dos cônjuges provar ruptura da vida em comum há mais de um ano e a impossibilidade de sua reconstituição.

§ 2.º O cônjuge pode ainda pedir a separação judicial quando o outro estiver acometido de doença mental grave, manifestada após o casamento, que torne impossível a continuação da vida em comum, desde que, após uma duração de dois anos, a enfermidade tenha sido reconhecida de cura improvável.

§ 3.º No caso do § 2.º, reverterão ao cônjuge enfermo, que não houver pedido a separação judicial, os remanescentes dos bens que levou para o casamento, e se o regime dos bens adotado o permitir, a meação dos adquiridos na constância da sociedade conjugal.

Art. 1.573. Podem caracterizar a impossibilidade da comunhão de vida a ocorrência de algum dos seguintes motivos:

I – adultério;

II – tentativa de morte;

III – sevícia ou injúria grave;

IV – abandono voluntário do lar conjugal, durante um ano contínuo;

V – condenação por crime infamante;

VI – conduta desonrosa.

Parágrafo único. O juiz poderá considerar outros fatos que tornem evidente a impossibilidade da vida em comum.

Art. 1.574. Dar-se-á a separação judicial por mútuo consentimento dos cônjuges se forem casados por mais de um ano e o manifestarem perante o juiz, sendo por ele devidamente homologada a convenção.

Parágrafo único. O juiz pode recusar a homologação e não decretar a separação judicial se apurar que a convenção não preserva suficientemente os interesses dos filhos ou de um dos cônjuges.

Art. 1.575. A sentença de separação judicial importa a separação de corpos e a partilha de bens.

Parágrafo único. A partilha de bens poderá ser feita mediante proposta dos cônjuges e homologada pelo juiz ou por este decidida.

Art. 1.576. A separação judicial põe termo aos deveres de coabitação e fidelidade recíproca e ao regime de bens.

Parágrafo único. O procedimento judicial da separação caberá somente aos cônjuges, e, no caso de incapacidade, serão representados pelo curador, pelo ascendente ou pelo irmão.

Art. 1.577. Seja qual for a causa da separação judicial e o modo como esta se faça, é lícito aos cônjuges restabelecer, a todo tempo, a sociedade conjugal, por ato regular em juízo.

Parágrafo único. A reconciliação em nada prejudicará o direito de terceiros, adquirido antes e durante o estado de separado, seja qual for o regime de bens.

Art. 1.578. O cônjuge declarado culpado na ação de separação judicial perde o direito de usar o sobrenome do outro, desde que expressamente requerido pelo cônjuge inocente e se a alteração não acarretar :

I – evidente prejuízo para a sua identificação;

II – manifesta distinção entre o seu nome de família e o dos filhos havidos da união dissolvida;

III – dano grave reconhecido na decisão judicial.

120

§ 1.º O cônjuge inocente na ação de separação judicial poderá renunciar, a qualquer momento, ao direito de usar o sobrenome do outro.

§ 2.º Nos demais casos caberá a opção pela conservação do nome de casado.

Art. 1.579. O divórcio não modificará os direitos e deveres dos pais em relação aos filhos.

Parágrafo único. Novo casamento de qualquer dos pais, ou de ambos, não poderá importar restrições aos direitos e deveres previstos neste artigo.

Art. 1.580. Decorrido um ano do trânsito em julgado da sentença que houver decretado a separação judicial, ou da decisão concessiva da medida cautelar de separação de corpos, qualquer das partes poderá requerer sua conversão em divórcio.

§ 1.º A conversão em divórcio da separação judicial dos cônjuges será decretada por sentença, da qual não constará referência à causa que a determinou.

§ 2.º O divórcio poderá ser requerido, por um ou por ambos os cônjuges, no caso de comprovada separação de fato por mais de dois anos.

Art. 1.581. O divórcio pode ser concedido sem que haja prévia partilha de bens.

Art. 1.582. O pedido de divórcio somente competirá aos cônjuges.

Parágrafo único. Se o cônjuge for incapaz para propor a ação ou defender-se, poderá fazê-lo o curador, o ascendente ou o irmão.

12. DA PROTEÇÃO DA PESSOA DOS FILHOS

12.1.   Os efeitos danosos da separação
12.2.   Direitos e deveres dos pais
12.3.   O direito de visita
12.4.   Posição dos filhos inválidos

12.1. Os efeitos danosos da separação

A dissolução da sociedade conjugal, por qualquer de suas fórmulas, resolve as divergências do casal e os problemas de relacionamento entre marido e mulher. Problemas mais sérios do que os pertinentes aos cônjuges vão-se refletir na pessoa dos filhos do casal separado. São eles as grandes vítimas de um ato praticado pelos pais, sem que a lei assegure a essas vítimas o direito de defesa. Na verdade, são eles parte da contenda, mas não podem defender perante a justiça seus direitos, embora pouquíssimos direitos a lei lhes assegure. É feita a partilha do patrimônio do casal e não da família, pois a lei nega aos filhos quaisquer direitos patrimoniais. Com a separação, os filhos passam a ser um "problema" a ser resolvido. São considerados como um "trambolho", às vezes objeto de extorsão.

A Lei do Divórcio traz entretanto um capítulo especial, englobando os arts. 9º ao 16, denominado: "Da proteção da pessoa dos filhos". Apesar do nome do capítulo, nota-se em leitura mesmo superficial que, na realidade, procura-se proteger o interesse dos pais. Por exemplo: o art. 15 diz que os pais poderão visitar os filhos que não estiverem em sua guarda, mas não diz que *deverão* visitá-los. Por esta e por outras razões, bem triste e dolorosa é a sina do advogado que se atrever à defesa do interesse de menores, quer ante seus pais, quer ante terceiros. Não só no campo do Direito de Família mas em qualquer campo, até mesmo na Justiça do Trabalho, é repelido o direito de menores.

Ora é a lei que é omissa perante eles; ora é o próprio Judiciário atingido pela lei. É que existe não só o divórcio judicial, mas um divórcio entre o direito e o evangelho. Poucos conhecem as palavras divinas: "Ai daqueles que escandalizarem essas criancinhas; melhor seria que lhes amarrassem a mó de um moinho e os atirassem no fundo do mar". Entretanto, em milhares de processos, marido e mulher trocam farpas infamantes, procurando desmoralizar um ao outro, não levando em conta que essas ofensas atingem os filhos. Quantos pais e quantas mães abandonam os filhos à míngua, ao resolverem seus problemas conjugais. Em uma ação de alimentos, um pai acusou sua filha, de três anos de idade, de ser "imoral e desonesta". Seria porém exaustivo relacionar fatos extraídos dos anais judiciários nesse sentido. A frieza da lei encontra eco na sua aplicação pelo Poder Judiciário.

12.2. Direitos e deveres dos pais

Examinaremos entretanto as normas estabelecidas pelo capítulo da Lei do Divórcio denominado "Da proteção da pessoa dos filhos". No caso de dissolução da sociedade conjugal pela separação consensual, observar-se-á o que os cônjuges acordarem sobre a guarda dos filhos (art. 9º). Se a separação decorre de acordo entre as partes, a vontade delas deve ser respeitada, inclusive no que tange à guarda dos filhos. Se a justiça fosse desagradar a decisão das partes, poderia provocar dissabores aos próprios filhos e os pais eximir-se-iam de responsabilidade. Contudo, os pais em cuja guarda não estejam os filhos poderão visitá-los e tê-los em sua companhia, segundo fixar o juiz, bem como fiscalizar sua manutenção e educação (art. 15). Procura assim a lei evitar que um pai ou uma mãe permaneça afastado dos filhos por capricho do cônjuge guardião. Poderá ainda, o cônjuge, não só conviver rapidamente com seus filhos, mas inteirar-se sobre o correto exercício da guarda.

A situação porém torna-se delicada se a separação do casal se faz de forma contenciosa, com a decisão do juiz. Há alternativas, de acordo com o tipo de processo. A primeira hipótese é a que constou no *caput* do art. 5º, ou seja, quando um cônjuge intenta ação contra o outro, imputando-lhe comportamento desonesto ou, como diz a lei, "conduta desonrosa". Se a dissolução da sociedade conjugal se deu porque um dos cônjuges cometeu grave atentado aos deveres conjugais, provocando a ruptura da vida em comum e criando um ambiente insuportável para a manutenção do casamento, deve o culpado arcar com a sucumbência. Perderá ele a maioria dos direitos, entre os quais a guarda dos filhos. Por exemplo, o marido que abandona o lar sem justo motivo; desaparece, deixando sua família à míngua, violando os elementares deveres conjugais. Força a mulher a pedir a separação, que é decretada por sentença judicial. Nada mais natural do que deferir a guarda à mãe, que teve comportamento digno e cumpriu seus deveres matrimoniais.

Pela segunda hipótese, se pela separação forem responsáveis ambos os cônjuges, os filhos menores ficarão em poder da mãe, salvo se o juiz verificar que de tal solução possa advir prejuízo de ordem moral para eles. Há mudança de figura, neste caso; não há cônjuge culpado e outro inocente. Digamos, por exemplo, que a mulher empreenda ação de separação, alegando agressões graves por parte de seu marido. No decorrer do processo, ficou demonstrado que ela costumava dirigir ofensas morais também graves a seu marido, provocando reações violentas deste. Houve pois culpa de ambos, que se esqueceram dos deveres recíprocos, consagrados em nosso direito e no princípio das relações humanas, que vigoram há milênios. Outrora havia dito a Carta de São Paulo aos Colossenses, v. 3: "mulheres, sede dóceis aos vossos maridos, como convém ao Senhor. Maridos, amai as vossas mulheres e não as trateis com aspereza".

Há, nesse caso, um equilíbrio de culpa e razões, de tal forma que a sucumbência é recíproca. Caberá então a guarda dos filhos à mãe. Pela tradição, a mãe é a pessoa mais talhada para a criação dos filhos. Foi a mãe quem manteve o filho ligado a si pelo cordão umbilical; foi ela quem o amamentou no primeiro ano de existência. São fatores de maior intimidade entre mãe e filho. O direito fundamenta-se pois em fatores humanos arraigados na consciência de cada um. Nosso Poder Judiciário, contudo, tem fartamente conferido a mudança de guarda, quando um filho já crescido, atingindo seus 14 ou 15 anos, capaz de raciocínio, optar por viver sob a guarda do outro cônjuge. Já atingiu esse filho um estágio em que a presença da mãe não é tão imprescindível e insubstituível. Por esta razão, o § 1º do art. 10 abre essa ressalva à força atrativa da mãe, ao dizer "salvo se o juiz verificar que de tal solução possa advir prejuízo de ordem moral para eles".

É possível entretanto que a culpa de ambos os cônjuges na separação seja tão grave, que leva o juiz à convicção de que ambos deixem de inspirar confiança para a guarda e educação dos filhos. Verificado que não devem os filhos permanecer em poder da mãe nem do pai, deferirá o juiz a sua guarda a pessoa notoriamente idônea da família de qualquer dos cônjuges (§ 2º do art. 10). Normalmente este encargo é atribuído aos avós; às vezes, a uma tia ou parente. Trata-se aqui de uma hipótese excepcional; criar filhos é função dos pais, pois eles foram talhados para essa missão. Os avós não têm normalmente energia física suficiente e não estão estruturados para a criação dos filhos de seus filhos. É um princípio geral, que apresenta raras exceções.

Outra situação se dá quando a dissolução do casamento ocorre por estar um dos cônjuges acometido de grave doença mental, manifestada após o casamento, que torne impossível a continuação da vida em comum, desde que, após uma duração de cinco anos, a enfermidade tenha sido reconhecida de cura improvável. Se um cônjuge estiver gravemente enfermo, a ponto de tornar impossível a vida de casado, presume-se que a grave enfermidade torne-o incapaz de criar os filhos. Nessas condições, o juiz deferirá a entrega dos filhos ao cônjuge que estiver em condições fisiológicas de assumir regularmente a responsabilidade de sua guarda e educação (art. 12).

Temos aqui falado sobre a dissolução do casamento em sentido genérico, de forma ampla, mais no sentido do afastamento de um cônjuge do outro. A dissolução do casamento, aqui considerada, pode ser pela separação consensual ou litigiosa, pelo divórcio consensual ou litigioso, ou pela anulação do casamento. É possível ainda que o casal esteja separado de fato mas na constância jurídica do casamento; mesmo assim, poderá haver entre os pais conflitos quanto à posse dos filhos, ensejando ação judicial. Em quaisquer destes casos, os critérios serão os mesmos, mais ou menos. Entretanto, a situação é muito complexa e os problemas referentes a crianças são muito delicados. São problemas profundamente humanos e a solução deles nem sempre será a ideal com a fria e rígida aplicação da lei. E a solução ideal será a que for mais conveniente aos filhos, no conforto e educação deles. Se houver motivos graves, poderá o juiz, em qualquer caso, a bem dos filhos, regular por maneira diferente da estabelecida nos vários artigos da Lei do Divórcio a situação deles com os pais (art. 13).

É conveniente ter sempre em conta que a guarda dos filhos é uma das cláusulas da separação judicial. Não é cabível na separação de fato. Enquanto os pais forem juridicamente casados entre si, a guarda dos filhos cabe a ambos. Todavia, se marido e mulher estão separados e morando em locais diferentes, os filhos forçosamente estarão morando junto com um deles ou com pessoa estranha. Todavia, poderão surgir conflitos entre os pais no tocante à visita do cônjuge que não estiver na posse dos filhos. A solução judicial deve seguir os critérios gerais acima expostos; não será propriamente "guarda dos filhos", mas uma regulamentação dos direitos de visita.

Vamos examinar alguns exemplos em que a solução possa ser encontrada à margem da lei. Numa demanda judicial, a mulher foi declarada culpada pela separação, perdendo seus direitos pela sucumbência, inclusive a guarda dos filhos. Todavia, há um filho de seis meses, ainda em fase de amamentação. Seria desastrosa a aplicação pura e simples da lei. Justifica-se a decisão judicial de atribuir à mãe a guarda da criança, por ser mais adequada para a função de guardiã. Digamos, entretanto, que essa criança atinja a idade de 14 anos e não queira mais viver com a mãe, criando problemas. Cabe por isso a mudança da guarda. Enfim, problema de elevado alcance psicológico e humano como este exige solução calcada no diálogo, na compreensão e no sentimento que leva à ideal solução: o amor.

12.3. O direito de visita

Os pais, em cuja guarda não estejam os filhos, poderão visitá-los e tê-los em sua companhia, segundo fixar o juiz, bem como fiscalizar sua manutenção e educação (art. 15). É o problema que surgiu após a dissolução da sociedade conjugal. Embora a lei aparente tutelar um direito do cônjuge separado dos filhos, o direito de visita deve objetivar a manutenção de um relacionamento familiar, isto é, de pais e filhos. Marido e mulher romperam a vida em comum, mas não podem romper a família. Os filhos são realmente as grandes vítimas da dissolução do casamento, mas não devem ficar órfãos de pais vivos.

A questão pode parecer simples e irrelevante, mas é das mais graves e dolorosas, pelo menos nos grandes centros, como São Paulo e Rio. Assiste-se comumente à hostilidade do cônjuge guardião contra o cônjuge afastado da guarda, procurando dificultar o acesso aos filhos. Há também o abandono dos filhos pelo cônjuge credor do direito de visita, pois a lei garante o direito de visitar, não o direito de ser visitado. Processos são usualmente reativados, para que o juiz seja requisitado para fazer valer suas decisões. Na sentença que selar a separação do casal, deverá constar quem ficará com a guarda dos filhos e as condições para que o outro cônjuge os visite, como o horário, as datas e o local. Necessário se torna que os cônjuges obedeçam conscientemente esses direitos e obrigações, sob pena de desequilibrar a estabilidade daquela família, já estremecida pela separação dos pais.

Sagrado é o direito de visita e o cônjuge-guardião deve respeitá-lo, sob pena de sofrer os rigores da lei. Contudo, o cônjuge afastado deve estar consciente de que não ficaram rotos os seus deveres para com os filhos: o direito de visita deve ser para ele o dever de visitar. A lei (art. 15) estabelece ainda o direito de fiscalizar a manutenção e educação dos filhos. Não se trata, porém, apenas de fiscalizar, mas de exercer, de colaborar com o cônjuge-guardião, na guarda e formação dos filhos.

12.4. Posição dos filhos inválidos

A Lei do Divórcio não ignorou a situação de filhos maiores de casal separado, mas que sejam inválidos. São eles equiparados ao menor. As disposições relativas à guarda e à prestação de alimentos aos filhos menores estendem-se aos filhos maiores inválidos (art. 16). Não devem pois ficar abolidos os deveres dos pais para com filhos que dependam deles.

Novo Código Civil

Da Proteção da Pessoa dos Filhos

Art. 1.583. No caso de dissolução da sociedade ou do vínculo conjugal pela separação judicial por mútuo consentimento ou pelo divórcio direto consensual , observar-se-á o que os cônjuges acordarem sobre a guarda dos filhos.

Art. 1.584. Decretada a separação judicial ou o divórcio, sem que haja entre as partes acordo quanto à guarda dos filhos, será ela atribuída a quem revelar melhores condições para exercê-la.

Parágrafo único. Verificando que os filhos não devem permanecer sob a guarda do pai ou da mãe, o juiz deferirá a sua guarda à pessoa que revele compatibilidade com a natureza da medida, de preferência levando em conta o grau de parentesco e relação de afinidade e afetividade, de acordo com o disposto na lei específica.

Art. 1.585. Em sede de medida cautelar de separação de corpos, aplica-se quanto à guarda dos filhos as disposições do artigo antecedente.

Art. 1.586. Havendo motivos graves, poderá o juiz, em qualquer caso, a bem dos filhos, regular de maneira diferente da estabelecida nos artigos antecedentes a situação deles para com os pais.

Art. 1.587. No caso de invalidade do casamento, havendo filhos comuns, observar-se-á o disposto nos arts. 1.584 e 1.586.

Art. 1.588. O pai ou a mãe que contrair novas núpcias não perde o direito de ter consigo os filhos, que só lhe poderão ser retirados por mandado judicial, provado que não são tratados convenientemente.

Art. 1.589. O pai ou a mãe, em cuja guarda não estejam os filhos, poderá visitá-los e tê-los em sua companhia, segundo o que acordar com o outro cônjuge, ou for fixado pelo juiz, bem como fiscalizar sua manutenção e educação.

Art. 1.590. As disposições relativas à guarda e prestação de alimentos aos filhos menores estendem-se aos maiores incapazes.

13. DAS RELAÇÕES DE PARENTESCO

13.1. Tipos de parentesco

13.1. Tipos de parentesco

Não é tão simples dizer quem é parente, pois há muitas ligações de parentesco, vários graus de ligação. O parentesco é um vínculo familiar; é o elo que une os componentes de uma família. Quando porém se fala em parente, vem-nos à idéia o caso mais direto de parentesco, que é o de pai para filho, o parentesco em linha reta. São parentes, em linha reta, as pessoas que estão umas para com as outras na relação de ascendentes e descendentes (art. 330). Segue então a ordem de geração, como: bisavô, avô, pai, filho, neto, bisneto. Nota-se que são pessoas ligadas pelos laços de sangue, sendo por isso o parentesco chamado de consangüíneo. Como se vê, o parentesco em linha reta pode ser ascendente ou descendente, conforme seja olhado ou pela primeira geração ou pela última. Pai e filho são parentes de primeiro grau; avô e neto de segundo, bisavô e bisneto de terceiro.

A linha reta não é o único vínculo de parentesco de uma pessoa com seu tronco ancestral, havendo também a colateral. São parentes em linha colateral, ou transversal, até o sexto grau, as pessoas que provêm de um só tronco, sem descenderem uma da outra (art. 331). Na linha colateral não há primeiro grau. Irmãos são parentes colaterais em segundo grau; tio e sobrinho em terceiro; primos em quarto; filhos dos primos em quinto. Os irmãos podem ser parentes de várias categorias: são "germanos" quando forem filhos do mesmo pai e da mesma mãe; "uterinos", quando forem filhos da mesma mãe mas de pais diferentes; "consangüíneos", se forem filhos do mesmo pai com mães diferentes.

O terceiro tipo de parentesco é estabelecido por afinidade e não apresenta ligação ao tronco ancestral. É estabelecido por um ato jurídico, sendo pois um vínculo legal, decorrente da lei. Interessante notar que, no direito inglês, cunhado é "brother-in-law" (irmão pela lei), sogro é "father-in-law" (pai pela lei). Assim, um cunhado assume esse parentesco devido ao casamento de sua irmã; a afinidade foi estabelecida por um ato jurídico. É a ligação de um cônjuge com os parentes do outro.

Este tipo de parentesco tem igualmente gradação. Destarte, em afinidade direta, ou seja, em linha reta, estão sogro e nora ou genro, padrasto e enteada, madrasta e enteado. Por exemplo: um cidadão casa-se com uma mulher viúva, que tem pai e mãe, e uma filha do primeiro casamento. Como o casamento é legítimo, esse cidadão tornou-se padrasto da filha de sua mulher e genro dos pais dela. É um parentesco de primeiro grau. Caso a mulher tenha avós, seu novo marido estabeleceu afinidade com os avós dela e, se ela tiver bisavós, idem, pois em linha reta não há limites de gerações.

Há também na afinidade a linha colateral, que se resume no segundo grau: o cunhado. É a ligação do cônjuge com os irmãos do outro e termina no irmão. Assim, a esposa do cunhado não é parente, embora seja chamada de "concunhada". Interessante notar que o art. 1.595 afirma que cada cônjuge ou companheiro é aliado aos parentes do outro pelo vínculo da afinidade. Na verdade, não é "aliado", mas ligado. A afinidade na linha reta não se extingue com a dissolução do casamento ou união estável que a originou. Portanto, se morrer o marido, a mulher continua sendo nora do pai dele. Na linha colateral, porém, o parentesco extingue-se; com a morte de um dos cônjuges, o irmão do *de cujus* deixa de ser parente do cônjuge supérstite.

O quarto tipo de parentesco é o adotivo. A adoção estabelece parentesco meramente civil entre o adotante e o adotado. Da mesma forma que a afinidade, o parentesco pela adoção é de natureza legal, isto é, estabelecido por um ato jurídico próprio. Faremos posteriormente um estudo pormenorizado da adoção, mas estamos agora falando apenas do parentesco por adoção. Quem adotar uma criança como filho torna-se artificialmente pai dela, estabelecendo-se entre adotante e adotado um vínculo que gera vários direitos e obrigações. É chamado de parentesco civil, por ser criado pela lei civil; contrapõe-se ao parentesco natural, por este decorrer de laços de sangue.

Em resumo, vimos assim que o parentesco é natural ou civil, conforme resulte de consangüidade ou outra origem. Parentesco natural é o que recorre de laços de sangue, como pai e filho, que têm o mesmo sangue; irmãos também apresentam parentesco natural, por terem ligação sangüínea. Sogro e genro, adotado e adotante não são parentes naturais, por não serem originários de um tronco comum, ou seja, são de sangue diferentes.

Novo Código Civil

Das Relações de Parentesco

Disposições Gerais

Art. 1.591. São parentes em linha reta as pessoas que estão umas para com as outras na relação de ascendentes e descendentes.

Art. 1.592. São parentes em linha colateral ou transversal, até o quarto grau, as pessoas provenientes de um só tronco, sem descenderem uma da outra.

Art. 1.593. O parentesco é natural ou civil, conforme resulte de consangüinidade ou outra origem.

Art. 1.594. Contam-se, na linha reta, os graus de parentesco pelo número de gerações, e, na colateral, também pelo número delas, subindo de um dos parentes até ao ascendente comum, e descendo até encontrar o outro parente.

Art. 1.595. Cada cônjuge ou companheiro é aliado aos parentes do outro pelo vínculo da afinidade.

§ 1.º O parentesco por afinidade limita-se aos ascendentes, aos descendentes e aos irmãos do cônjuge ou companheiro.

§ 2.º Na linha reta, a afinidade não se extingue com a dissolução do casamento ou da união estável.

14. DA FILIAÇÃO

14.1. A filiação natural
14.2. A filiação artificial

14.1. A filiação natural

A filiação é o parentesco entre o ascendente e seu descendente direto, ou seja, entre pai e filho. É a relação obrigatória e inexorável: ninguém deixa de ter pai e mãe. É a propensão natural de todo ser humano. Por razões instintivas, cada um de nós sente irresistível impulso para a paternidade e maternidade. Sob a ação do instinto de conservação aciona-se a reprodução humana, criando não só a relação de parentesco, como o poder familiar.

Uma das mais salutares inovações introduzidas pelo novo Código Civil foi o princípio da isonomia, isto é, da igualdade de tratamento dos filhos. Desapareceu a odiosa classificação de filhos, como se estabelecesse filiação de primeira e segunda classe. Os filhos havidos ou não da relação de casamento, ou por adoção, terão os mesmos direitos e qualificações, proibidas quaisquer designações discriminatórias relativas à filiação. Além disso, o novo direito regulamenta outro tipo de sociedade conjugal: a união estável, da qual falaremos adiante. Não importa saber se os pais celebraram casamento perante autoridade civil, autoridade religiosa, ou tenham estabelecido união estável, ou concubinato. O filho que surgir não poderá sofrer distinção ou discriminação.

Além disso, o novo direito considera um tipo de família antes desprezada pelo direito, uma nova entidade familiar, de relação parental. É formada pela mãe solteira ou pai solteiro, com os filhos; são filhos oriundos de família legalmente constituída. São esses filhos igualados a todos os demais filhos. Necessário entretanto que esses filhos provem sua origem, o que se faz pela certidão de nascimento, extraída pelo Cartório de Registro Civil de Pessoas Naturais. Preferimos então não nos ocupar da evolução histórica do problema, esquecendo o direito romano e nosso antigo direito, ambos de triste memória.

A certidão de nascimento é a prova cabal da filiação, pois nela consta o nome do pai, da mãe e dos avós. Mesmo assim, pode haver discussões antes e após o registro. A moderna ciência demonstra que a segurança da paternidade ou maternidade nem sempre confirma a tradição jurídica. Era famoso o provérbio jurídico "a maternidade é um fato, a paternidade presunção", alicerçada nas afirmações romanas de que "mater semper certa est" e "pater semper incertus est". A moderna ciência dá plena garantia de que o pai seja certo.

A lei, entretanto, procura estabelecer limites para a presunção da paternidade. Segundo o art.1.597 do novo Código Civil, presumem-se concebidos na constância do casamento os filhos nascidos cento e oitenta dias, pelo menos, depois de estabelecida a convivência conjugal. Se o filho nascer antes desse prazo, não é absoluta a presunção pois o pai poderia ter se casado com a mulher engravidada por outro homem. Se nasceu após seis meses, a presunção é patente, pois a concepção se deu na constância do casamento.

Também se presume concebido na constância do casamento o filho nascido nos 300 dias subseqüentes à dissolução da sociedade conjugal por morte, separação judicial, nulidade ou anulação do casamento. É prazo um tanto longo, mas se o casamento se desfez, é preciso dar prazo mais do que suficiente para que a gravidez da mulher fique bem situada na nova relação matrimonial. Por outro lado, a prova da impotência do cônjuge para gerar, à época da concepção, ilide a presunção da paternidade. O desenvolvimento científico faculta hoje a efetiva comprovação da incapacidade "coeundi" ou "generandi", dando à lei a autoridade para estabelecer normas a este respeito. Mesmo com o registro, é possível comprovar pelo exame do DNA a verdadeira paternidade, em discordância com o registro. A anulação da paternidade ficou entretanto difícil agora ante o aparecimento de um artigo, o de número 1604:

"Ninguém pode vindicar estado contrário ao que resulta do registro de nascimento, salvo provando-se erro ou falsidade do registro".

Quando esse artigo fala "ninguém" quer referir-se a alguma pessoa externa. Achamos porém que a paternidade pode ser contestada pelo pai que o registrou. Já houve um caso assim no fórum de São Paulo; em contenda sobre guarda de filho, a mãe declarou que ele não era filho de seu marido. Ficou comprovado depois que realmente o filho em discussão não fora provocado pelo marido de sua mãe. Ficou facultado ao marido o direito de retirar a paternidade atribuída à criança.

Problema porém muito sério é provar a filiação quando não houver a prova principal: o registro do nascimento. É problema amplo, como aconteceu no início da imigração intensa para o Brasil. Atualmente acontece com muita freqüência em nosso país essa desídia dos pais. Ouve-se comumente esta frase: "pobre não nasce, não casa, não morre; aparece, ajunta e desaparece". A situação é ainda mais delicada, porquanto além da filiação, questionam-se outros dados, como a data do nascimento. Há interesse público para que todos sejam registrados, fundamento da própria cidadania e por isso a lei adota a gratuidade desse registro e impõe sanções aos pais que não atendam a esse requisito básico da nacionalidade.

Na falta, ou defeito, do termo do nascimento, poderá provar-se a filiação por qualquer modo admissível em direito quanto houver começo de prova por escrito, proveniente dos pais, conjunta ou separadamente; ou quando existirem veementes presunções resultantes de atos já certos. A ação de prova de filiação compete ao filho, quando viver, passando aos herdeiros, se ele morrer menor ou incapaz. Se iniciada a ação pelo filho, os herdeiros poderão continuá-la, salvo se julgado extinto o processo.

Vamos esclarecer melhor; Gaio nasceu mas seus pais deixaram de registrá-lo, ficando ele com existência de fato e não de direito. Posteriormente, fosse ele menor ou maior de idade, quer promover o registro e empreende ação nesse sentido; não se trata de ação de investigação de paternidade, nem de reconhecimento, mas apenas ação de registro. Uma prova é capital: declaração dos pais, por instrumento público ou particular, da sua filiação, nome adotado, data do nascimento e outros dados. Se surgirem dúvidas ou suspeitas, podem ser levantadas outras provas. O interesse público todavia é o de facilitar ao máximo a regularização jurídica de Gaio, não criando empecilhos para o registro.

14.2. A filiação artificial

Os grandes avanços científicos e tecnológicos do mundo moderno deverão provocar profundas alterações no direito. A Internet, as ciências da computação de dados, a tecnologia industrial, a produção em massa, os sistemas de comunicação, os satélites artificiais, e tantas outras ciências, deverão introduzir sensíveis variações nas normas e princípios jurídicos do mundo inteiro, muitos deles oriundos da antiga Roma. Desde já porém se notam essas introduções, entre elas o novo aspecto cuidado pelo novo Código Civil, embora de forma tímida, mas abrindo brechas para regulamentação mais ampla no futuro. É o aspecto da reprodução artificial, isto é, fora do sistema natural.

Prevê o novo Código a existência de filhos oriundos da inseminação artificial. São processos aplicados a casais impossibilitados de terem filhos e encontraram agora a possibilidade de gerar sem encontrar dificuldades jurídicas. A concepção se dá quando a célula reprodutora feminina, o óvulo, recebe dentro de si a célula reprodutora masculina, o sêmen. Contudo, há casos em que as células reprodutoras são estéreis ou não há acesso de uma a outra.

Ante essa situação, aplicam-se os meios mecânicos provocadores da concepção. O primeiro previsto na lei é da inseminação artificial, consistente na introdução do sêmen por meio mecânico, como por seringa, no organismo feminino, provocando a fecundação. Neste caso, a introdução da célula reprodutora masculina no organismo feminino é artificial, mas a fecundação é natural, pois é a própria fisiologia do organismo feminino que a realiza.

A mãe da criança é forçosamente a mulher cujo organismo realiza todo esse trabalho, a partir do seu óvulo. O pai é o produtor do sêmen, isto é, da célula que provocou a fecundação. Nesse aspecto é que surge a discussão jurídica. Quem é o pai da criança? O produtor do sêmen é o marido e neste caso não há dúvida a respeito da filiação: o nascituro é filho do casal, vale dizer, do marido e da mulher. Houve assim o que a lei chama de inseminação artificial homóloga, com material genético produzido pelos próprios cônjuges.

Há entretanto a inseminação artificial heteróloga, referida no novo Código. É quando o sêmen não é produzido pelo marido mas por outro homem. De acordo com os princípios jurídicos, esse outro homem deveria ser o pai da criança, e poderia um dia reclamar a paternidade. O novo Código resolveu porém a questão no art.1.597:

> "Presumem-se concebidos na constância do casamento os filhos havidos por inseminação artificial heteróloga, desde que tenha prévia autorização do marido".

O filho gerado nessas condições é fruto do casal, uma vez que resultou da iniciativa dele. Embora seja gerado um filho sem os caracteres genéticos do cônjuge varão, é por ele aceito e acolhido, tanto que contou com a autorização dele. O filho adotivo está na mesma situação e é acolhido com amor.

Critério semelhante é adotado para o fruto da fecundação artificial, em que a concepção se processa fora do corpo feminino. O sêmen e o óvulo são retirados e a assimilação se dá em laboratório, numa proveta, donde o nome de "bebê de proveta". Entretanto, as células reprodutoras são do marido e da mulher. Pode acontecer contudo que não sejam do marido. Por analogia, presume-se que o filho gerado seja do marido e da mulher.

O terceiro que tenha fornecido o sêmen seria geneticamente o pai, mas, tem-se que tenha renunciado à paternidade, ao transferir seu sêmen a outro homem.

Novo Código Civil

Da Filiação

Art. 1.596. Os filhos, havidos ou não da relação de casamento, ou por adoção, terão os mesmos direitos e qualificações, proibidas quaisquer designações discriminatórias relativas à filiação.

Art. 1.597. Presumem-se concebidos na constância do casamento os filhos:

I — nascidos cento e oitenta dias, pelo menos, depois de estabelecida a convivência conjugal;

II — nascidos nos trezentos dias subseqüentes à dissolução da sociedade conjugal, por morte, separação judicial, nulidade e anulação do casamento;

III — havidos por fecundação artificial homóloga, mesmo que falecido o marido;

IV — havidos, a qualquer tempo, quando se tratar de embriões excedentários, decorrentes de concepção artificial homóloga;

V — havidos por inseminação artificial heteróloga, desde que tenha prévia autorização do marido.

Art. 1.598. Salvo prova em contrário, se, antes de decorrido o prazo previsto no inciso II do art. 1.523, a mulher contrair novas núpcias e lhe nascer algum filho, este se presume do primeiro marido, se nascido dentro dos trezentos dias a contar da data do falecimento deste e, do segundo, se o nascimento ocorrer após esse período e já decorrido o prazo a que se refere o inciso I do art. 1.597.

Art. 1.599. A prova da impotência do cônjuge para gerar, à época da concepção, ilide a presunção da paternidade.

Art. 1.600. Não basta o adultério da mulher, ainda que confessado, para ilidir a presunção legal da paternidade.

Art. 1.601. Cabe ao marido o direito de contestar a paternidade dos filhos nascidos de sua mulher, sendo tal ação imprescritível.

Parágrafo único. Contestada a filiação, os herdeiros do impugnante têm direito de prosseguir na ação.

Art. 1.602. Não basta a confissão materna para excluir a paternidade.

Art. 1.603. A filiação prova-se pela certidão do termo de nascimento registrada no Registro Civil.

Art. 1.604. Ninguém pode vindicar estado contrário ao que resulta do registro de nascimento, salvo provando-se erro ou falsidade do registro.

Art. 1.605. Na falta, ou defeito, do termo de nascimento, poderá provar-se a filiação por qualquer modo admissível em direito:

I – quando houver começo de prova por escrito, proveniente dos pais, conjunta ou separadamente;

II – quando existirem veementes presunções resultantes de fatos já certos.

Art. 1.606. A ação de prova de filiação compete ao filho, enquanto viver, passando aos herdeiros, se ele morrer menor ou incapaz.

Parágrafo único. Se iniciada a ação pelo filho, os herdeiros poderão continuá-la, salvo se julgado extinto o processo.

15. DO RECONHECIMENTO DOS FILHOS

15.1. Conceito e tendências
15.2. Legislação pertinente e "status" criado
15.3. A ação de investigação de paternidade

15.1. Conceito e tendências

Com o desenvolvimento da filiação adotiva, o reconhecimento dos filhos perdeu parte de sua importância. Nossa legislação a esse respeito era muito frágil, até que surgiu a Lei 8.560/92, dando nova força à ação de investigação de paternidade dos filhos havidos fora do casamento. Esta lei foi ratificada pelo novo Código Civil, que dedicou um capítulo denominado "Do Reconhecimento dos Filhos", com os arts.1.607 a 1.617. Deveremos ter em vista dois princípios fundamentais que norteiam a questão.

Um deles é o de que todo cidadão deve encontrar na lei e na justiça apoio para ter seu pai. A mãe nem tanto, pois costumeiramente todos têm mãe (mater semper certa est). Há no mínimo uma testemunha do nascimento: a parteira. Na maioria absoluta dos casos, a mãe assume a maternidade. Justifica-se o antigo brocardo de que a maternidade é um fato, a paternidade presunção. Além disso, é difícil para uma mulher dissimular a gravidez.

O segundo princípio é o de que não deve a criança que nasce ser penalizada por fatores alheios a ela, inclusive os atos praticados por seus pais. Por esta forma, que responsabilidade deve ter uma criança porque seus pais, ao invés de se casarem, preferiram viver em concubinato? Note-se que as sanções não se dirigem aos pais, que agiram à margem da lei, mas aos filhos que advieram de relações então não regulamentadas pela lei. Por conseguinte, o espírito da lei é o de garantir à criança o direito a um nome e a um pai, o direito de ter existência perante a lei, sem ser discriminada, nem ser considerado cidadão de segunda classe.

Neste capítulo, examinaremos a situação de uma criança que nasceu e não foi registrada, ou o foi por só um dos progenitores. É possível que haja crianças registradas sem que se saiba o nome da mãe. Trata-se porém de caso raro, sendo comum o registro sem o nome do pai. Esses filhos tendem a ser reconhecidos e adquirir seus pais, para o que a lei lhes criou diversas formas de reconhecimento, sendo que a principal delas é a Ação de Investigação de Paternidade. Muitas variantes oferecem-se: o reconhecimento é pedido pelo filho, pelo pai ou pela mãe; se há resistência ou adesão dos pais; se o filho reconhecido for homem ou mulher; se é maior ou menor de idade; se está registrado ou não; qual será o "modus operandi" do reconhecimento; se alguém contesta a paternidade.

O filho havido fora do casamento pode ser reconhecido pelos pais, conjunta ou separadamente. Aqui se trata de um reconhecimento duplo, pelo pai e pela mãe em conjunto, ou então cada um fazendo reconhecimento próprio. Não há muitas restrições ao reconhecimento pela mãe, pois ninguém melhor do que ela pode dizer que teve um filho. O registro conterá o nome do pai ou da mãe, quando qualquer um deles for o declarante. Desta maneira, se o registro for feito pela mãe, o filho terá o sobrenome dela; se for feito pelo pai, o sobrenome dele.

Por outro lado, poderá haver fraude com referência à mãe, ou seja, alguém registrar em nome de uma mulher um filho que não é dela. Quando a maternidade constar do termo do nascimento do filho, a mãe só a poderá contestar provando a falsidade do termo ou das declarações nele contidas. É muito vaga essa situação e oferece larga aplicação. Por exemplo: um homem casado tem um filho extraconjugal, mas o registra em nome da mulher. Esta vem a saber e não será difícil negar a maternidade pois ela não gerou nem criou esse filho que lhe é atribuído. Mesmo assim, fica restrito seu poder de argumentação; a única saída é provar que o registro foi fraudulento.

Há várias formas de se fazer o reconhecimento, havendo por isso três tipos: voluntário, judicial e testamentário. O reconhecimento voluntário do filho havido fora do casamento pode fazer-se ou no próprio termo de nascimento, ou mediante escritura pública ou escrito particular, ou por testamento. O reconhecimento pode preceder o nascimento do filho, ou suceder-lhe ao falecimento, se deixar descendentes. Igualmente, o reconhecimento voluntário se triparte no seu "modus faciendi". O reconhecimento no próprio termo do nascimento faz-se pela declaração unilateral de vontade, que deve ser respeitada, produzindo efeitos jurídicos.

O reconhecimento pode ser ainda por escritura pública ou instrumento particular. Em vez de comparecer ao Cartório de Registro Civil para declarar-se pai do investigado, comparece a um Cartório de Registro de Títulos e Documentos, fazendo a mesma declaração. Nem mesmo é necessária uma declaração específica, mas tem validade num documento público, como o da compra de um imóvel, a declaração incidental de que ele tem um filho, dando os dados qualificadores, como a data e o local do nascimento e o nome da mãe. Essa escritura pública deverá depois ser averbada no Cartório de Registro Civil.

A Lei 883/49, em vigor há mais de 40 anos, já dispunha sobre o reconhecimento de filhos, o que demonstra ser o problema bem antigo. Dissolvida a sociedade conjugal será permitido a qualquer dos cônjuges o reconhecimento do filho havido fora do matrimônio e, ao filho, a ação que se lhe declare a filiação. Essa possibilidade, pelo que parece, abrange os três modos de reconhecimento: por termo, por escritura pública ou instrumento particular, ou por testamento. Todavia, esse reconhecimento só poderá ser feito se já tiver sido dissolvida a sociedade conjugal, estando, pois, o pai já liberado. Nos mesmos moldes processar-se-á o reconhecimento judicial. Hoje porém inexiste essa exigência; pode o filho ser reconhecido na vigência da sociedade conjugal.

Contudo, a própria Lei 883/49 permite que ainda na vigência da sociedade conjugal qualquer dos cônjuges poderá reconhecer o filho havido fora do matrimônio, de maneira irrevogável. Acreditamos que com a entrada em vigor do novo Código Civil, em 10.1.2003, seja a Lei 883/49 revogada.

15.2. Legislação pertinente e "status" criado

Nossa legislação sobre o reconhecimento de filhos havidos fora do casamento é extensa, variada, muitas vezes conflitantes. Fizemos já referências a várias delas. Era a questão prevista no antigo Código Civil, o de 1916. O diploma legal de caráter reformador foi o Decreto-lei 3.200/41, que dispõe sobre a organização da família. Nos arts.13 a 16 essa lei examina os filhos havidos fora do casamento, principalmente no reconhecimento. Veio depois a Lei 883/49, dispondo especificamente sobre o reconhecimento de filhos, mas também com projeções sobre alimentos e sucessões. A Lei dos Registros Públicos (Lei 6.015/73) é da mais importante sobre os registros dos atos da vida civil, como o nascimento, casamento, reconhecimento e averbação de qualquer modificação no estado civil de uma pessoa.

Mais tarde veio a Lei do Divórcio (Lei 6.515/77) criando um aspecto especial ao que ela chamou "Da Proteção da Pessoa dos Filhos". Anos adiante surgiu a Lei 8.560, de 31.12.92 inovando bastante, com a eliminação da diferença entre vários tipos de filhos, e invertendo o ônus da prova para a comprovação da paternidade. Sobre toda essa legislação paira entretanto o que dispõe o novo Código Civil nos arts.1.607 a 1.617. Não só por ser lei mais recente, revogando tudo o que consta em contrário a ela, mas se trata de uma lei básica.

Graças à nova legislação, com o reconhecimento muda o "status" do filho; há um completo estatuto legal para ele. Conquista ele vários direitos, como o uso do sobrenome de seu pai; pode requerer judicialmente o pagamento de alimentos, e é herdeiro de quem o reconhece. Contudo, assume certas obrigações, pois quem o reconhece assume certos direitos sobre o filho reconhecido e perante a mãe deste.

O filho reconhecido por um dos cônjuges não poderá residir no lar conjugal sem o consentimento do outro, segundo o art.1.611 do novo Código Civil. Naturalmente, este critério só se aplica no caso de pai e mãe do reconhecido viverem juntos. Sendo separados, o filho viverá com quem o reconheceu. Quando for reconhecido em conjunto, haverá necessidade de um acordo entre os pais ou decisão judicial para se estabelecer com quem ficará o filho e onde será a residência.

Embora o reconhecimento seja um instituto criado em benefício de um filho juridicamente prejudicado, tem ele o direito de recusar o reconhecimento. Se ele for maior de 18 anos, não pode ser reconhecido sem o seu consentimento. Se ele for menor de idade, poderá impugnar o reconhecimento assim que atingir a maioridade, tendo o prazo de quatro anos para exercer o direito de impugnação. Cabe assim ao filho havido fora do casamento o direito de recusar o pai que o originou. Às vezes, o reconhecimento pode trazer vantagens para o progenitor, pois este pode tornar-se herdeiro do filho reconhecido. Ainda que não haja benefício ao novo pai, cabe ao filho, como cidadão, escolher seu estado jurídico. Igual direito caberá ao filho menor quando atingir a maioridade.

Não se pode subordinar a condição, ou a termo, o reconhecimento do filho, conforme garante o art.1.613. É portanto o reconhecimento um ato incondicionado e irrevogável, só podendo ser praticado nos termos da lei. Por exemplo: não teria cabimento o pai reconhecer o filho desde que este não adote seu nome, que fique sob a guarda de alguém determinado pelo pai, que o reconhecimento cesse num prazo.

O reconhecimento voluntário não pode ser revogado nem mesmo feito em testamento. A irrevogabilidade decorre principalmente da eficácia retroativa do reconhecimento. Ao ser reconhecido, o filho adquire certos direitos que se incorporam à sua personalidade, como por exemplo, o nome do pai. Depois que o pai permitiu ao filho a adoção de seu nome, não pode revogar essa permissão.

15.3. A ação de investigação de paternidade

Falamos até agora no reconhecimento voluntário. Examinaremos em seguida o reconhecimento judicial. Processa-se graças à Ação de Investigação de Paternidade a ser empreendida pelo próprio interessado, vale dizer, o filho havido fora do casamento. Pode ele empreender ação contra seu suposto pai, por faculdade prevista em lei. Ação desse tipo sofre normalmente férrea contestação. Às vezes, o pai era casado na época da concepção e, confessando-se culpado, incorreria em crime de adultério. Enfim, se a ação é empreendida, é porque o suposto pai ofereceu resistência. O ônus da prova cabe a quem alega e não é fácil, geralmente, a produção de provas para este tipo de ação. Provar relações sexuais, ainda mais que ocorreram há anos, é tarefa, senão impossível, pelo menos dificílima para o filho. Porém a Lei 8.560/92 inverteu o ônus da prova.

Para o réu, oferecem-se várias alternativas de defesa, além da negativa. Uma delas é provar a vida liberal da mãe. Naturalmente o filho menor é representado pela mãe, participando esta obrigatoriamente do processo. Entretanto, uma mulher que, ao tempo da concepção era freqüentada por vários homens, não poderá afirmar com certeza jurídica quem poderia ser o pai de seu filho. É quase um pressuposto dessa ação a honestidade da mãe.

Outra forma de contestação seria o requerimento de exame genético, que é muito caro e depende de coincidência. Os exames modernos, como o DNA e o HLM, são muito eficientes. Todo ser humano traz os caracteres genéticos dos pais, como os cromossomos e o tipo sangüíneo. Se o exame revelar que alguém não possui os caracteres somáticos do pai, fica negada a filiação.

Contudo, o exame tem caráter apenas excludente, mas não prova quem é o pai. Os caracteres somáticos não são como impressões digitais, próprias de um indivíduo, mas pertencem a muitas pessoas. Os caracteres somáticos de um menino, por exemplo, podem ser os mesmos de milhares de pessoas, de tal maneira que não confirmem quem seja o pai. Sua utilidade é pois muito precária.

A Ação de Investigação de Paternidade pode ser contestada por qualquer pessoa que tenha justo interesse, como também se fosse ação de maternidade. Ao ser reconhecido por sentença judicial, o filho adquire vários direitos, como os hereditários; por isso, os outros herdeiros, como os demais filhos e a esposa do suposto pai, têm real interesse em contestar a ação, para defender seus interesses.

Obtendo a procedência da ação, o filho reconhecido deverá averbar a sentença no Cartório de Registro Civil, podendo então renovar seus documentos. A sentença, que julgar procedente a ação de investigação produzirá os mesmos efeitos do reconhecimento; mas poderá ordenar que o filho se crie e eduque fora da companhia dos pais ou daquele que lhe contestou essa qualidade (art.1.616). O pai que nega a paternidade é um pai recalcitrante. Renega o filho e não poderá encarregar-se da educação dele.

O rito dessa ação sofreu profunda modificação em vista da promulgação da Lei 8.560/92, de 29.12.92, publicada discretamente em 30.12.92. Há uma peculiaridade legislativa no Brasil, vigorando há vários anos, mas que não raro passa desapercebida; é no mês de dezembro que surgem as leis mais delicadas e mais polêmicas. Em dezembro, as atividades judiciárias ficam quase paralisadas, as escolas fecham, o comércio varejista se volta para as vendas de Natal. Os componentes do Poder Judiciário e do Legislativo dirigem-se à sua terra natal, permanecendo só alguns na Capital. Alto-falantes entoam canções natalinas. Poucos lêem o Diário Oficial, mas ele publicou algumas leis que serão citadas como exemplos. No dia 24, véspera de Natal, foi promulgada a lei que instituiu juros e correção monetária nas concordatas; no dia 31, quando se comemorava o encerramento do ano, o Diário Oficial publicou a Lei dos Registros Públicos; foi no dia 27 que surgiu a Lei do Divórcio e no dia 10 a Lei dos Estrangeiros; no dia 20 a Lei do Parcelamento do Solo Urbano; no dia 18 a Lei dos Direitos do Autor; no dia 16 a Lei das Cooperativas, no dia 21 a Lei dos Condomínios e Incorporações Imobiliárias.

Em 30.12.1992, último dia útil de 1992, o Diário Oficial publicou uma pequena lei, aparentemente despretensiosa: foi a Lei 8.560, que revogou os arts. 332, 337 e 347 de nosso superado Código Civil, o de 1916. Lei simples e de poucas linhas mas de extraordinário alcance. Entramos assim no ano de 1993 com nova concepção a respeito do parentesco ou mais particularmente da filiação. Estes artigos referem-se ao antigo critério adotado pela legislação anterior sobre parentesco legítimo ou ilegítimo, como era chamado. O projeto de lei foi discutido na Câmara dos Deputados no dia 29.12.1992 e aprovado, seguindo na mesma hora para o Senado, que também o aprovou. Foi o projeto levado diretamente às mãos do Presidente da República, que o sancionou e no dia seguinte foi publicado no Diário Oficial. Ninguém deu pela ocorrência. No início de fevereiro é que o Brasil tomou conhecimento da nova lei, que já estava em vigor e nada mais se pôde fazer.

O principal aspecto dessa lei foi a inversão do ônus da prova: as alegações cabem ao suposto pai, que ficará com o ônus de prová-las. Anteriormente, cabia ao filho pretendente, que, se fosse menor, seria representado pela mãe. Esse assunto já fora alvo de muitas análises, durante várias décadas, concluindo muitos juristas pela ineficácia do sistema então vigente, tanto que existem ainda no Brasil milhões de pessoas sem pai. O ônus da prova era jogado em cima da parte mais fraca e normalmente impossibilitada de ação, numa injusta e indigna proteção ao infrator poderoso, resguardando a figura do "machão brasileiro". No Congresso da Mulher Advogada, realizado em São Paulo, foi levantada a tese da inversão da prova pela Dra. Delanilde Blanco, aprovada entusiasticamente pelo Congresso. Os anais desse evento foram enviados ao Congresso Nacional, impressionando vivamente o senador Nelson Carneiro, que se notabilizara pela elaboração da Lei do Divórcio. Esse mesmo senador e consagrado jurista elaborou lei nesse sentido, tomando as idéias da tese aprovada no referido congresso, que se transformou na Lei 8.560/92.

Consoante o novo sistema, a mãe da criança promoverá o registro do filho, indicando o nome do pai, com a devida qualificação: nome, nacionalidade, estado civil, profissão, domicílio e documentação. Caso a mãe não seja casada com o suposto pai, o registro será feito, mas o Cartório de Registro Civil de Pessoas Naturais enviará certidão de registro ao Juízo de Família. Abre-se um processo em que, na fase inicial, a mãe prestará depoimento judicial, e o juiz determinará a notificação do suposto pai, para que se manifeste sobre a paternidade que lhe é atribuída. É possível que o suposto pai aceite a paternidade; nesse caso será lavrado o termo de reconhecimento e remetida certidão ao cartório para a devida averbação. O juiz, quando entender necessário, determinará que a diligência seja realizada em segredo de justiça.

Todavia, como pode acontecer, o suposto pai oferece resistência. É-lhe dado o prazo de trinta dias para contestar a ação. Se o imputado não atender à notificação ou contestar a ação negando a paternidade, os autos sobem à análise do Ministério Público, que, vislumbrando a existência de elementos convincentes, intentará a Ação de Reconhecimento de Paternidade. Os interessados poderão aderir ao processo, em apoio ao Ministério Público.

Sendo reconhecida a paternidade por sentença judicial, ficam assegurados os direitos de filho ao reconhecido, mas não poderá constar no registro de nascimento que foi ele fruto de decisão judicial. Neste não poderá também haver indícios dos pormenores sobre a natureza da filiação, tais como: se os pais eram casados ou não, que foi reconhecido pela lei ou por sentença judicial, quem são seus irmãos, se a concepção se deu na constância de casamento ou não ou ela decorreu de relação extraconjugal.

Outra inovação importante da Lei 8.560/92 é o seu efeito retroativo. Os filhos nascidos antes dessa lei poderão invocá-la e empreender ação nos termos dela, como um menino de 15 anos. Não precisarão os filhos reconhecidos empreender ação de alimentos, porquanto sempre que, na sentença de primeiro grau, se reconhecer a paternidade, nela se fixarão alimentos provisionais ou definitivos do filho reconhecido que deles necessite. Vê-se assim a adoção de medidas protetórias para um recém-nascido, cuja eficácia e efeitos são extraordinários. Em São Paulo, assim que a lei passou a ser conhecida, é enorme o volume de ações de reconhecimento de paternidade. Acredita-se que, em todo o Brasil, seguir-se-á a aplicação desta lei.

A filiação materna ou paterna pode resultar de casamento declarado nulo, ainda mesmo sem as condições de putativo (art.1.617).

Implantou a Lei 8.560/92 formas justas e humanas de reconhecimento de filhos e seu valor foi reconhecido pela douta comissão elaboradora do novo Código Civil, que teve o cuidado de garantir sua eficácia quando estivesse em vigor o novo Código. Destarte, de acordo com a Lei 8.560/92 e o art. 1.609 do novo Código Civil o reconhecimento irrevogável e incondicional de filhos apresenta quatro formas, reconhecidas pela lei:

1 – no registro do nascimento;

2 – por escritura pública ou escrito particular, a ser arquivado em cartório;

3 – por testamento, ainda que incidentalmente manifestado;

4 – por manifestação direta e expressa perante o juiz, ainda que o reconhecimento não haja sido o objeto único e principal do ato que o contém.

Novo Código Civil

Do Reconhecimento dos Filhos

Art. 1.607. O filho havido fora do casamento pode ser reconhecido pelos pais, conjunta ou separadamente.

Art. 1.608. Quando a maternidade constar do termo do nascimento do filho, a mãe só poderá contestá-la, provando a falsidade do termo, ou das declarações nele contidas.

Art. 1.609. O reconhecimento dos filhos havidos fora do casamento é irrevogável e será feito:

I - no registro do nascimento;

II - por escritura pública ou escrito particular, a ser arquivado em cartório;

III - por testamento, ainda que incidentalmente manifestado;

IV - por manifestação direta e expressa perante o juiz, ainda que o reconhecimento não haja sido o objeto único e principal do ato que o contém.

Parágrafo único. O reconhecimento pode preceder o nascimento do filho ou ser posterior ao seu falecimento, se ele deixar descendentes.

Art. 1.610. O reconhecimento não pode ser revogado, nem mesmo quando feito em testamento.

Art. 1.611. O filho havido fora do casamento, reconhecido por um dos cônjuges, não poderá residir no lar conjugal sem o consentimento do outro.

Art. 1.612. O filho reconhecido, enquanto menor, ficará sob a guarda do genitor que o reconheceu, e, se ambos o reconheceram e não houver acordo, sob a de quem melhor atender aos interesses do menor.

Art. 1.613. São ineficazes a condição e o termo apostos ao ato de reconhecimento do filho.

Art. 1.614. O filho maior não pode ser reconhecido sem o seu consentimento, e o menor pode impugnar o reconhecimento, nos quatro anos que se seguirem à maioridade, ou à emancipação.

Art. 1.615. Qualquer pessoa, que justo interesse tenha, pode contestar a ação de investigação de paternidade, ou maternidade.

Art. 1.616. A sentença que julgar procedente a ação de investigação produzirá os mesmos efeitos do reconhecimento; mas poderá ordenar que o filho se crie e eduque fora da companhia dos pais ou daquele que lhe contestou essa qualidade.

Art. 1.617. A filiação materna ou paterna pode resultar de casamento declarado nulo, ainda mesmo sem as condições do putativo.

16. DA ADOÇÃO

16.1. Conceito e natureza jurídica
16.2. Requisitos básicos
16.3. Efeitos jurídicos da adoção
16.4. O "modus faciendi" da adoção
16.5. A adoção internacional
16.6. O final da adoção

16.1. Conceito e natureza jurídica

A adoção é uma das formas pelas quais se estabelece a filiação, o vínculo familiar. Por ela, duas pessoas estranhas tornam-se parentes, estabelecendo o chamado "parentesco civil". Trata-se de uma ficção legal (fictio juris), porque ela estabelece um vínculo parental fictício, uma vez que não há laços de sangue nem de afinidade entre adotante e adotado. Por sua natureza jurídica, é um ato jurídico bilateral, pois o adotado participará dele, embora por seu representante legal. Não se pode adotar sem o conhecimento do adotado ou de seu representante legal se for incapaz ou nascituro. Há portanto uma declaração bilateral de vontade.

É negócio jurídico solene, formal (negócio jurídico é a designação que o novo Código Civil dá ao que era chamado "ato jurídico"). Deve ser praticado nos termos da lei e obedecendo a rígidos requisitos legais sob pena de nulidade. A adoção faz-se por processo judicial, em que não se admite condição nem termo. A sentença desse processo deverá depois ser averbada no Cartório de Registro Civil e constará na certidão de nascimento do adotado. Ninguém deve ser adotado por duas pessoas, salvo se forem marido e mulher ou se viverem em união estável (art.1.622).

O instituto da adoção foi adotado pelo direito romano e se transmitiu do Digesto aos códigos modernos. Nosso Código Civil previu-a originariamente; entretanto, a Lei 3.133/57 introduziu sensíveis modificações.

Justifica-se o zelo e a diligência do legislador brasileiro, para criar mecanismos legais, visando à solução de problemas humanos em escalada cada vez mais crescente. De certa maneira facilitou parcialmente o problema da filiação e abriu uma válvula para a integração jurídica, humana e social dos filhos havidos fora do casamento. Há razões, portanto, para as investidas que vem sofrendo nossa legislação por parte de forças retrógradas e esclerosadas. A crítica dos tartufos não pode surpreender, pois nunca houve tentativas de se modernizar as instituições jurídicas sem reações, como acontece com o próprio Código Civil que mal entra em vigor.

16.2. Requisitos básicos

Como negócio jurídico solene, formal, a adoção deve obedecer a vários requisitos. Só os maiores de 18 anos podem adotar, segundo o art.1.618 do CC. Esse limite é estabelecido por um critério técnico, não havendo motivos lógicos, e tem variado no decorrer dos anos. Nosso

Código Civil de 1916 estabeleceu 50 anos, mas a Lei 3.133/57 reduziu-o para 30 anos, e o ECA-Estatuto da Criança e do Adolescente reduziu-o para 21, ante a imperiosa necessidade de solução do problema dos menores. Agora, o novo Código Civil admite a adoção por quem for maior de 18 anos.

Se o adotante for casado, deverá ter no mínimo cinco anos de casado. Essa exigência procura coibir a precipitação de ter filhos, dando um prazo razoável para um casal gerar filhos das próprias entranhas e só apelando para a adoção quando houver motivos para crer na impossibilidade de gerar. O código de outros países varia bastante. Esse critério obedece, pois, aos problemas peculiares de cada país, no tocante ao menor.

Outra exigência de nosso direito é quanto à diferença de idade entre adotante e adotado. O adotante há de ser, pelo menos, 16 anos mais velho que o adotado (art. 1.619). Se a adoção transforma adotante e adotado em pai e filho, é natural que haja uma diferença sensível entre ambos. O Código Civil italiano, no art. 291, exige no mínimo 18 anos, como outros códigos. As razões de tão baixo limite de idade são as já faladas: procura nossa lei amoldar-se às suas finalidades de resolver mais facilmente problemas sociais e humanos.

Aspecto peculiar apresenta-se quando o pretendente a adotante for o tutor ou curador do potencial adotado. Enquanto não der contas de sua administração e saldar o débito, não pode o tutor, ou o curador, adotar o pupilo ou o curatelado (art. 1.620 do CC e 44 do ECA). Esse requisito é o mesmo exigido para o casamento entre ambos. O tutor e o curador administram bens do pupilo ou curatelado e exige-se que se observe a lisura e a probidade nessa administração. Caso eles não a observem e depois vierem a adotar o proprietário dos bens mal administrados, barrarão a possibilidade de responderem por suas transgressões. Necessário, pois, que o tutor e o curador renunciem à sua missão e prestem contas de seus atos. Se for aprovada essa prestação de contas e estiverem eles desligados da tutela ou curatela, não haverá mais vínculos entre os potenciais adotantes e adotados, havendo então acesso livre à adoção.

16.3. Efeitos jurídicos da adoção

O adotante deve contar com no máximo 18 anos à data do pedido. Nosso direito adota o termo adotante para quem adota, e adotando para quem estiver em fase de adoção, passando para adotado depois. A adoção é irrevogável, de acordo com a nossa lei.

O primeiro efeito da adoção é o estabelecimento do parentesco civil entre o adotante e o adotado. É um vínculo de filiação, rompendo-se o vínculo do adotado com sua família anterior, exceto quanto aos impedimentos matrimoniais (art.1.626). Não se rompem entretanto os vínculos de ordem moral. Os deveres e direitos que resultam do parentesco natural não se extinguem pela adoção, exceto o poder familiar, que será transferido do pai natural para o adotivo (art.1.627). Em suma, a modificação do vínculo de filiação é incompleta nos dois sentidos: não extingue totalmente o vínculo do adotado com sua família de origem e não o liga totalmente à família do adotante, mas apenas a este. O parentesco resultante da adoção limita-se ao adotante e adotado. O poder familiar, contudo, opera-se de pleno direito, o que parece ser o mais importante efeito da adoção.

Transformando-se em filho do adotante, o adotado receberá novo nome. No ato da adoção serão declarados quais os apelidos da família que passará a ser o do adotado. Este poderá formar seus apelidos conservando os dos pais de sangue; ou acrescentando os do adotante; ou, ainda, somente os do adotante, com exclusão dos apelidos dos pais de sangue (Lei 3.133/57). Vimos assim que o acréscimo de um novo nome, a submissão a um novo pátrio poder e o estabelecimento de novo vínculo de parentesco são os principais efeitos jurídicos pessoais produzidos pela adoção.

Do mesmo modo, produz ela efeitos jurídicos patrimoniais. Nesse aspecto, as diversas leis se atropelam. Contudo, o novo CC ao dizer que a adoção atribui a condição de filho ao adotado, iguala-o aos legítimos, dando-lhes os mesmos direitos patrimoniais e sucessórios. É recíproco o direito sucessório entre o adotado, seus descendentes, o adotante, seus ascendentes, descendentes e colaterais até o 4º grau, observada a ordem de vocação hereditária. A morte dos adotantes não restabelece o poder aos pais naturais.

Vamos agora examinar a situação de dois adotantes. Ninguém pode ser adotado por duas pessoas, salvo se forem marido e mulher (incluindo-se nesse caso os conviventes da união estável). Neste caso, a adoção poderá ser formalizada, desde que um deles tenha completado a idade mínima exigida, ou seja, 18 anos, comprovada a estabilidade da família

Há uma hipótese que sói acontecer. Um homem estabelece casamento ou união estável com uma mulher, mas esta já tinha um filho, e o marido adota o filho de seu atual cônjuge. Nesse caso, o marido passa a ser adotando de seu enteado e este passa a ser equiparado ao filho do adotante. Entretanto, não perde ele o vínculo de filho com a mãe, nem o parentesco com os parentes desta. A mãe não perde o poder familiar mas o divide agora com seu cônjuge, equiparado a pai do menino.

Outra hipótese viável: marido e mulher pretendem adotar um filho e já o mantém em estágio de convivência, ou seja, o menor já estava na companhia do casal. Entretanto, sobrevém o divórcio ou separação do casal. É possível que ambos façam a adoção, contanto que acordem sobre a guarda e o regime de visitas ao menor. Essa disposição impede portanto que o menor sofra conseqüências negativas por um fato aleatório, do qual não foi culpado.

A adoção é porém vedada a ascendentes e irmãos do adotando. Por exemplo: não pode o avô adotar seu neto.

16.4. O "modus faciendi" da adoção

A adoção resulta de um processo judicial. O vínculo da adoção constitui-se por sentença judicial, que será inscrita no registro civil mediante mandato do qual não se fornecerá certidão. Essa proibição visa a impedir que se divulgue ser alguém filho adotado, o que consistiria numa ilegal discriminação.

O interessado na adoção requererá ao Juiz da Vara da Infância e da Juventude, expondo sua pretensão e demonstra que haverá reais vantagens para o adotando, fundando seu pedido em motivos legítimos. A adoção porém dependerá do consentimento dos pais do adotando ou de seu representante legal. Esse consentimento será dispensado se os pais do menor forem desconhecidos ou tenham sido destituídos do poder familiar. Se for o adotando maior de 12 anos, será também necessário seu consentimento.

Será a adoção precedida de estágio de convivência com o menor, pelo prazo que a autoridade judiciária fixar, observadas as peculiaridades de cada caso. O estágio de convivência poderá ser dispensado se o adotando não tiver mais de um ano de idade, ou se, qualquer que seja sua idade, já estiver na companhia do adotante durante tempo suficiente para se poder avaliar a conveniência da constituição do vínculo.

Concedida a adoção por sentença judicial, deverá ser inscrita no Cartório de Registro Civil de Pessoas Naturais, consignando o nome dos adotantes como pais, bem como o nome de seus ascendentes. O mandado judicial, que será arquivado, cancelará o registro original do adotado.

Conforme fora esclarecido, nenhuma observação poderá constar nas certidões de registro, a fim de não identificar o registrado como filho adotivo. A critério da autoridade judiciária, poderá ser fornecida certidão para a salvaguarda de direitos.

A sentença conferirá ao adotado o nome do adotante e, a pedido deste, poderá determinar a modificação do prenome. Essa sentença produzirá efeitos a partir de seu trânsito em julgado. A adoção, já tinha sido apontado, é irrevogável.

É possível a adoção póstuma. Poderá ser deferida ao adotante que, após inequívoca manifestação de vontade, vier a falecer no curso do procedimento, antes de prolatada a sentença.

16.5. A adoção internacional

Problema que nos últimos vinte anos tem provocado amplo noticiário foi a adoção de brasileiros por estrangeiros. Formou até mesmo um tráfico internacional de crianças. A repercussão de muitos fatos provocou regulamentação especial para esse tipo de adoção de menores brasileiros por estrangeiro residente ou domiciliado no exterior. A colocação de menor em família substituta estrangeira constitui medida excepcional, somente admissível na modalidade de adoção. Assim sendo, só haverá colocação em família substituta estrangeira, como estágio de convivência, para fins de adoção.

O candidato estrangeiro à adoção deverá requerer à justiça brasileira, comprovando, mediante documento expedido pela autoridade competente do respectivo domicílio, estar devidamente habilitada à adoção, consoante as leis do seu país. A autoridade judiciária brasileira, de ofício ou a requerimento do Ministério Público, poderá determinar a apresentação do texto pertinente à legislação estrangeira, acompanhado da prova da respectiva vigência.

Além dos documentos pertinentes, deverá ser juntado também estudo psicossocial elaborado por agência especializada e credenciada no país de origem. Os documentos em língua estrangeira serão juntados aos autos, devidamente autenticados pela autoridade consular, observados os tratados ou convenções internacionais.

O direito brasileiro não admite entrada no judiciário e outros órgãos públicos de documentos em idioma estrangeiro. Necessitarão eles então de ser acompanhados de tradução realizada por tradutor público juramentado.

163

Este profissional, chamado pela lei de tradutor e intérprete comercial, tem sua atividade regulamentada pela nossa legislação.

Antes de consumada a adoção ficará impedida a saída do adotando do território nacional.

Prevê nossa lei a criação de comissão estadual judiciária de adoção, com várias funções. Competirá a essa comissão manter registro centralizado de interessados estrangeiros em adoção. Consoante se torne necessário, poderá ficar condicionada a adoção internacional a estudo prévio e análise dessa comissão, que fornecerá o respectivo laudo de habilitação para instruir o processo competente.

O estágio de convivência quando se trata de adoção por estrangeiro residente ou domiciliado fora do país, cumprido no território nacional, será de no mínimo 15 dias para crianças até dois anos de idade, e de no mínimo 30 dias quando se tratar de adotando acima de dois anos de idade.

Diz o art. 1.629 do novo Código que a adoção por estrangeiro obedecerá aos casos e condições que forem estabelecidos. Fizemos considerações ao que está até agora regulamentado. Além da regulamentação interna, a adoção por estrangeiro está também regulada por duas convenções internacionais celebradas pelo Brasil, a ser obedecida pelos países que participem dessas convenções. No que tange à adoção por estrangeiro, a lei a que se refere o Código Civil são duas leis, ou seja, duas convenções internacionais, a saber:

– Convenção Interamericana sobre Conflito de Leis em Matéria de Adoção de Menores, celebrada em La Paz (Bolívia), em 1984.

– Convenção Relativa à Proteção das Crianças e à Cooperação em Matéria de Adoção Internacional, celebrada em Haia (Holanda), em 1993.

Convenção de La Paz

Falemos primeiramente a respeito da Convenção de La Paz, transformada em lei brasileira graças ao Decreto-lei 60/96 e promulgada pelo Decreto 2.429/97 do Poder Executivo. Essa convenção aplica-se à adoção de menores sob a forma de adoção plena, legitimação adotiva e outras formas afins que equipararem o adotado à condição de filho cuja filiação esteja legalmente estabelecida, quando o adotante (ou adotantes) tiver seu domicílio num país e o adotado sua residência habitual noutro país.

Como em toda adoção por estrangeiro, aplicam-se à questão as leis de no mínimo dois países; neste caso a lei do país em que residir o menor adotado e a do país em que estiver domiciliado o adotando.

Destarte, a lei da residência do menor em vias de ser adotado regerá a capacidade para ser adotado, as exigências quanto ao consentimento dos pais e as outras formalidades necessárias para a adoção. Por outro lado, a lei do domicílio do adotante regerá a capacidade dele para adotar e demais formalidades para a sua iniciativa de adoção. Em caso de dúvidas, prevalecerá então a lei do país do menor adotado. Os requisitos concernentes à publicidade e registro da adoção reger-se-á pela lei do país em que devam ser cumpridas. Nos registros deverão constar a modalidade e as características da adoção.

Exige essa convenção o máximo sigilo sobre a iniciativa, a não ser certos dados necessários aos registros e alguns que seja convenientes ao próprio menor. As autoridades do país que aprovar a adoção poderá exigir que os adotantes comprovem sua capacidade física, moral, psicológica e econômica por meio de instituições públicas ou privadas cuja finalidade específica esteja relacionada com a proteção do menor. Essas instituições deverão estar expressamente autorizadas por um país ou organização internacional, como a ONU, UNICEF, OEA e outras. Essas disposições aplicam-se também ao Brasil, se pessoas domiciliadas em nosso país forem adotar crianças de países estrangeiros. Essas instituições deverão manter contatos e esclarecimentos com as autoridades outorgantes de adoção.

Os vínculos do adotado com sua família de origem serão considerados dissolvidos. No entanto, subsistirão os impedimentos para contrair matrimônio. Essa disposição consta também de nosso Código Civil.

A adoção internacional é irrevogável, como também ocorre no direito interno do Brasil. Se o adotado for maior de 14 anos será necessário seu consentimento. É também possível a conversão da adoção simples em adoção plena, legitimação adotiva ou formas afins.

Convenção de Haia

Em 1993 foi celebrada a Convenção Relativa à Proteção das Crianças e à Cooperação em Matéria de Adoção Internacional, da qual participou o Brasil. Essa convenção foi aprovada pelo Congresso Nacional pelo Decreto-lei 1/99 e promulgada pelo Dec. 3.087/99, transformando-se pois em lei nacional. Essa convenção tem aplicação universal, diferente da Convenção de La Paz, de âmbito nos países componentes da OEA.

A convenção estabelece certas exigências para que a adoção internacional se opere. Em primeiro lugar, a autoridade brasileira deverá determinar que a criança seja adotável, e que a adoção internacional atende ao interesse superior da criança. Por outro lado, o país acolhedor deverá ter verificado que os futuros pais adotivos encontram-se habilitados e aptos para adotar e tiverem sido convenientemente orientados.

Aspecto importante é o consentimento, tanto dos pais legítimos como das instituições especializadas e autoridades do país do adotado. Os pais deverão dar o consentimento por escrito, na forma legal prevista, manifestado livremente. O consentimento da mãe só pode ser dado após o nascimento da criança. Não pode esse consentimento ter sido induzido ou obtido mediante pagamento ou compensação de qualquer espécie.

Se a criança já estiver em idade capaz de perceber a realidade, deverá ela ser orientada e esclarecida sobre as conseqüências da adoção e deve ela dar consentimento de livre e espontânea vontade. Deverá ela ficar sabendo quem serão seus adotantes e estes necessitarão demonstrar à autoridade do país acolhedor que estão habilitados e aptos para adotar. Deverão eles providenciar que a criança adotada tenha autorização para entrar e residir no seu novo país.

16.6. O final da adoção

Ao adquirir a capacidade jurídica, o adotado poderá declarar a independência, rompendo unilateralmente a adoção. Tendo sido adotado quando era menor ou interdito, não tinha ele capacidade jurídica para aceitar ou rejeitar a adoção. Cessada essa fraqueza, pode ele invocar seu direito de opção. O adotado, quando menor ou interdito, poderá desligar-se da adoção no ano imediato ao em que cessar a interdição ou a menoridade. Não se trata de ingratidão, mas uma liberação de cada parte, liberando também o adotante de responsabilidade pelo adotado.

Também se dissolve o vínculo da adoção quando as duas partes convierem, ou nos casos em que é admitida a deserdação. Neste caso, trata-se de uma resolução bilateral ou de decisão do adotante, ante atos de ingratidão do adotado, como se este dirigisse ao adotante ofensas físicas ou injúria grave.

Novo Código Civil

Da Adoção

Art. 1.618. Só a pessoa maior de dezoito anos pode adotar.

Parágrafo único. A adoção por ambos os cônjuges ou companheiros poderá ser formalizada, desde que um deles tenha completado dezoito anos de idade, comprovada a estabilidade da família.

Art. 1.619. O adotante há de ser pelo menos dezesseis anos mais velho que o adotado.

Art. 1.620. Enquanto não der contas de sua administração e não saldar o débito, não poderá o tutor ou o curador adotar o pupilo ou o curatelado.

Art. 1.621. A adoção depende de consentimento dos pais ou dos representantes legais, de quem se deseja adotar, e da concordância deste, se contar mais de doze anos.

§ 1.º O consentimento será dispensado em relação à criança ou adolescente cujos pais sejam desconhecidos ou tenham sido destituídos do poder familiar.

§ 2.º O consentimento previsto no *caput* é revogável até a publicação da sentença constitutiva da adoção.

Art. 1.622. Ninguém pode ser adotado por duas pessoas, salvo se forem marido e mulher, ou se viverem em união estável.

Parágrafo único. Os divorciados e os judicialmente separados poderão adotar conjuntamente, contanto que acordem sobre a guarda e o regime de visitas, e desde que o estágio de convivência tenha sido iniciado na constância da sociedade conjugal.

Art. 1.623. A adoção obedecerá a processo judicial, observados os requisitos estabelecidos neste Código.

Parágrafo único. A adoção de maiores de dezoito anos dependerá, igualmente, da assistência efetiva do Poder Público e de sentença constitutiva.

Art. 1.624. Não há necessidade do consentimento do representante legal do menor, se provado que se trata de infante exposto, ou de menor cujos pais sejam desconhecidos, estejam desaparecidos, ou tenham sido destituídos do poder familiar, sem nomeação de tutor; ou de órfão não reclamado por qualquer parente, por mais de um ano.

Art. 1.625. Somente será admitida a adoção que constituir efetivo benefício para o adotando.

Art. 1.626. A adoção atribui a situação de filho ao adotado, desligando-o de qualquer vínculo com os pais e parentes consangüíneos, salvo quanto aos impedimentos para o casamento.

Parágrafo único. Se um dos cônjuges ou companheiros adota o filho do outro, mantêm-se os vínculos de filiação entre o adotado e o cônjuge ou companheiro do adotante e os respectivos parentes.

Art. 1.627. A decisão confere ao adotado o sobrenome do adotante, podendo determinar a modificação de seu prenome, se menor, a pedido do adotante ou do adotado.

Art. 1.628. Os efeitos da adoção começam a partir do trânsito em julgado da sentença, exceto se o adotante vier a falecer no curso do procedimento, caso em que terá força retroativa à data do óbito. As relações de parentesco se estabelecem não só entre o adotante e o adotado, como também entre aquele e os descendentes deste e entre o adotado e todos os parentes do adotante.

Art. 1.629. A adoção por estrangeiro obedecerá aos casos e condições que forem estabelecidos em lei.

17. DO PODER FAMILIAR

17.1. Conceito e abrangência

17.2. Caracteres

17.3. Do poder familiar quanto à pessoa dos filhos

17.4. Do poder familiar quanto aos bens dos filhos

17.5. Da suspensão e extinção do poder familiar

17.6. Do processo de perda e suspensão do poder familiar

17.7. Origem romana da "patria potestas"

17.1. Conceito e abrangência

O poder familiar é o conjunto de direitos e obrigações que os pais têm com relação à pessoa e aos bens de seus filhos menores. Ante a incapacidade de um menor de enfrentar os desafios da vida, necessário se torna que a lei lhes assegure alta dose de poderes sobre seus filhos. Não é, porém, um complexo de direitos, mas também de obrigações, que ambos os pais assumem em regime de colaboração mútua.

Os filhos estão sujeitos ao poder familiar, enquanto menores (art.1.630). Cabe o poder familiar a ambos os pais, concentrando em um só, caso falte o outro. Durante o casamento, compete o poder familiar aos pais; na falta ou impedimento de um deles, o outro o exercerá com exclusividade. Todos os filhos menores se submetem ao poder familiar em benefício e proteção deles próprios. Divergindo os progenitores quanto ao exercício do poder familiar, é assegurado a qualquer deles recorrer ao juiz para solução do desacordo. Ocorre essa divergência apenas em casos mais sérios, como se o menor pretender casar. Entretanto, podem ocorrer divergências desse tipo quando o casal estiver separado. Se um cônjuge se vê obrigado a recorrer à Justiça contra o outro, é sintoma que denota incompatibilidade de gênios, caracterizadora de vida insuportável entre ambos.

17.2. Caracteres

A figura do pai como topo central da organização familiar predominou no direito moderno por influência da "patria potestas", e só começou a ruir na segunda metado do século XX. Conserva-se no direito de alguns países e na mentalidade das populações campesinas. No direito brasileiro está ela banida e o novo Código Civil lhe serve de atestado de óbito, apesar das críticas generalizadas ao código que nem sequer adquiriu eficácia por estar submetido a "vacatio legis". O início de sua eficácia é no dia 11.1.2003.

Nas regiões mais afastadas da Itália, como a Calábria, a Sicília e Puglia, no sul do país, a influência da antiga Roma ainda predomina. Entretanto, a mais vigorosa reação contra o poder familiar se deu na reforma operada em 1975, pela Lei 251/75, no Código Civil italiano, consagrando a igualdade de poderes entre marido e mulher, instituindo o poder familiar em substituição ao pátrio poder. É o que ficou estabelecido no art. 316 do Código Civil italiano:

Esercizio della potestà dei genitori	Exercício do poder dos genitores
Il figlio è soggetto alla potestà dei genitori sino all'età maggiore o alla emancipazione. La potestà è esercitata di comune accordo da entrambi i genitori. In caso di contrasto su questioni di particolari importanza ciascuno dei genitori può ricorrere senza formalità al giudice indicando i provedimenti che ritiene piú idonei.	O filho está submetido ao poder dos genitores até a maioridade ou à emancipação. O poder é exercido de comum acordo por ambos os genitores. Em caso de divergência sobre questões de particular importância, cada um dos genitores poderá recorrer, sem formalidades, ao juiz, indicando as formalidades que julgar mais idôneas.

Essas mesmas idéias, expressas no art. 316 estão presentes no art.1.631 do novo Código Civil brasileiro. Como este tomou como modelo o Código Civil italiano, as novas idéias foram herdadas pelo direito brasileiro, sacudindo a presença da Roma antiga em nossa legislação. O direito deve interpretar a filosofia de vida de um povo, sua mentalidade, sua forma de pensar e viver. O direito romano interpretava o pensamento de uma sociedade marcantemente patriarcal, e a atual sociedade brasileira é mais liberal. Podemos então dizer que não desapareceu a influência romana em nosso direito, mas a "patria potestas" amoldou-se à realidade brasileira de nossos dias, conservando muitas virtudes da antiga Roma, mas com o direito da sociedade brasileira do século XXI.

Se a sociedade conjugal for dissolvida, permanece o complexo de direitos-deveres dos pais em relação aos filhos; pode haver deferimento de guarda, mas não subtração do poder familiar de um dos cônjuges. A separação judicial não altera as relações entre pais e filhos senão quanto ao direito, que aos primeiros cabem, de terem em sua companhia os segundos (art.1.632) ou por outra, a própria Lei do Divórcio declara, no art. 27, que o divórcio não modificará os direitos e deveres dos pais em relação aos filhos.

O poder familiar, que os romanos chamavam de "patria potestas", é um direito dos pais sobre os filhos. Pais existem, é verdade, que o consideram apenas um direito, mas se trata de obrigação, determinada pelo Direito Natural, e tutelado pela lei positiva. O filho, não reconhecido pelo pai, fica sob o poder familiar exclusivo da mãe; se a mãe não for conhecida ou for incapaz de exercê-lo dar-se-á tutor ao menor (art.1.633). Se o poder familiar compete aos pais e não há pai, é evidente que deva se concentrar totalmente na mãe. Essa concentração do poder familiar pode ser atribuída também ao pai, se a mãe não o detiver: pode ela ter falecido ou abandonado o filho.

Voltando ao que acaba de ser dito, é bom frisar as disposições no novo Código Civil, estabelecendo a isonomia do poder familiar entre marido e mulher. Muito tempo demorará para que sejam extraídas de nosso direito as tendências machistas herdadas do direito romano e do Código Civil alemão de 1892, que inspirou o nosso de 1916, mesmo porque esse código superado ainda estará em vigor até 10.1.2003, com essas excrescências, embora virtualmente revogadas.

Apeguemo-nos então à Magna Carta, que paira sobre todas as leis, ao expor no art. 226, § 5º:

> "Os deveres referentes à sociedade conjugal são exercidos igualmente pelo homem e pela mulher".

Essa disposição constitucional projetou-se, logo após, no ECA-Estatuto da Criança e do Adolescente (Lei 8.069/90), em outras palavras mas com o mesmo sentido, no art. 21:

> "O pátrio poder será exercido, em igualdade de condições, pelo pai e pela mãe, na forma do que dispuser a legislação civil, assegurado a qualquer deles o direito de, em caso de discordância, recorrer à autoridade judiciária competente para a solução da divergência".

Nenhuma dúvida portanto subsiste de que pai e mãe exercem o poder familiar em igualdade de condições.

Resumindo as considerações sobre os aspectos da aplicação do poder familiar, vemo-nos ante as seguintes situações:

— na constância do casamento: compete o poder familiar a ambos os pais;

— na união estável: vigora o mesmo princípio, ou seja, compete o poder familiar a ambos os conviventes.

— na dissolução do casamento ou da união estável: nenhum deles perde o pátrio poder;

— na ausência ou impossibilidade de um deles: o outro exerce totalmente o poder familiar;

— na família monoparental (caso de mãe solteira): fica o poder familiar com o único progenitor ou ascendente.

O poder familiar independe pois do regime de bens ou de tipo de casamento: casamento civil ou união estável. Embora o poder familiar às vezes decorra do casamento ou da união estável, nem sempre existe casamento, como na família monoparental. Nesses casos, o poder familiar promana da paternidade e da filiação, haja ou não casamento, união estável ou mesmo concubinato.

17.3. Do poder familiar quanto à pessoa dos filhos

O poder familiar consta de relações pessoais e patrimoniais. Examinemos por enquanto as primeiras, o complexo de direitos-deveres dos pais em relação à pessoa dos filhos. Representa o trabalho de criar o filho menor e fazê-lo um homem feliz e realizado, assisti-lo ou representá-lo. Esse amplo trabalho está expresso no art. 1.634, mas implícitas estão em muitas outras atribuições do poder familiar, inclusive as de dar atenção psicológica aos filhos, investigar os passos deles, interpretar seus problemas sentimentais.

O primeiro inciso aponta a missão de dirigir a criação e educação dos filhos. Não se refere este inciso apenas à educação escolar, à instrução, embora possa ela também ser incluída. Há obrigação dos pais em matricular seus filhos na escola, pelo menos para a instrução de primeiro grau. A educação integral implica a sociedade, capacitando-o física, moral e socialmente a também exercer o poder familiar sobre os filhos. Podemos dizer que a instrução forma o profissional, a educação integra o cidadão. A educação visa pois a transformar o menor num homem feliz e útil à coletividade.

O segundo inciso implica terem os pais em companhia e guarda seus filhos. A guarda dos filhos já compreende tê-los em sua companhia, olhar por eles e fixar o domicílio deles. Essa missão cabe aos pais em conjunto, mas, se os pais estiverem separados implicará o fracionamento dela, embora se conserve intacto o poder familiar. Uma das cláusulas da separação é a de consignar a guarda dos filhos menores obrigatoriamente a um dos cônjuges. Não cessa entretanto o poder familiar para o cônjuge separado que não tiver o filho sob sua guarda. Não é muito comum, mas casos há em que se aplica a guarda alternativa, como por exemplo, seis meses com a mãe, seis meses com o pai. Igualmente nesses casos não ocorre variações no poder familiar.

Conceder ou negar aos filhos menores de 18 anos o consentimento para casarem consta do terceiro inciso. Trata-se neste caso de obrigação de assistência pois o pai assiste o filho na prática de um ato jurídico para o qual não tem ele plena capacidade. Ao se casarem, os filhos saem do poder familiar, de forma que ao dar consentimento para o filho casar o pai e a mãe estarão praticamente renunciando àquela prerrogativa. Releve-se que a maioridade é agora atingida aos 18 anos, podendo o filho casar livremente ao atingir essa idade, pois já cessou o poder familiar. Lembramonos ainda que esse consentimento não é genérico, mas específico, vale dizer, para que o filho se case com determinada pessoa.

Outro aspecto, ínsito no inciso IV, é a faculdade de o pai ou a mãe nomear tutor, para o filho menor, por testamento ou documento autêntico, se o outro dos pais não lhe sobreviver, ou o sobrevivo não puder exercer o poder familiar. Desta maneira, um pai viúvo com filhos menores sente-se ameaçado de poder faltar a qualquer momento e quer prever a solução de problemas que surgirão após sua morte. Antes de morrer, por testamento ou mesmo por documento idôneo, o tutor que exercerá a tutela sobre seus filhos após a morte do pai (desde que não haja mãe).

O novo código conservou a expressão "documento autêntico", existente no antigo. Alguns interpretam como sendo documento lavrado com o próprio punho. Ao nosso modo de ver, pode ser qualquer documento idôneo, como um instrumento particular ou escritura pública, desde que não haja dúvida quanto à intenção do progenitor em proteger sua prole. Invocamos para este caso um princípio do direito francês: "s'il y a quelque chose de sacré parmi les hommes, c'est la volonté des mourants" = se houver alguma coisa de sagrado entre os homens, é a vontade dos moribundos.

Outra faculdade inerente ao poder familiar é apontada no inciso V. Compete aos pais a representação dos filhos menores de 16 anos nos atos da vida civil e assisti-los após essa idade até a maioridade, nos atos em que forem partes, suprindo-lhes o consentimento. Fizemos estudo da representação e da assistência, mas é bom explicá-las novamente neste caso específico. O menor de 16 anos é absolutamente incapaz e, por isso, não pode praticar os atos da vida civil a não ser por representação, ou seja, o pai ou a mãe os pratica em nome do filho menor. Sendo maior de 16 anos e menor de 18, o filho é relativamente incapaz e pode praticar certos atos, mas com a assistência do pai, ou seja, com sua autorização. Em resumo, podemos estabelecer o seguinte quadro:

até 16 anos – dá-se a representação;
de 16 a 18 anos – dá-se a assistência;
mais de 18 anos – dá-se a liberdade.

Direito que cabe aos pais é o de reclamar os filhos de quem ilegalmente os detenha. Raramente ocorre a hipótese de aplicação deste inciso, o VI. Se alguém detiver ilegalmente filho de outrem, incorre em crime de seqüestro. Contudo, ocorre comumente o seqüestro de filho menor pelo pai ou pela mãe, ainda que o seqüestrador esteja investido do poder familiar. Neste caso o seqüestro só será praticado pelo cônjuge que não tiver a guarda do menor seqüestrado. Caberá então ao cônjuge-guardião requerer a Busca e Apreensão do menor. Se o casal estiver apenas separado de fato, não está deferida judicialmente a guarda dos filhos menores, podendo qualquer dos cônjuges requerer busca e apreensão, em processo contencioso, a ser decidido pelo juiz.

Finalmente, pelo inciso VII do art. 1.634, devem os pais exigir que os filhos lhes prestem obediência, respeito e os serviços próprios de sua idade e condição. Revela esse dispositivo a autoridade paterna. Está aqui um dos problemas mais sérios, delicados e freqüentes; é o chamado "conflito das gerações". Um pergaminho de 5.000 anos atrás foi encontrado no Egito, em que um faraó pronuncia as seguintes palavras: "os filhos de hoje não são como os de antigamente; os filhos não obedecem mais aos pais". Para o exercício dessa autoridade podem os pais infligir castigo aos filhos, mas de forma moderada, pois o art. 1.638 diz que perderá por ato judicial o poder familiar o pai, ou a mãe, que castigar imoderadamente o filho.

O poder familiar prevê também algumas disposições sobre esse tema, capitulando como crime o abandono de filho menor. Os arts. 244 a 247 compõem um capítulo denominado "Dos crimes contra o pátrio poder". Como é estudado por matéria específica, deternos-emos exclusivamente no aspecto civil.

17.4. Do poder familiar quanto aos bens dos filhos

Tínhamos mencionado que o poder familiar provoca relações de ordem pessoal e patrimonial. Falaremos agora especificamente do exercício do poder familiar quanto aos bens dos filhos menores. Os pais são administradores legais dos filhos que se achem sob seu poder. O menor de idade não tem capacidade jurídica para administrar os bens de sua propriedade. Necessário se torna que alguém os administre em nome do menor, e ninguém melhor do que os pais; enfim quem exerce o poder familiar sobre o menor.

Essa competência sofre algumas restrições. Não podem os pais alienar, hipotecar ou gravar de ônus reais os imóveis dos filhos, nem contrair, em nome deles, obrigações que ultrapassem os limites da simples administração, exceto por necessidade ou evidente utilidade da prole, mediante prévia autorização do juiz. No exercício da administração, os pais poderão alugar os bens e receber aluguéis e outras transações. Se, porém, tiverem de operar uma transação que ameace a propriedade desses bens, só poderão fazê-lo com autorização judicial. Enfim, o pai poderá agir no aumento ou manutenção do patrimônio do filho menor, mas não na diminuição dele.

Sempre que no exercício do poder familiar colidirem os interesses dos pais com os do filho, a requerimento deste ou do Ministério Público, o juiz lhe dará curador especial. Por esta forma, se o pai tiver de fazer um empréstimo para reforma do imóvel do filho, que ocasione ação judicial, se o filho ingressar no processo, haverá colisão com os interesses do pai. Idêntica colisão haverá se o pai alugar a um parente um imóvel do filho.

O usufruto dos bens dos filhos é inerente ao exercício do poder familiar. Se existem obrigações dos pais para com os filhos, a recíproca é verdadeira. Os pais são obrigados a dar moradia aos filhos, mas não seria justo que não pudessem morar na propriedade dos filhos. O dever da administração deve trazer um ônus para o filho, senão os pais seriam como empregados servis, não remunerados. Se os pais recebem o aluguel de imóveis de filhos sob seu poder familiar, podendo retê-los, terá também direito ao usufruto desses imóveis. Afinal, pais e filhos formam uma comunidade.

Há vários tipos de bens que ficarão excluídos do usufruto parental, como os bens doados ao filho com exclusão do usufruto paterno, ou deixados ao filho com um fim certo e determinado. Outros bens há que escapam, não só do usufruto, como da própria administração paterna.

17.5. Da suspensão e extinção do poder familiar

O poder familiar é naturalmente um poder efêmero. Aplica-se ele a filho menor, tendo portanto vigência determinada pela idade do menor. Nunca passa dos 18 anos. Mesmo assim, pode ser antecipado esse prazo, embora nunca prorrogado.

Por exemplo: se morrerem os pais ou o filho, ou então se o filho casar antes de completar 18 anos. O casamento antecipa a maioridade, pois não teria cabimento alguém exercer o poder familiar sobre seu filho e estar submetido ao poder familiar de seus pais. De forma idêntica ocorre com a emancipação; esta antecipa a maioridade; se o pai concede emancipação ao filho, será como se renunciasse ao poder familiar.

Outra causa da extinção do poder familiar é a adoção; houvéramos falado, no estudo da adoção, que o poder familiar se transfere do pai natural para o adotante. Há pois várias formas de extinção do poder familiar.

Com a morte do pai, extingue para ele o poder familiar, mas não para o filho. O poder familiar concentra-se então totalmente na mãe. Igualmente, se falece a mãe, concentra-se no pai. A mãe ou o pai que contrai novas núpcias não perde, quanto aos filhos do leito anterior, os direitos ao poder familiar, exercendo-o sem interferência do novo cônjuge. Igual preceito estabelecido em caso semelhante aplica-se ao pai ou à mãe solteiros que casarem, conforme havíamos levantado no item sobre as características do poder familiar.

Fizemos referências à extinção do poder familiar em vista de circunstâncias naturais, como a morte do pai ou do filho. É possível ainda que haja a suspensão do poder familiar, determinada judicialmente ao pai ou à mãe infratores de seus deveres. Segundo o art. 1.637, perderá por ato judicial o poder familiar se o pai ou a mãe abusar de seus poderes, faltando aos deveres inerentes ou arruinando os bens dos filhos; cabe ao juiz, requerendo algum parente, ou o Ministério Público, adotar as medidas que lhe pareçam reclamadas pela segurança do menor e seus haveres, até suspendendo o poder familiar, quando convenha. Quando foi falado do poder familiar quanto aos bens dos filhos, vimos que os pais administram os bens dos filhos. Possível administração temerária dos pais será motivo da perda do poder familiar.

Suspende-se igualmente o exercício do poder familiar ao pai ou mãe por sentença irrecorrível, em virtude de crime cuja pena exceda a dois anos de prisão. O condenado à prisão sofre tolhimento de sua liberdade e seu poder fica afetado. Além disso, perde ascendência sobre seus filhos e fica inibido ao exigir deles o respeito e castigá-los moderadamente, como uma repreensão, já que o próprio progenitor está sob castigo. A perda do poder familiar opera, destarte, como uma sanção aos faltosos, e a Justiça tutela os interesses do menor, removendo o exercício do poder familiar que lhe seja prejudicial. A condenação criminal deveria ser, salvo melhor juízo, de aplicação mais casuística. Se um pai for preso por período mesmo inferior a dois anos, não poderia exercer o poder familiar na cadeia; deveria ele ficar suspenso automaticamente. Se, mesmo condenado a mais de dois anos, o pai puder cumprir a pena em liberdade, não vemos motivos para que ele perca o poder familiar. Deve ser examinado cada caso concreto. Acabamos de examinar os casos de suspensão do poder familiar, que é previsto no art. 1.637.

A suspensão do poder familiar é também prevista no Estatuto da Criança e do Adolescente (Lei 8.069/90), nos arts. 22 a 24. Caberá não só a suspensão mas até a perda do poder familiar aos pais que faltarem ao sustento, guarda e educação dos filhos, bem como a obrigação de cumprir as determinações judiciais no interesse deles.

Por sua vez, o art.1.638 prevê a possibilidade de perder por ato judicial o poder familiar o pai ou a mãe que praticar infrações mais graves aos deveres inerentes a ele. O primeiro inciso fala em castigar imoderadamente o filho. Submeter filhos a sevícias e maus tratos é fruto, muitas vezes, do alcoolismo e das drogas. Os órgão de comunicação de massa publicam freqüentemente tratamento violento de crianças, como acorrentá-las.

O segundo inciso prevê o abandono do filho pelos progenitores. O sentido de abandono é muito amplo. É o caso do pai que abandona o lar conjugal, deixando a família à míngua, da mãe que larga um filho na rua ou na lata de lixo, mas também que lhe nega apoio moral e psicológico, não se interessa e não acompanha os estudos do filho. Vêem-se em São Paulo muitas crianças na rua pedindo esmola ou até delinqüindo, lançadas a essa vida marginal. Muitas garotas de programa declararam ter sido levadas à prostituição pelos próprios pais. Não são exemplos isolados, mas incidências freqüentes: basta consultar numerosa jurisprudência a respeito do poder familiar.

Praticar atos contrários à moral e aos bons costumes é causa de perda do poder familiar prevista no inciso II do art.1.638. Não existe ainda distinção clara entre moral e bons costumes; alguns juristas preferem a expressão "comportamento anti-social". Ao nosso modo de ver, são os atos condenados e não aceitos por uma sociedade sadia. Digamos esse comportamento de algum assíduo freqüentador de bares e boates, que se embriaga constantemente, que vive em regime de vadiagem e de expedientes excusos. É o pai que se envolve ostensivamente com outras mulheres ou a mãe freqüentada por vários homens. Consumidor de drogas enquadra-se nesse comportamento anti-social: desvia para a satisfação de seu vício os recursos destinados à assistência material à sua família; sob a ação das drogas se torna violento e maltrata sua família.

Não tem perdido o poder familiar mulheres que exerçam a prostituição. Os atos por ela praticados podem ser mantidos distante dos filhos e não os afetando. É pois relevante que o comportamento do pai ou da mãe não afete negativamente a educação do filho.

Outro motivo da perda do poder familiar é incidir, reiteradamente, nas faltas previstas no art. 1.637; este artigo prevê a *suspensão* do poder familiar, mas a incidência reiterada das infrações nele mencionadas será motivo de *perda*. Vamos então enumerar essas faltas causadoras da suspensão, mas que se forem reiteradas poderão causar a perda do poder familiar:

I. Abusar de sua autoridade; II. Faltar aos deveres inerentes aos pais; III. Arruinar os bens dos filhos; IV. Ser condenado por sentença irrecorrível, em virtude de crime cuja pena exceda a dois anos de prisão.

Segundo o art. 23 do ECA, a falta ou a carência de recursos materiais não constitui motivo suficiente para a perda ou suspensão do poder familiar. Ser pobre ou passar dificuldades financeiras não é crime. Além disso, os pais constituem o esteio dos filhos e esse esteio não pode ser retirado deles. Deve-se levar em conta sempre que a suspensão ou a perda do poder familiar destina-se a proteger e beneficiar o filho menor quando a presença dos pais tornar-se inconveniente para ele; não tem o sentido de punição aos pais.

17.6. Do processo de perda e da suspensão do poder familiar

As normas processuais referentes ao processo da perda e da suspensão do poder familiar estão previstas no ECA em um capítulo denominado "Da perda e da suspensão do poder familiar", ocupando os arts. 155 a 163. Aplicam-se subsidiariamente as normas estabelecidas pelo Código de Processo Civil, como seria lógico. A "facultas agendi" é de quem tenha legítimo interesse, normalmente o outro cônjuge. Poderá também ser provocado pelo Ministério Público, como no caso de ser o processo contra ambos os pais, ou então por um parente direto, como o avô.

A petição inicial obedecerá as normas do Código de Processo Civil, devendo entretanto constar a autoridade judiciária a que for dirigida, neste caso o Juiz da Infância e da Juventude. As duas partes deverão ser qualificadas: com nome, estado civil, profissão, residência e documentos de identificação. Fica dispensada a qualificação se o pedido for formulado pelo Ministério Público. Deve ser feita a exposição sumária do fato e do pedido e indicadas as provas a serem produzidas, oferecendo desde logo o rol das testemunhas e documentos.

Se houver motivos ponderáveis, o juiz poderá suspender liminarmente o poder familiar, ou incidentalmente, até o julgamento definitivo da causa. Sendo assim, ficará o menor confiado a pessoa idônea, mediante termo de responsabilidade, "inaudita altera pars".

Para o processo, porém, o progenitor-réu deverá ser citado, tendo 10 dias para contestar a ação, indicando as provas ao serem produzidas e oferecendo desde logo o rol de testemunhas e documentos. Tanto quanto possível, deverá o réu ser citado pessoalmente. Não sendo possível citação pessoal, será citado de acordo com o Código de Processo Civil. Se o processo correr à revelia ser-lhe-á dado defensor dativo. Também poderá lhe ser dado defensor dativo se não tiver ele condições econômicas de constituir advogado.

Segue-se o processo com a fase instrutória, podendo o juiz, "ex officio" ou a pedido das partes ou do Ministério Público, determinar diligências, e ouvir o menor, se for preciso. Deve ser marcada a audiência com a oitiva de testemunhas, com a presença das partes e seus patronos e do Representante do Ministério Público. A decisão judicial poderá ser na própria audiência, de preferência. A sentença que decretar a perda ou a suspensão do poder familiar será averbada à margem do registro do menor.

17.7. Origem romana do "patria potestas"

Repetiremos mais uma vez que o direito tem sua fonte mais remota na antiga Roma. O Direito de Família segue também essa origem, embora tenha criado novos institutos e se afastado do direito romano, mas é difícil interpretar alguma inovação caso não se ativer à influência romana. É o que aconteceu com o poder familiar, oriundo do direito romano, resultando agora no poder familiar. Por incrível que pareça, o poder implacável do pai conserva seu ranço no Código Civil de 1916, só desaparecendo com o novo Código Civil.

Desde antes de Cristo, o pai recebia o nome de "paterfamilias" e o filho de "filiusfamilias". Nosso quase eterno Código Comercial, de 1850, chega a trazer a expressão "filhos-famílias", logo no art.1º § 3º, expressão essa que vigorou em nossa legislação até 11.1.2003, dia em que fica automaticamente revogado o nosso Código Comercial. Já na época de

Cristo faziam-se notar os clamores contra esse arcaico poder adotado pelo direito romano, que passou então a ser mitigado, Em todas as épocas porém a estrutura familiar repousava no poder do pai, de rígida disciplina e nos efeitos jurídicos, quer pessoais quer patrimoniais.

A "patria potestas" não era só o poder do pai sobre seus filhos, mas também sobre os netos. Quanto aos efeitos patrimoniais, só o "paterfamilias" era sujeito de direitos e obrigações, tanto que se um "filiusfamilias" adquirisse um bem, este pertenceria ao pai. Os descendentes não possuíam então plena capacidade jurídica, qualquer que fosse sua idade.

Eram enormes e variados os poderes do pai, mas bastaria citar alguns mais sugestivos. Um deles era o "jus vitae ac necis", dando ao pai o direito de vida e morte sobre seus dependentes; poderia até matá-los se necessário fosse. Pelo "jus vendendi" tinha o pai o direito de vender o filho a outro "paterfamilias" como escravo.

Novo Código Civil

Do Poder Familiar

Seção I

Disposições Gerais

Art. 1.630. Os filhos estão sujeitos ao poder familiar, enquanto menores.

Art. 1.631. Durante o casamento e a união estável, compete o poder familiar aos pais; na falta ou impedimento de um deles, o outro o exercerá com exclusividade.

Parágrafo único. Divergindo os pais quanto ao exercício do poder familiar, é assegurado a qualquer deles recorrer ao juiz para solução do desacordo.

Art. 1.632. A separação judicial, o divórcio e a dissolução da união estável não alteram as relações entre pais e filhos senão quanto ao direito, que aos primeiros cabe, de terem em sua companhia os segundos.

Art. 1.633. O filho, não reconhecido pelo pai, fica sob poder familiar exclusivo da mãe; se a mãe não for conhecida ou capaz de exercê-lo, dar-se-á tutor ao menor.

Seção II
Do Exercício do Poder Familiar

Art. 1.634. Compete aos pais, quanto à pessoa dos filhos menores:

I – dirigir-lhes a criação e educação;

II – tê-los em sua companhia e guarda;

III – conceder-lhes ou negar-lhes consentimento para casarem;

IV – nomear-lhes tutor por testamento ou documento autêntico, se o outro dos pais não lhe sobreviver, ou o sobrevivo não puder exercer o poder familiar;

V – representá-los, até aos dezesseis anos, nos atos da vida civil, e assisti-los, após essa idade, nos atos em que forem partes, suprindo-lhes o consentimento;

VI – reclamá-los de quem ilegalmente os detenha;

VII – exigir que lhes prestem obediência, respeito e os serviços próprios de sua idade e condição.

Seção III
Da Suspensão e Extinção do Poder Familiar

Art. 1.635. Extingue-se o poder familiar:

I – pela morte dos pais ou do filho;

II – pela emancipação, nos termos do art. 5.º, parágrafo único;

III – pela maioridade;

IV – pela adoção;

V – por decisão judicial, na forma do art. 1.638.

Art. 1.636. O pai ou a mãe que contrai novas núpcias, ou estabelece união estável, não perde, quanto aos filhos do relacionamento anterior, os direitos ao poder familiar, exercendo-os sem qualquer interferência do novo cônjuge ou companheiro.

Parágrafo único. Igual preceito ao estabelecido neste artigo aplica-se ao pai ou à mãe solteiros que casarem ou estabelecerem união estável.

Art. 1.637. Se o pai, ou a mãe, abusar de sua autoridade, faltando aos deveres a eles inerentes ou arruinando os bens dos filhos, cabe ao juiz, requerendo algum parente, ou o Ministério Público, adotar a medida que lhe pareça reclamada pela segurança do menor e seus haveres, até suspendendo o poder familiar, quando convenha.

Parágrafo único. Suspende-se igualmente o exercício do poder familiar ao pai ou à mãe condenados por sentença irrecorrível, em virtude de crime cuja pena exceda a dois anos de prisão.

Art. 1.638. Perderá por ato judicial o poder familiar o pai ou a mãe que:

I – castigar imoderadamente o filho;

II – deixar o filho em abandono;

III – praticar atos contrários à moral e aos bons costumes;

IV – incidir, reiteradamente, nas faltas previstas no artigo antecedente.

TÍTULO II

Do Direito Patrimonial

SUBTÍTULO I

Do Regime de Bens entre os Cônjuges

CAPÍTULO XVIII

Disposições Gerais

Art. 1.639. É lícito aos nubentes, antes de celebrado o casamento, estipular, quanto aos seus bens, o que lhes aprouver.

§ 1.º O regime de bens entre os cônjuges começa a vigorar desde a data do casamento.

§ 2.º É admissível alteração do regime de bens, mediante autorização judicial em pedido motivado de ambos os cônjuges, apurada a procedência das razões invocadas e ressalvados os direitos de terceiros.

Art. 1.640. Não havendo convenção, ou sendo ela nula ou ineficaz, vigorará, quanto aos bens entre os cônjuges, o regime da comunhão parcial.

Parágrafo único. Poderão os nubentes, no processo de habilitação, optar por qualquer dos regimes que este Código regula. Quanto à forma, reduzir-se-á a termo a opção pela comunhão parcial, fazendo-se o pacto antenupcial por escritura pública, nas demais escolhas.

Art. 1.641. É obrigatório o regime da separação de bens no casamento:

I – das pessoas que o contraírem com inobservância das causas suspensivas da celebração do casamento;

II – da pessoa maior de sessenta anos;

III – de todos os que dependerem, para casar, de suprimento judicial.

Art. 1.642. Qualquer que seja o regime de bens, tanto o marido quanto a mulher podem livremente:

I – praticar todos os atos de disposição e de administração necessários ao desempenho de sua profissão, com as limitações estabelecidas no inciso I do art. 1.647;

II – administrar os bens próprios;

III – desobrigar ou reivindicar os imóveis que tenham sido gravados ou alienados sem o seu consentimento ou sem suprimento judicial;

IV – demandar a rescisão dos contratos de fiança e doação, ou a invalidação do aval, realizados pelo outro cônjuge com infração do disposto nos incisos III e IV do art. 1.647;

V – reivindicar os bens comuns, móveis ou imóveis, doados ou transferidos pelo outro cônjuge ao concubino, desde que provado que os bens não foram adquiridos pelo esforço comum destes, se o casal estiver separado de fato por mais de cinco anos;

VI – praticar todos os atos que não lhes forem vedados expressamente.

Art. 1.643. Podem os cônjuges, independentemente de autorização um do outro:

I – comprar, ainda a crédito, as coisas necessárias à economia doméstica;

II – obter, por empréstimo, as quantias que a aquisição dessas coisas possa exigir.

Art. 1.644. As dívidas contraídas para os fins do artigo antecedente obrigam solidariamente ambos os cônjuges.

Art. 1.645. As ações fundadas nos incisos III, IV e V do art. 1.642 competem ao cônjuge prejudicado e a seus herdeiros.

Art. 1.646. No caso dos incisos III e IV do art. 1.642, o terceiro, prejudicado com a sentença favorável ao autor, terá direito regressivo contra o cônjuge, que realizou o negócio jurídico, ou seus herdeiros.

Art. 1.647. Ressalvado o disposto no art. 1.648, nenhum dos cônjuges pode, sem autorização do outro, exceto no regime da separação absoluta:

I – alienar ou gravar de ônus real os bens imóveis;

II – pleitear, como autor ou réu, acerca desses bens ou direitos;

III – prestar fiança ou aval;

IV fazer doação, não sendo remuneratória, de bens comuns, ou dos que possam integrar futura meação.

Parágrafo único. São válidas as doações nupciais feitas aos filhos quando casarem ou estabelecerem economia separada.

Art. 1.648. Cabe ao juiz, nos casos do artigo antecedente, suprir a outorga, quando um dos cônjuges a denegue sem motivo justo, ou lhe seja impossível concedê-la.

Art. 1.649. A falta de autorização, não suprida pelo juiz, quando necessária (art. 1.647), tornará anulável o ato praticado, podendo o outro cônjuge pleitear-lhe a anulação, até dois anos depois de terminada a sociedade conjugal.

Parágrafo único. A aprovação torna válido o ato, desde que feita por instrumento público, ou particular, autenticado.

Art. 1.650. A decretação de invalidade dos atos praticados sem outorga, sem consentimento, ou sem suprimento do juiz, só poderá ser demandada pelo cônjuge a quem cabia concedê-la, ou por seus herdeiros.

Art. 1.651. Quando um dos cônjuges não puder exercer a administração dos bens que lhe incumbe, segundo o regime de bens, caberá ao outro:

I – gerir os bens comuns e os do consorte;

II – alienar os bens móveis comuns;

III – alienar os imóveis comuns e os móveis ou imóveis do consorte, mediante autorização judicial.

Art. 1.652. O cônjuge, que estiver na posse dos bens particulares do outro, será para com este e seus herdeiros responsável:

I – como usufrutuário, se o rendimento for comum;

II – como procurador, se tiver mandato expresso ou tácito para os administrar;

III – como depositário, se não for usufrutuário, nem administrador.

18. DO REGIME DE BENS ENTRE OS CÔNJUGES

18.l. Relacionamento patrimonial entre os cônjuges

18.2. Mutabilidade do regime de bens

18.3. Diversidade de regimes

18.1. Relacionamento patrimonial entre os cônjuges

Tínhamos falado que o casamento parece um contrato, mas não é, pois não possui intento econômico. É uma instituição e não contrato, visto que este tem por objeto uma relação jurídica patrimonial. Os efeitos jurídicos do casamento provocam contudo conseqüências patrimoniais e seus reflexos explodem geralmente ao final da sociedade conjugal. O casal luta para aprimorar seu relacionamento, mas também luta para formar um patrimônio que lhe garanta segurança econômica e conforto material, mormente na formação dos filhos. Antes mesmo do casamento, os nubentes estabelecem a forma de relacionamento de cunho patrimonial, por intermédio de um acordo, denominado PACTO ANTENUPCIAL.

A luta por esse patrimônio muitas vezes é fator de agregação entre os membros da família, todos lutando pelo patrimônio comum. Nota-se a preocupação jurídica pelo relacionamento patrimonial no direito de todos os povos, não só na antiga Roma, em que o regime de bens foi legalmente estruturado, mas mesmo nos povos mais primitivos.

Esse sistema não é muito simpático ao regime comunista, que não se conforma com o fato de um cidadão nascer rico e permanecer rico sem trabalhar. O patrimônio de uma pessoa pode se transmitir pelas gerações, às vezes, por séculos, formando uma riqueza sem mérito. Por isso, a Revolução Russa de 1917 aboliu, junto com a propriedade privada, a herança pessoal, que era recolhida ao Estado.

Pouco a pouco foi compreendendo o regime soviético a decadência da luta do cidadão soviético e da união familiar. Em 1926 foi restabelecido o regime de bens no casamento e pouco a pouco foi cedendo a radicalização. Vários juristas soviéticos afirmaram que a eliminação do patrimônio familiar causou vários prejuízos à família, tanto que o Estado chegou até a estimulá-lo.

As dificuldades patrimoniais, por outro lado, influem negativamente na estabilidade familiar, justificando o provérbio um tanto radicalizado de que "casa em que falta pão todo mundo grita e ninguém tem razão". Até mesmo numa empresa sente-se o efeito patrimonial: quando ela enfrenta fase de apertura financeira, explodem problemas humanos, organizacionais e de outras ordens.

O sistema de relações patrimoniais entre os cônjuges é chamado de "regime de bens". É o conjunto de normas e princípios que regem as relações econômicas do casal, na constância do casamento. O regime de bens começa a vigorar desde a data do casamento e termina com a dissolução dele.

É chamado convencional quando for estabelecido de comum acordo entre os cônjuges, ou seja, por uma convenção. É "legal" quando decorre "ex vi legis", isto é, por força da lei; é o caso da viúva que casa antes da partilha dos bens de seu falecido marido, ou de tutor com tutelada.

18.2. Mutabilidade do regime de bens

Uma vez convencionado entre os cônjuges, o regime de bens só pode ser alterado mediante autorização judicial em pedido motivado de ambos os cônjuges, apurada a procedência das razões invocadas e ressalvados os direitos de terceiros. Vigora assim a liberdade das partes nesse aspecto. É lícito aos nubentes, antes de celebrado o casamento, estipular quanto aos seus bens o que lhes aprouver.

A alteração do regime patrimonial do casamento foi introduzida pelo novo Código Civil, já que no Código anterior o regime era irrevogável, o que achamos lógico. Um dos cônjuges pode exercer pressão sobre o outro, impondo sua vontade em prejuízo do outro. Além disso, o regime tem reflexos nas transações econômicas do casal com terceiros, de tal maneira que os compromissos do casal variam de acordo com o regime. Em todo caso, nossa lei, ao mesmo tempo que permite a mutação do regime, impõe várias condições para evitar fraude, só devendo ser concedida "ressalvados os direitos de terceiros". Além disso, deve ser "pedido motivado de ambos os cônjuges, apurada a procedência das razões invocadas".

Acreditamos que tenha havido influência do direito estrangeiro, principalmente do Código Civil italiano (no qual muito se espelhou nosso novo Código), o qual adotou a mutabilidade, embora com restrições, no art.163:

Modifica delle convenzione	Modificação das convenções
Le modifiche delle convenzioni matrimoni ali, anteriori o successivi al matrimonio,non hanno efetto se l'atto publico non è stipula to col consenso di tutti le persone che sono stato parte nelle convenzioni medesime, o del loro eredi.	As modificações das convenções matrimoniais, anteriores ou sucessivas ao matrimônio, não terão efeito se o ato público não for estipulado com o consenso de todas as pessoas que foram partes nas mesmas convenções, ou dos seus herdeiros.

18.3. Diversidade de regimes

O regime normal é o da comunhão parcial; é o que prevalece no silêncio das partes. Se as partes optarem por outro regime, ou seja pelo da comunhão universal ou de separação de bens, deverão submeter-se a ato formal, ou seja, por escritura pública. Não vemos motivos para que as partes escolham formalmente o regime de comunhão parcial, parecendo trabalho perdido. Nada precisarão dizer pois é o regime normal.

Casos há porém em que a liberdade dos cônjuges fica tolhida e a própria lei impõe o regime compulsoriamente. É obrigatório o regime da separação de bens no casamento, sem a comunhão de aqüestos, das pessoas que contraírem com inobservância das causas suspensivas da celebração do matrimônio, ou ainda da pessoa maior de 60 anos, ou de todos que dependerem, para casar, de suprimento judicial (art.1641). Vamos recapitular que nosso direito contempla quatro tipos de regimes:

– comunhão parcial – comunhão universal – separação – participação final nos aqüestos

Destarte, uma pessoa com idade superior a 60 anos está com existência presumidamente mais abreviada do que outra com 30 anos. É teoricamente alvo mais fácil da investida de algum caça-dotes, ficando resguardado dessa posição. Quem depende de suprimento judicial para casar, como o menor de 18 anos, tem normalmente imaginação sonhadora, consciência ainda imatura para se prevenir contra os perigos da ambição alheia. É possível entretanto, que posteriormente, quando o marido de menoridade adquirir maior experiência e maturidade, conhecendo bem mais seu cônjuge, possa mudar o regime.

Os casos de inobservância das causas suspensivas da celebração do matrimônio, já foram examinados, mas vamos relembrá-los. É o caso de uma viúva que casa antes de encerrado o inventário de seu marido; esse casamento fere os interesses do filho da viúva. Assim também acontece com o divorciado que ainda não se fez a partilha dos bens do casal; os filhos do casal poderão se prejudicados.

O novo Direito de Família, emergido do novo Código Civil, dá mais liberalidade aos cônjuges na administração dos bens. Qualquer que seja o regime de bens, tanto o marido, quanto a mulher pode livremente praticar todos os atos de disposição e de administração necessários ao desempenho de sua profissão. Não poderá porém dispor dos bens imóveis sem autorização do outro cônjuge e outras limitações que adiante serão comentadas. Podem ainda administrar os bens próprios, desobrigar ou reivindicar os imóveis que tenham sido gravados ou alienados sem o seu consentimento ou sem suprimento judicial.

Poderá demandar judicialmente a rescisão de atos praticados pelo outro cônjuge, que exijam autorização como prestação de fiança ou aval ou doação que não seja remuneratória, de bens comuns ou dos que possam integrar futura meação. Poderá um cônjuge reivindicar os bens comuns, móveis ou imóveis, doados ou transferidos pelo outro cônjuge ao concubino ou concubina, cabendo-lhe provar que os bens não foram adquiridos pelo esforço comum destes, se o casal não estiver separado de fato por mais de cinco anos.

Essas ações judiciais competem ao cônjuge prejudicado e seus herdeiros. O art.1650 estabelece de forma bem incisiva: "a decretação de invalidade dos atos praticados sem outorga, sem consentimento, ou sem suprimento do juiz, só poderá ser demandada pelo cônjuge a quem cabia concedê-la ou por seus herdeiros".

A liberdade de cada cônjuge fica limitada em vários aspectos, exigindo participação do casal. Nenhum dos cônjuges pode, sem autorização do outro, alienar ou gravar de ônus real os bens imóveis, nem pleitear, como autor ou réu, acerca desses bens ou direitos.

Não pode o cônjuge isolado prestar fiança ou aval, nem fazer doação, não sendo remuneratória, de bens comuns ou dos que possam integrar futura meação.

Cabe ao juiz suprir a outorga, quando um dos cônjuges a denegue sem motivo justo ou lhe seja impossível concedê-la (art.1.648).

Essas disposições são genéricas, aplicando-se aos regimes de bens, mas excetua-se no regime de separação absoluta; nestes os bens pertencem particularmente a cada cônjuge e tem ele pleno exercício de seu direito de propriedade "jus utendi, fruendi et abutendi".

São válidas as doações nupciais feitas aos filhos quando casarem ou estabelecerem economia separada. A propriedade dos bens permanece no seio da família, podendo ser arredados certos requisitos protecionistas. Afinal, o Direito de Família visa à proteção da família e não apenas do casal.

A falta de autorização do outro cônjuge, não suprida pelo juiz, quando necessária, tornará anulável o ato praticado, podendo o outro cônjuge pleitear-lhe a anulação, até dois anos depois de terminada a sociedade conjugal. A aprovação torna válido o ato, desde que feita por instrumento público, ou particular, autenticado (art.1.649).

Nosso Código previu ainda nos arts.1.651 e 1.652 a situação criada quando um dos cônjuges não puder exercer administração bens que lhe incumbe, segundo o regime de bens, a administração caberá ao outro cônjuge, que poderá:

A – gerir os bens comuns do casal e os do consorte;
B – alienar os bens móveis comuns;
C – alienar os bens imóveis comuns e os do consorte, mediante autorização judicial. Os bens móveis do consorte também só poderão ser alienados com autorização judicial.

O cônjuge que estiver na posse dos bens particulares do outro, será para com este e seus herdeiros responsável sob diversos aspectos:

1 – se o rendimento dos bens for comum, fica ele como usufrutário;
2 – se tiver mandato expresso ou tácito para os administrar, ficará ele como um procurador;
3 – se não for de uma das posições acima, isto é, nem usufrutuário, nem administrar, será ele um depositário dos bens.

Vamos fazer ainda breve referência ao fim do regime dotal, que não mais existe em nosso Código. Era predominante na antiga Roma e vigorou no Brasil desde o regime colonial. Foi entretanto abolido pelo novo Código Civil.

Novo Código Penal

TÍTULO II
Do Direito Patrimonial

SUBTÍTULO I
Do Regime de Bens entre os Cônjuges

CAPÍTULO XVIII
Disposições Gerais

Art. 1.639. É lícito aos nubentes, antes de celebrado o casamento, estipular, quanto aos seus bens, o que lhes aprouver.

§ 1.º O regime de bens entre os cônjuges começa a vigorar desde a data do casamento.

§ 2.º É admissível alteração do regime de bens, mediante autorização judicial em pedido motivado de ambos os cônjuges, apurada a procedência das razões invocadas e ressalvados os direitos de terceiros.

Art. 1.640. Não havendo convenção, ou sendo ela nula ou ineficaz, vigorará, quanto aos bens entre os cônjuges, o regime da comunhão parcial.

Parágrafo único. Poderão os nubentes, no processo de habilitação, optar por qualquer dos regimes que este Código regula. Quanto à forma, reduzir-se-á a termo a opção pela comunhão parcial, fazendo-se o pacto antenupcial por escritura pública, nas demais escolhas.

Art. 1.641. É obrigatório o regime da separação de bens no casamento:

I – das pessoas que o contraírem com inobservância das causas suspensivas da celebração do casamento;

II – da pessoa maior de sessenta anos;

III – de todos os que dependerem, para casar, de suprimento judicial.

Art. 1.642. Qualquer que seja o regime de bens, tanto o marido quanto a mulher podem livremente:

I – praticar todos os atos de disposição e de administração necessários ao desempenho de sua profissão, com as limitações estabelecida no inciso I do art. 1.647;

II – administrar os bens próprios;

III – desobrigar ou reivindicar os imóveis que tenham sido gravados ou alienados sem o seu consentimento ou sem suprimento judicial;

IV – demandar a rescisão dos contratos de fiança e doação, ou a invalidação do aval, realizados pelo outro cônjuge com infração do disposto nos incisos III e IV do art. 1.647;

V – reivindicar os bens comuns, móveis ou imóveis, doados ou transferidos pelo outro cônjuge ao concubino, desde que provado que os bens não foram adquiridos pelo esforço comum destes, se o casal estiver separado de fato por mais de cinco anos;

VI – praticar todos os atos que não lhes forem vedados expressamente.

Art. 1.643. Podem os cônjuges, independentemente de autorização um do outro:

I – comprar, ainda a crédito, as coisas necessárias à economia doméstica;

II – obter, por empréstimo, as quantias que a aquisição dessas coisas possa exigir.

Art. 1.644. As dívidas contraídas para os fins do artigo antecedente obrigam solidariamente ambos os cônjuges.

Art. 1.645. As ações fundadas nos incisos III, IV e V do art. 1.642 competem ao cônjuge prejudicado e a seus herdeiros.

Art. 1.646. No caso dos incisos III e IV do art. 1.642, o terceiro, prejudicado com a sentença favorável ao autor, terá direito regressivo contra o cônjuge, que realizou o negócio jurídico, ou seus herdeiros.

Art. 1.647. Ressalvado o disposto no art. 1.648, nenhum dos cônjuges pode, sem autorização do outro, exceto no regime da separação absoluta:

I – alienar ou gravar de ônus real os bens imóveis;

II – pleitear, como autor ou réu, acerca desses bens ou direitos;

III – prestar fiança ou aval;

IV – fazer doação, não sendo remuneratória, de bens comuns, ou dos que possam integrar futura meação.

Parágrafo único. São válidas as doações nupciais feitas aos filhos quando casarem ou estabelecerem economia separada.

Art. 1.648. Cabe ao juiz, nos casos do artigo antecedente, suprir a outorga, quando um dos cônjuges a denegue sem motivo justo, ou lhe seja impossível concedê-la.

Art. 1.649. A falta de autorização, não suprida pelo juiz, quando necessária (art. 1.647), tornará anulável o ato praticado, podendo o outro cônjuge pleitear-lhe a anulação, até dois anos depois de terminada a sociedade conjugal.

Parágrafo único. A aprovação torna válido o ato, desde que feita por instrumento público, ou particular, autenticado.

Art. 1.650. A decretação de invalidade dos atos praticados sem outorga, sem consentimento, ou sem suprimento do juiz, só poderá ser demandada pelo cônjuge a quem cabia concedê-la, ou por seus herdeiros.

Art. 1.651. Quando um dos cônjuges não puder exercer a administração dos bens que lhe incumbe, segundo o regime de bens, caberá ao outro:

I gerir os bens comuns e os do consorte;

II – alienar os bens móveis comuns;

III – alienar os imóveis comuns e os móveis ou imóveis do consorte, mediante autorização judicial.

Art. 1.652. O cônjuge, que estiver na posse dos bens particulares do outro, será para com este e seus herdeiros responsável:

I – como usufrutuário, se o rendimento for comum;

II – como procurador, se tiver mandato expresso ou tácito para os administrar;

III – como depositário, se não for usufrutuário, nem administrador.

19. DO PACTO ANTENUPCIAL

19. Do Pacto Antinupcial

O pacto antenupcial, quer dizer, a convenção que estabelece qual o regime de bens que vigorará na constância do casamento, é um ato formal, solene, como o próprio casamento. Deve ser estabelecido por escritura pública, o que é natural, pois o pacto antenupcial cuida normalmente de bens sujeitos a registro, como os imóveis. É nulo o pacto antenupcial se não for feito por escritura pública, e ineficaz se não lhe seguir o casamento (art.1.653). Fica ele subordinado a condição suspensiva.

A eficácia do pacto antenupcial, realizado por menor, fica condicionada à aprovação de seu representante legal, salvo as hipóteses de regime obrigatório de separação de bens (art.1.654). Se o menor necessitar da aprovação para casar, é natural que também a precise para o pacto.

É nula a convenção ou a cláusula que contravenha disposição absoluta da lei (art.1.655). O pacto antenupcial é um ato formal, ou seja, submisso a formalidades estabelecidas em lei; da mesma forma, suas cláusulas devem ser redigidas de acordo com a lei. Aliás, não só o pacto antenupcial deve amoldar-se à lei, mas toda convenção entre partes privadas, donde o velho aforismo romano: Jus publicum privatorum pactis derrogare non potest (pacto entre pessoas privadas não pode derrogar lei de ordem pública).

O pacto antenupcial deverá ser registrado na circunscrição imobiliária, exigência feita pela Lei dos Registros Públicos (Lei 6.015/73), no art.167. Outrossim, segundo art.1.657 do Código Civil, as convenções antenupciais não terão efeito perante terceiros senão depois de transcritas, em livro especial, pelo Oficial do Registro de Imóveis do domicílio dos cônjuges.

Problema muito discutido desde o antigo código e que o novo tentou esclarecer, mas mesmo assim levanta dúvidas é a respeito dos aqüestos. Os aqüestos são os bens adquiridos pelo casal após o casamento. Digamos então que um casal não adota o regime da comunhão, podendo o regime ser de separação ou comunhão parcial: os bens que eles possuem quando se casaram pertencem a cada um, em separado. Todavia, os bens que eles adquirirem na constância do casamento, isto é, os aqüestos, devem constituir um patrimônio comum, qualquer que seja o regime. No pacto antenupcial, que adotar o regime de participação final nos aqüestos, poder-se-á convencionar a livre disposição dos bens imóveis, desde que particulares (art.1.656). Sendo a situação bastante discutível, será de bom alvitre estabelecer cláusula especial sobre os aqüestos. Poder-se-á convencionar também a liberdade das partes em alienar os imóveis.

Novo Código Civil

Do Pacto Antenupcial

Art. 1.653. É nulo o pacto antenupcial se não for feito por escritura pública, e ineficaz se não lhe seguir o casamento.

Art. 1.654. A eficácia do pacto antenupcial, realizado por menor, fica condicionada à aprovação de seu representante legal, salvo as hipóteses de regime obrigatório de separação de bens.

Art. 1.655. É nula a convenção ou cláusula dela que contravenha disposição absoluta de lei.

Art. 1.656. No pacto antenupcial, que adotar o regime de participação final nos aqüestos, poder-se-á convencionar a livre disposição dos bens imóveis, desde que particulares.

Art. 1.657. As convenções antenupciais não terão efeito perante terceiros senão depois de registradas, em livro especial, pelo oficial do Registro de Imóveis do domicílio dos cônjuges.

20. DO REGIME DE COMUNHÃO PARCIAL

20. Do Regime de Comunhão Parcial

Este regime é de uma comunhão mitigada, pois os bens que os cônjuges possuírem individualmente antes do casamento não passam a constituir patrimônio comum do casal. Por outro lado, constituem patrimônio comum, ou seja, em comunhão, os bens adquiridos durante o casamento. É assim um misto de dois regimes: comunhão e separação. Predomina o regime de separação quanto aos bens pertencentes a cada cônjuge antes do casamento e o de comunhão quanto aos bens adquiridos após o casamento.

Embora nosso Código denomine esse regime de "comunhão parcial", tem o mesmo sentido de "separação parcial". O direito francês chama-o de "comunhão de aqüestos" (communion d'acquêts), considerando aqüestos os bens adquiridos pelo casal a título oneroso na constância do casamento. Em nossos dias é o regime comum, ou seja, desde que não haja pacto antenupcial, vigora legalmente o da comunhão parcial. É portanto regime legal, independente do pacto antenupcial.

Para ficar mais definido o patrimônio que será comum ao casal e o que não será, preferiu a lei deixar claro quais os bens que se incluem na comunhão e os que se excluem. No regime de comunhão parcial, comunicam-se os seguintes bens que sobrevierem ao casal, na constância do matrimônio:

1º. Os bens adquiridos na constância do casamento por título oneroso, ainda que só em nome de um dos cônjuges. Por exemplo: o marido compra um imóvel ou automóvel, que ficam em nome dele; farão parte porém do patrimônio do casal. São aqüestos. Assim também considera o art. 177 do Código Civil italiano. Presumem-se adquiridos na constância do casamento os bens móveis, quando não se provar que o foram em data anterior.

2º. Incluem-se também na comunhão os bens recebidos não a título oneroso, mas por fato eventual como na loteria e os adquiridos por doação, herança ou legado, em favor de ambos os cônjuges. É o caso de prêmio de loteria.

3º. Os bens adquiridos por doação, herança ou legado, em favor de ambos os cônjuges. Vamos ressaltar que esses bens não entram na comunhão se forem atribuídos a um dos cônjuges, mas, como fala a lei, em favor de ambos os cônjuges.

4º. As benfeitorias em bens particulares de cada cônjuge. Julgamos ser pouco prática essa disposição pois a benfeitoria adere ao bem. Por exemplo: numa casa pertencente ao marido, o casal muda o telhado, colocando um novo; se houver separação, a casa é do marido, mas o telhado é bem comum. Teria a mulher o direito de levar a metade do telhado?

5º. Os frutos dos bens comuns, ou dos particulares de cada cônjuge, percebidos na constância do casamento, ou pendentes ao tempo de cessar a comunhão. Assim por exemplo, o aluguel de imóvel do marido, entra para a comunhão, mesmo porque foi ganho na constância do casamento. Ações de uma companhia pertencem à esposa, mas os dividendos que elas renderem na constância do casamento são aqüestos.

Ao revés, há bens que se excluem da comunhão nesse regime e a lei procura precisar quais sejam para não se levantarem dúvidas. Excluem-se da comunhão os bens que cada cônjuge possuir ao casar, e os que lhe sobrevierem, na constância do matrimônio, por doação ou sucessão, e os sub-rogados em seu lugar. Este é o princípio fundamental: não entram no patrimônio do casal os bens que eles tinham antes do casamento.

São incomunicáveis os bens cuja aquisição tiver por título uma causa anterior ao casamento. Citemos como exemplo a hipótese de uma mulher solteira, cujo pai faleceu, deixando-lhe um imóvel de herança. Abriu-se o inventário e o processo está em andamento, quando ela vem a casar. Após o casamento sai a partilha e torna-se ela dona do imóvel. Este imóvel não entra na comunhão, pois embora a mulher o tenha adquirido na constância do casamento, o direito surgiu anteriormente.

Há outra hipótese de exclusão; entre elas a dos bens adquiridos com valores exclusivamente pertencentes a um dos cônjuges em sub-rogação dos bens particulares. Por exemplo: o noivo tinha um terreno antes de casar; após o casamento ele troca esse terreno por outro; esse novo terreno foi adquirido na constância do matrimônio, mas em sub-rogação de um bem particular do marido. Foi um bem que substituiu outro, ou então, o marido adquiriu um bem, pagando com valores dele próprio.

Ainda se excluem da comunhão os proventos do trabalho pessoal de cada cônjuge, as pensões, meios-soldos, montepio e outras rendas semelhantes. Nesse aspecto, não nos é simpática essa disposição. Vamos examinar a realidade prática da vida de um casal:

1º. Os dois trabalham para a manutenção do lar, ganhando cada um seu salário, um deles a aposentadoria ou algum outro rendimento. Ao nosso modo de ver, o rendimento de ambos constitui patrimônio comum. Se cada um considerar o salário como bem particular, ambos poderiam suspender a manutenção do lar.

2º. Só um trabalha e ganha; se o dinheiro for um bem particular, tudo que ele comprar seria dele e não do casal. Poderia ele negar dinheiro ao outro cônjuge. Realçaria no seio familiar o egoísmo, a desagregação e provocaria discussões e divergências.

Também são indicados como incomunicáveis os bens de uso pessoal, os livros e instrumentos de profissão. Achamos muito lógica essa questão, por serem esses bens de interesse de cada cônjuge. Digamos que um médico e uma advogada desfazem o casamento e tenham que dividir o patrimônio. Se esses bens fossem comuns, a mulher-advogada deveria ficar com a metade dos aparelhos cirúrgicos do marido-médico e este ficaria com a metade dos processos da mulher-advogada. Como ficariam as escovas de dentes, o creme de barbear e objetos semelhantes? Poderia o marido reclamar a metade de um pacote de absorventes higiênicos da mulher?

Há outra questão a ser esclarecida: não entram para o patrimônio comum do casal as obrigações provenientes de atos ilícitos, salvo reversão em proveito do casal. Vamos analisar melhor o problema. Entende-se como patrimônio:

"Um conjunto de bens, de direitos e obrigações, economicamente apreciáveis, pertinentes a uma pessoa, formando uma universalidade".

Portanto, incluem-se no patrimônio os débitos. Se uma empresa levanta o balanço patrimonial, retrata o montante dos bens e direitos (ativo) e o de obrigações (passivo). Ao formar-se o patrimônio conjugal pelo casamento, cada cônjuge conserva seus bens e direitos particulares, mas também conserva para si suas dívidas. A administração e a disposição dos bens constitutivos do patrimônio particular competem ao cônjuge proprietário, salvo convenção diversa em pacto antenupcial. Assim sendo, cada cônjuge mantém o patrimônio que já possuía antes do casamento, patrimônio esse formado do ativo e do passivo. As dívidas contraídas por qualquer dos

205

cônjuges na administração de seus bens particulares e em benefício destes, não obrigam os bens comuns.

Falemos agora sobre a administração do patrimônio comum do casal; compete a qualquer dos cônjuges. Antes era o marido mas no novo Código Civil são os dois. As dívidas contraídas no exercício da administração obrigam os bens comuns e particulares do cônjuge que os administra, e aos do outro em razão do proveito que houver auferido. Os bens da comunhão respondem pelas obrigações contraídas pelo marido ou pela mulher para atender aos encargos da família, às despesas de administração e às decorrentes de imposição legal. Sendo assim, todo compromisso assumido, ou pelo marido ou pela mulher, obriga o casal e o patrimônio comum responde pelo compromisso. Em caso de execução, nenhum dos cônjuges poderá reservar sua meação.

A anuência de ambos os cônjuges é necessária para os atos, a título gratuito, que impliquem cessão de uso ou gozo dos bens comuns. Se o patrimônio é comum, cabe a ambos sua defesa, razão pela qual não poderá um só dos cônjuges manipulá-los, como por exemplo, emprestá-los gratuitamente.

Em caso de malversação dos bens, o juiz poderá atribuir a administração a apenas um dos cônjuges. Se um deles revelar falta de exação ao administrar o patrimônio comum, o outro cônjuge poderá requerer judicialmente a reserva da administração dos bens ao requerente.

Novo Código Civil

Do Regime de Comunhão Parcial

Art. 1.658. No regime de comunhão parcial, comunicam-se os bens que sobrevierem ao casal, na constância do casamento, com as exceções dos artigos seguintes.

Art. 1.659. Excluem-se da comunhão:

I – os bens que cada cônjuge possuir ao casar, e os que lhe sobrevierem, na constância do casamento, por doação ou sucessão, e os sub-rogados em seu lugar;

II – os bens adquiridos com valores exclusivamente pertencentes a um dos cônjuges em sub-rogação dos bens particulares;

III – as obrigações anteriores ao casamento;

IV – as obrigações provenientes de atos ilícitos, salvo reversão em proveito do casal;

V – os bens de uso pessoal, os livros e instrumentos de profissão;

VI – os proventos do trabalho pessoal de cada cônjuge;

VII – as pensões, meios-soldos, montepios e outras rendas semelhantes.

Art. 1.660. Entram na comunhão:

I – os bens adquiridos na constância do casamento por título oneroso, ainda que só em nome de um dos cônjuges;

II – os bens adquiridos por fato eventual, com ou sem o concurso de trabalho ou despesa anterior;

III – os bens adquiridos por doação, herança ou legado, em favor de ambos os cônjuges;

IV – as benfeitorias em bens particulares de cada cônjuge;

V – os frutos dos bens comuns, ou dos particulares de cada cônjuge, percebidos na constância do casamento, ou pendentes ao tempo de cessar a comunhão.

Art. 1.661. São incomunicáveis os bens cuja aquisição tiver por título uma causa anterior ao casamento.

Art. 1.662. No regime da comunhão parcial, presumem-se adquiridos na constância do casamento os bens móveis, quando não se provar que o foram em data anterior.

Art. 1.663. A administração do patrimônio comum compete a qualquer dos cônjuges.

§ 1.º As dívidas contraídas no exercício da administração obrigam os bens comuns e particulares do cônjuge que os administra, e os do outro na razão do proveito que houver auferido.

§ 2.º A anuência de ambos os cônjuges é necessária para os atos, a título gratuito, que impliquem cessão do uso ou gozo dos bens comuns.

§ 3.º Em caso de malversação dos bens, o juiz poderá atribuir a administração a apenas um dos cônjuges.

Art. 1.664. Os bens da comunhão respondem pelas obrigações contraídas pelo marido ou pela mulher para atender aos encargos da família, às despesas de administração e às decorrentes de imposição legal.

Art. 1.665. A administração e a disposição dos bens constitutivos do patrimônio particular competem ao cônjuge proprietário, salvo convenção diversa em pacto antenupcial.

Art. 1.666. As dívidas, contraídas por qualquer dos cônjuges na administração de seus bens particulares e em benefício destes, não obrigam os bens comuns.

21. DO REGIME DE COMUNHÃO UNIVERSAL

21. Do Regime de Comunhão Universal

O regime de comunhão universal importa a comunicação de todos os bens presentes e futuros dos cônjuges e suas dívidas passivas (art.1.667). Há pois um patrimônio comum do casal, formado por todos os direitos e obrigações: móveis e imóveis, títulos, ações e direitos, bem como as responsabilidades de natureza patrimonial. Todos os bens que ambos os nubentes possuíam antes de casar passam a formar o acervo conjugal; os que forem adquiridos na constância do casamento também. Comunicam-se portanto os bens presentes e futuros.

Era o regime normal antes da Lei do Divórcio, sendo os outros regimes excepcionais e dependentes de pacto antenupcial. Predominava na época em que o casamento era realizado para durar até que a morte separasse os cônjuges. Abalada a estabilidade do casamento, abalou-se o regime mais compatível com ele. Com o advento da Lei do Divórcio e da instabilidade do casamento, houve a predominância do regime de comunhão parcial. Na constância da sociedade conjugal, a propriedade e a posse dos bens é comum.

Há porém muitas exceções, embora sejam elas normalmente de pequeno porte, previstas no art.1.659 e não se comunicam também nos demais regimes. Comentaremos então cada tipo de bens excluídos da comunhão.

A – O s bens doados com a cláusula de incomunicabilidade e os sub-rogados em seu lugar. Trata-se portanto de bens pessoais, particulares que uma pessoa tenha recebido de outrem já com a finalidade de constituírem um patrimônio pessoal. A cláusula de incomunicabilidade tem sido muito criticada, mas tem prevalecido no direito de muitos países. Uma pessoa quer deixar sua herança a alguém mas não quer que saia mais do patrimônio do herdeiro. É a vontade de uma pessoa que um dia morrerá. Os franceses apresentam a máxima que retrata esse espírito: "s'il y a quelque chose de sacré parmi les hommes, c'est la volonté des mourants" (Se houver alguma coisa de sagrado entre os homens é a vontade dos moribundos).

B - Também não se comunicam os bens gravados de fideicomisso e o direito do herdeiro fideicomissário, antes de realizada a condição suspensiva. O fideicomisso é tratado no Direito das Sucessões, mas adiantaremos que se referem a bens deixados em testamento a uma pessoa, para que esta os transfira a outrem.

C – Não se incorporam no patrimônio comum do casal as dívidas anteriores ao casamento, salvo se provierem de despesas com seus aprestos, ou reverterem em proveito comum. Já fora lembrado que dívidas também integram o patrimônio e, nesse caso, as dívidas que possuía um nubente não se inclui no patrimônio do casal. Excetuam-se as dívidas feitas para o casamento ou aquisição de bens que integrarão o patrimônio do casal.

D – Ficam fora também as doações antenupciais feitas por um dos cônjuges ao outro com a cláusula de incomunicabilidade. Por exemplo, o noivo dá um automóvel à noiva, estabelecendo na doação a incomunicabilidade do veículo; neste caso não poderá alienar aquele carro e não fará parte do patrimônio comum. Em caso de separação, esse veículo ficará fora da divisão dos bens.

E – Ainda que se trate de comunhão universal, não se incluem os bens de uso pessoal, como roupas, instrumentos de uso profissional, livros técnicos e outros. Por exemplo, se o marido é advogado e a mulher de prendas domésticas; é natural que os livros jurídicos sejam de uso exclusivo dele, como seria também o aparelho de barba.

F – São pessoais os proventos do trabalho pessoal de cada cônjuge.

Já tivemos oportunidade de nos manifestar em desacordo com essa disposição. Os rendimentos de cada um são aplicados na manutenção do lar e dos filhos o que nos faz formar a impressão de que deveriam integrar o bem comum. No mesmo caso estão outros rendimentos, como pensão, meio-soldo, montepios e outras rendas semelhantes. Pensão é o pagamento feito a uma pessoa para sua manutenção. Há vários tipos de pensões, como a pensão alimentícia que um parente paga a outro para subsistência deste. O INSS faz pagamento de pensão aos aposentados. São pagamentos pessoais e por isso não integram a comunhão. Meio-soldo é pagamento as militares reformados. O montepio é um tipo de seguro, em que uma pessoa faz pagamentos para formar um pecúlio para suprir suas necessidades no futuro.

A incomunicabilidade dos bens retromencionados não se estende aos frutos, quando se percebam ou vençam durante o casamento (art.1.669). Assim, um imóvel incomunicável, se for alugado, o valor do aluguel entra na formação do patrimônio comum.

Extinta a comunhão, e efetuada a divisão do ativo e do passivo, cessará a responsabilidade de cada um dos cônjuges para com os credores do outro. Ao extinguir-se a comunhão universal, o patrimônio é partilhado em partes iguais entre os dois membros do casal. Doravante cada um responde por suas dívidas perante terceiros.

A administração dos bens do patrimônio comum no regime de comunhão universal exercida nos mesmos moldes do regime de comunhão parcial, previsto nos arts.1.663 a 1.666.

Novo Código Civil

Do Regime de Comunhão Universal

Art. 1.667. O regime de comunhão universal importa a comunicação de todos os bens presentes e futuros dos cônjuges e suas dívidas passivas, com as exceções do artigo seguinte.

Art. 1.668. São excluídos da comunhão:

I - os bens doados ou herdados com a cláusula de incomunicabilidade e os sub-rogados em seu lugar;

II – os bens gravados de fideicomisso e o direito do herdeiro fideicomissário, antes de realizada a condição suspensiva;

III – as dívidas anteriores ao casamento, salvo se provierem de despesas com seus aprestos, ou reverterem em proveito comum;

IV – as doações antenupciais feitas por um dos cônjuges ao outro com a cláusula de incomunicabilidade;

V – Os bens referidos nos incisos V a VII do art. 1.659.

Art. 1.669. A incomunicabilidade dos bens enumerados no artigo antecedente não se estende aos frutos, quando se percebam ou vençam durante o casamento.

Art. 1.670. Aplica-se ao regime da comunhão universal o disposto no Capítulo antecedente, quanto à administração dos bens.

Art. 1.671. Extinta a comunhão, e efetuada a divisão do ativo e do passivo, cessará a responsabilidade de cada um dos cônjuges para com os credores do outro.

22. DO REGIME DE PARTICIPAÇÃO FINAL NOS AQÜESTOS

22. Do Regime de participação final nos aqüestos

Eis aqui um novo regime de bens, criado pelo novo Código Civil, promulgado pela Lei 10.406, de 10.1.2002, já que não foi previsto no antigo Código. Sua eficácia será apurada ao ser aplicado doravante, por tratar-se de experiência nova. Vamos considerar os aqüestos como os bens adquiridos por um casal após o casamento. Assim sendo, o patrimônio conjugal é formado de bens de diversas origens:

– bens particulares que o marido tinha antes de casar;
– bens particulares que a mulher tinha antes de casar;
– bens adquiridos na constância do casamento.

No regime de participação final dos aqüestos, cada cônjuge possui patrimônio próprio e lhe cabe à época da dissolução da sociedade conjugal direito à metade dos bens adquiridos pelo casal, a título oneroso, na constância do casamento (art.1.672). Esse regime assemelha-se muito ao da comunhão parcial, mas neste, fica amplamente regulamentada a destinação dos aqüestos. Não se referindo aos aqüestos, parece haver o regime de separação de bens: cada cônjuge possui o seu patrimônio.

Integram o patrimônio os bens que cada cônjuge possuía ao casar e os por ele adquiridos, a qualquer título, na constância do casamento. A administração desses bens é exclusiva de cada cônjuge, que os poderá livremente alienar, se forem móveis (art.1673). O patrimônio será portanto assim constituído:

patrimônio do marido

a. os bens que ele possuía antes do casamento – b. os bens que ele adquiriu em seu nome na constância do casamento (aqüestos).

Essas duas classes de bens são administradas por ele no que toca aos bens móveis, não aos imóveis.

patrimônio da mulher

a. os bens que ela possuía antes de casar – b. os bens que tiver ela adquirido em seu nome na constância do casamento.

Essas duas classes de bens são administradas por ela no que toca aos bens móveis, não aos imóveis.

O que vai caracterizar o regime de participação final nos aqüestos é porém a destinação do patrimônio de cada cônjuge, no caso de dissolver-se a sociedade conjugal. Sobrevindo a dissolução, apurar-se-á o montante dos aqüestos, excluindo-se da soma dos patrimônios próprios:

1– os bens anteriores ao casamento e os que em seu lugar se sub-rogaram;

2 – os que sobrevieram a cada cônjuge, por sucessão ou liberalidade;

3 – as dívidas relativas aos bens.

Há portanto a depuração do patrimônio para se formar um montante dos aqüestos. Nesse montante presumem-se os adquiridos durante o casamento os bens móveis, salvo prova em contrário. Outrossim, incorpora-se esse montante o valor dos bens alienados em detrimento da meação, se não houver preferência do cônjuge lesado, ou de seus herdeiros, de os reivindicar.

Ao determinar-se o montante dos aqüestos, computar-se-á o valor das doações feitas por um dos cônjuges, sem a necessária autorização do outro; nesse caso, o bem poderá ser reivindicado pelo cônjuge prejudicado ou por seus herdeiros, ou declarado no monte partilhável, por valor equivalente ao da época da dissolução (art.1.675). Embora tenha cada cônjuge a administração e a livre disposição de seus bens particulares seus atos de disposição patrimonial sofrerão conseqüências no caso de disso-lução da sociedade conjugal.

Esse regime de bens recebe o nome de "Regime de Participação Final nos Aqüestos", ou seja, os aqüestos são de um, mas no final da sociedade conjugal, o outro cônjuge terá direito à metade desses aqüestos. Procura evitar a lei que um cônjuge use essa liberalidade de manter bens em seu nome e poder deles dispor, para fraudar o outro cônjuge. Nesse princípio, por exemplo, o marido faz doação de um imóvel a terceiro; esse imóvel fora por ele adquirido após o casamento. Pode ele alienar o imóvel pois faz parte de seu patrimônio pessoal: é um aqüesto dele. Não haverá conseqüência alguma se a sociedade conjugal perdurar. Digamos porém que o marido tenha doado esse imóvel e em seguida pede separação judicial: neste caso, a mulher ou os herdeiros poderão exigir o imóvel de volta ou a indenização, fazendo com que o valor do imóvel seja integrado no montante dos aqüestos; incorpora-se ao monte o valor dos bens alienados em detrimento da meação, se não houver preferência do cônjuge lesado, ou de seus herdeiros, de os reivindicar (art.1676).

Parece-nos muito sutil a regulamentação do regime de participação final nos aqüestos e fica patente o zelo da lei em evitar fraudes, mas temos dúvidas quanto à sua eficácia. Vejamos a hipótese que ocorrerá com freqüência: Gaio casa com Cornélia no regime de participação final nos aqüestos; faz ele a doação de um imóvel a Ulpiano, mas Ulpiano transfere esse imóvel a Modestino, este para Paulo e este para Pompônio. Este último adquire o imóvel de boa-fé, pagando o preço dele, constando de escritura perfeita. Posteriormente, Gaio divorcia-se de Cornélia, formando-se o monte de aqüestos. Cornélia reivindica o imóvel doado por Gaio a Ulpiano, mas deverá mover processo contra Gaio, Ulpiano, Modestino, Paulo e Pompônio, o que não será nada simples e calcula-se que esse processo dure dez anos. Poderá Cornélia pedir indenização mas todos dizem que não têm dinheiro nem bens. Infelizmente, nossa Justiça é muito benevolente para com malandros, principalmente com maridos matreiros.

Conforme houvéramos analisado, o patrimônio é constituído também de obrigações. Pelas dívidas posteriores ao casamento, contraídas por um dos cônjuges, somente este responderá, salvo prova de terem revertido, parcial ou totalmente, em benefício do outro. Se cada cônjuge tem seu patrimônio próprio, tem seu conjunto de bens e também as dívidas, pelas quais deverá responder isoladamente.

Excetua-se essa responsabilidade caso a dívida tenha sido contraída em benefício do outro cônjuge. Em nossa opinião, a dívida deveria fazer parte do patrimônio comum se tiver sido contraída em benefício também comum. Por exemplo, o marido foi submetido a delicada intervenção cirúrgica, tendo sido obrigado a contrair dívidas para essa intervenção. Seria ilógico e até desumano, ou falta de "affectio conjugalis", se o casal não respondesse por essa dívida que talvez tenha proporcionado até a sobrevivência do casal.

Se um dos cônjuges solveu uma dívida do outro com bens de seu patrimônio, o valor do pagamento deve ser atualizado e imputado, na data da dissolução, à meação do outro cônjuge (art.1.678). Dá a impressão de que houve empréstimo de um cônjuge ao outro para que este pagasse uma dívida; no desfazimento do patrimônio comum, essa dívida deve ser paga. Vamos citar um exemplo: Cícero e Terência são casados no regime de participação final dos aqüestos. Terência adquire um veículo mas não conseguiu pagar o preço; Cícero pagou então o carro de Terência. Depois o casal divorciou ficando Terência com o carro, que estava em nome dela. Neste caso, o valor que Cícero tinha pago para que Terência comprasse

219

o carro, deve ser atribuído a Cícero. O casal tinha ainda um patrimônio comum, fora dos aqüestos, que será dissolvido, cada um recebendo a sua meação. Nesse caso, o crédito de Cícero será descontado do valor da meação de Terência.

No caso de bens adquiridos pelo trabalho conjunto, terá cada um dos cônjuges uma quota igual no condomínio ou no crédito por aquele modo estabelecido (art.1.679). Refere-se essa disposição a um aqüesto que tenha sido adquirido pelos dois cônjuges e, portanto, pertence a ambos. Na divisão dos bens cada um receberá uma quota igual no condomínio; interpretamos essa "quota igual" como 50% para cada um. Ao se falar de um bem, pode ser incluído um crédito, como realça a lei. Digamos que Cícero e Terência tenham uma conta corrente conjunta e solidária no banco; durante anos eles depositaram e retiraram dinheiro da conta, o que nos faz supor que o saldo bancário seja patrimônio comum. Na dissolução do patrimônio comum, cada cônjuge ficará com a metade do saldo.

O direito à propriedade dos bens sofre variação de critérios conforme sejam móveis ou imóveis. As coisas móveis, em face de terceiros, presume-se do domínio do cônjuge devedor, salvo se o bem for de uso pessoal do outro (art.1.680). Exemplifiquemos: Terência adquire uma geladeira a prazo, mas deixa de pagar. O fornecedor exerce execução, penhorando a geladeira, mas Cícero embarga a execução, alegando que a geladeira lhe pertence. Entretanto, a dívida está em nome de Terência e, por isso, presume-se que a proprietária do bem é Terência. Este é o critério adotado quanto a bens móveis.

Quanto a bens imóveis, o critério é outro. Os bens imóveis são de propriedade do cônjuge cujo nome constar no registro. Todo imóvel deve ser registrado na circunscrição imobiliária respectiva. Haverá necessidade de outras provas em outra questão. Impugnada a titularidade, caberá ao cônjuge proprietário provar a aquisição regular dos bens. Assim, o Cícero adquiriu um imóvel em seu nome devidamente registrado, mas na separação, Terência impugna essa aquisição, alegando fraude nesse negócio jurídico. Cícero deverá então provar a legitimidade de seu ato.

O direito à meação não é renunciável, cessível ou penhorável na vigência do regime matrimonial (art.1.682). A meação é um direito de propriedade. O próprio nome sugere a idéia de metade, neste caso, a metade dos bens do acervo conjugal, enquanto a outra metade cabe a outrem. Apesar de ser um direito patrimonial, não é disponível; sua disponibilidade colocaria em maus lençóis a segurança do patrimônio conjugal, uma vez que um cônjuge poderia exercer pressão sobre o outro e modificar a estrutura patrimonial deles.

Na dissolução do regime de bens por separação judicial, verificar-se-á o montante dos aqüestos à data em que aquele for requerido (art. 1.683). Conforme estabelece a lei, a sociedade conjugal termina de quatro maneiras: 1. Morte de um dos cônjuges, 2. Anulação do casamento, 3. Separação judicial, 4. Pelo divórcio. Dissolvendo-se a sociedade conjugal, deve-se também dissolver o patrimônio conjugal. Examinaremos agora a dissolução do regime de bens com participação final nos aqüestos, quando a dissolução operou-se pela separação judicial. No momento em que for requerido o montante dos aqüestos, deverá ele ser levantado e verificado.

Grande dificuldade existe na avaliação e divisão de bens, como por exemplo, uma casa; dividir a propriedade dessa casa entre os dois cônjuges implicará a manutenção de um vínculo entre eles, depois que a sociedade conjugal já tiver sido dissolvida. Se não for possível nem conveniente a divisão de todos os bens em natureza, calcular-se-á o valor de alguns ou de todos para reposição em dinheiro, ao cônjuge não proprietário. Não se podendo realizar a reposição em dinheiro, serão avaliados e, mediante autorização judicial, alienados tantos bens quantos bastarem. Esse embaraço ocorre, pois, como foi dito, a divisão de bens oferece muita dificuldade. Poderá haver várias soluções: uma seria a de se avaliar os bens e dividi-los pelo valor, ficando um dos cônjuges obrigado a pagar a diferença.

Foi falado a respeito da divisão dos bens quando houver dissolução da sociedade conjugal por motivo de separação judicial. Contudo, se for por "causa mortis", verificar-se-á a meação do cônjuge sobrevivente de conformidade com os critérios referentes à separação judicial, mas a meação da parte falecida será deferida aos herdeiros.

As dívidas de um dos cônjuges, quando superiores à sua meação, não obrigam ao outro, ou a seus herdeiros (art. 1.686). A meação já foi apontada como o direito à metade de um patrimônio. No caso a que estávamos nos referindo, há dois meeiros: marido e mulher. Cada um tem direito ao seu patrimônio particular, que é constituído de direitos e obrigações. As dívidas de um meeiro são apenas suas, sem atingir a meação do outro.

Novo Código Civil

Do Regime de Participação Final nos Aqüestos

Art. 1.672. No regime de participação final nos aqüestos, cada cônjuge possui patrimônio próprio, consoante disposto no artigo seguinte, e lhe cabe, à época da dissolução da sociedade conjugal, direito à metade dos bens adquiridos pelo casal, a título oneroso, na constância do casamento.

Art. 1.673. Integram o patrimônio próprio os bens que cada cônjuge possuía ao casar e os por ele adquiridos, a qualquer título, na constância do casamento.

Parágrafo único. A administração desses bens é exclusiva de cada cônjuge, que os poderá livremente alienar, se forem móveis.

Art. 1.674. Sobrevindo a dissolução da sociedade conjugal, apurar-se-á o montante dos aqüestos, excluindo-se da soma dos patrimônios próprios:

I – os bens anteriores ao casamento e os que em seu lugar se sub-rogaram;

II – os que sobrevieram a cada cônjuge por sucessão ou liberalidade;

III – as dívidas relativas a esses bens.

Parágrafo único. Salvo prova em contrário, presumem-se adquiridos durante o casamento os bens móveis.

Art. 1.675. Ao determinar-se o montante dos aqüestos, computar-se-á o valor das doações feitas por um dos cônjuges, sem a necessária autorização do outro; nesse caso, o bem poderá ser reivindicado pelo cônjuge prejudicado ou por seus herdeiros, ou declarado no monte partilhável, por valor equivalente ao da época da dissolução.

Art. 1.676. Incorpora-se ao monte o valor dos bens alienados em detrimento da meação, se não houver preferência do cônjuge lesado, ou de seus herdeiros, de os reivindicar.

Art. 1.677. Pelas dívidas posteriores ao casamento, contraídas por um dos cônjuges, somente este responderá, salvo prova de terem revertido, parcial ou totalmente, em benefício do outro.

Art. 1.678. Se um dos cônjuges solveu uma dívida do outro com bens do seu patrimônio, o valor do pagamento deve ser atualizado e imputado, na data da dissolução, à meação do outro cônjuge.

Art. 1.679. No caso de bens adquiridos pelo trabalho conjunto, terá cada um dos cônjuges uma quota igual no condomínio ou no crédito por aquele modo estabelecido.

Art. 1.680. As coisas móveis, em face de terceiros, presumem-se do domínio do cônjuge devedor, salvo se o bem for de uso pessoal do outro.

Art. 1.681. Os bens imóveis são de propriedade do cônjuge cujo nome constar no registro.

Parágrafo único. Impugnada a titularidade, caberá ao cônjuge proprietário provar a aquisição regular dos bens.

Art. 1.682. O direito à meação não é renunciável, cessível ou penhorável na vigência do regime matrimonial.

Art. 1.683. Na dissolução do regime de bens por separação judicial ou por divórcio, verificar-se-á o montante dos aqüestos à data em que cessou a convivência.

Art. 1.684. Se não for possível nem conveniente a divisão de todos os bens em natureza, calcular-se-á o valor de alguns ou de todos para reposição em dinheiro ao cônjuge não-proprietário.

Parágrafo único. Não se podendo realizar a reposição em dinheiro, serão avaliados e, mediante autorização judicial, alienados tantos bens quantos bastarem.

Art. 1.685. Na dissolução da sociedade conjugal por morte, verificar-se-á a meação do cônjuge sobrevivente de conformidade com os artigos antecedentes, deferindo-se a herança aos herdeiros na forma estabelecida neste Código.

Art. 1.686. As dívidas de um dos cônjuges, quando superiores à sua meação, não obrigam ao outro, ou a seus herdeiros.

23. DO REGIME DE SEPARAÇÃO DE BENS

23.1. Conceito e características
23.2. Espécies de separação

23.1. Conceito e características

É bem desprezado esse regime, tanto que o Código Civil lhe dedica só dois artigos; o antigo Código também. Estipulada a separação de bens, estes permanecerão sob a administração exclusiva de cada um dos cônjuges, que os poderá livremente alienar ou gravar de ônus real (art.1.687). Vê-se que o regime de separação é o oposto do regime de comunhão universal; neste os bens se comunicam, naquele não haverá comunicação alguma.

O que o marido possuía antes de casar continua sendo dele; o que a mulher possuía antes de casar continua sendo dela; não se forma o patrimônio comum. Da mesma forma, se os bens forem adquiridos após o casamento: cada um fica com o que adquirir e poderá deles dispor sem a outorga conjugal. Incluem-se nessa separação os frutos auferidos dos bens de cada um.

O antigo Código dizia que o cônjuge poderia livremente alienar ou gravar de ônus real, "se forem móveis". O novo Código suprimiu essa restrição, o que nos leva a interpretar que o cônjuge poderá alienar qualquer bem, seja móvel ou imóvel, sem outorga do outro.

Não vemos com muita simpatia esse regime e agora essa abertura parece radicalizar a liberalidade. Certo é que se trata do patrimônio particular de cada um dos cônjuges, mas a faculdade plena de cada um dos cônjuges torna inseguro e volúvel o direito dos filhos do casal, e, ainda que não haja filhos, haverá a expectativa deles. Todavia, o que a lei não diz não cabe ao intérprete dizer, e, pelo que diz a lei "cada um dos cônjuges poderá livremente alienar ou gravar de ônus real os bens".

Há separação também das dívidas de cada um e os bens de um respondem só por suas dívidas, já que haverá dois patrimônios separados. É possível até que um se torne credor do outro; a mulher empresta dinheiro ao marido e, se este não pagar a dívida, poderá a mulher executar os bens dele.

Ambos os cônjuges são obrigados a contribuir para as despesas do casal na proporção dos rendimentos de seu trabalho e de seus bens, salvo estipulação em contrário no pacto antenupcial. Como o regime de separação não influi na esfera pecuniária dos cônjuges, cabe então a ambos manterem materialmente o lar, de acordo com sua capacidade financeira. Nesse aspecto, há comunicação dos direitos e deveres do marido e da mulher e regime de mútua participação e colaboração.

23.2. Espécies de separação

O regime de separação pode ser convencional e legal. Podem os noivos adotá-lo por convenção, mas é mais comumente aplicado por imposição da lei.

Já tínhamos feito referências a essa questão ao discorrermos sobre os impedimentos previstos no art. 1.641; a adoção desse regime é imposto por esse artigo. É um tipo de sanção conferida a quem celebrar um matrimônio em situações delicadas ou estranhas. Essa sanção tem o intuito de proteger os interesses de pessoas sem muito poder de barganha, não tendo assim o sentido punitivo.

Embora já tenhamos falado a este respeito, devemos repetir os casos previstos em lei para que o casamento se realize obrigatoriamente no regime de separação. Um deles é o do maior de 60 anos. Vejamos mais algumas hipóteses:

A – o viúvo ou a viúva que tiver filho do cônjuge falecido, enquanto não fizer inventário dos bens do casal e der partilha aos herdeiros;

B – a viúva ou a mulher cujo casamento se desfez por ser nulo ou tiver sido anulado, até 10 meses depois do começo da viuvez, ou da dissolução da sociedade conjugal;

C – o divorciado, enquanto não houver sido homologada ou decidida a partilha dos bens do casal;

D – o tutor ou curador e os seus descendentes, ascendentes, irmãos, cunhados ou sobrinhos, com a pessoa tutelada, enquanto não estiverem saldadas as respectivas contas;

E – os menores de 18 anos, desde que maior de 16, com licença dos pais ou representantes legais.

Novo Código Civil

Do Regime de Separação de Bens

Art. 1.687. Estipulada a separação de bens, estes permanecerão sob a administração exclusiva de cada um dos cônjuges, que os poderá livremente alienar ou gravar de ônus real.

Art. 1.688. Ambos os cônjuges são obrigados a contribuir para as despesas do casal na proporção dos rendimentos de seu trabalho e de seus bens, salvo estipulação em contrário no pacto antenupcial.

24. DO USUFRUTO E DA ADMINISTRAÇÃO DOS BENS DE FILHOS MENORES

24.1. Condições do usufruto
24.2. Administração dos bens
24.3. Representação e assistência
24.4. Anulação de atos
24.5. Exclusão de poderes

24.1. Condições do usufruto

O usufruto é um direito real sobre coisas alheias (jus in re aliena), previsto desde os primórdios do direito romano, e descrito no Direito das Coisas, também chamado de Direitos Reais. É questão hoje tratada em nosso Código Civil, nos arts.1.390 a 1.411.

Pelo usufruto, o usufrutuário pode usar e gozar de coisas alheias, como se sua fosse, exercendo assim alguns dos direitos de propriedade. Tem ele o direito à posse, uso, administração, e percepção dos frutos. Pode ele usufruir pessoalmente uma casa, por exemplo, podendo ainda alugá-la e receber o aluguel. Só não poderá mudar a destinação econômica dessa casa, sem expressa autorização do proprietário. Nem tampouco poderá aliená-la (transferir para outrem).

Cuidamos aqui, porém, de bens pertencentes a filhos submetidos ao poder familiar. Se eles tiverem bens, os pais serão os usufrutuários desses bens.

24.2. Administração dos bens

Cabe aos pais administrar os bens pertencentes ao filho submetido ao seu poder familiar. Poderão residir num desses imóveis, alugar os outros e receber o aluguel deles. É um dos poderes inerentes ao poder familiar.

Esse poder vai encontrar certos limites; os pais não poderão transferir esses bens para outras pessoas, ou gravar de ônus reais, como penhor e hipoteca, os bens dos filhos. Não podem igualmente contrair obrigações em nome dos filhos, que ultrapassem os limites da simples administração, salvo por necessidade ou evidente interesse da prole, mediante prévia autorização do juiz. Assim sendo, exercem os pais direitos de propriedade sobre os bens dos filhos, mas não todos. A propriedade (ou domínio) era conceituada como o "jus utendi, fruendi et abutendi"= direito de usar, desfrutar e dispor. Podem os pais usar e desfrutar, mas não dispor.

24.3. Representação e assistência

Outro aspecto da administração dos bens dos filhos é o da representação e o da assistência. Os pais são os representantes legais dos filhos nas questões relativas a eles ou aos bens destes. Destarte, se houver necessidade de se vender um imóvel, quem venderá esse imóvel será o filho, por ser proprietário dele, mas quem assinará em nome do filho serão os pais, por serem seus representantes legais. Assim se exerce o direito de representação, que se dá quando o filho for menor de 16 anos.

Se o filho for maior de 16 e menor de 18 anos, dar-se-á a assistência. O filho poderá vender um imóvel de sua propriedade e ele mesmo assinará o ato de transferência. Deverá contar porém com a autorização dos pais, que assinarão o documento como assistentes.

A lei ressalta entretanto que ambos os pais sejam usufrutuários e administradores dos bens dos filhos submetidos ao seu poder familiar, em conjunto, não isoladamente, tanto como representantes como assistentes. Devem eles decidir em comum as questões relativas aos filhos e aos bens desses filhos; havendo divergência quanto às medidas a tomar, poderá qualquer deles recorrer ao juiz para a solução necessária. Se não houver um dos pais, o outro assumirá totalmente essas funções.

24.4. Anulação de atos

Qualquer ato irregular praticado pelos pais poderá ser anulado judicialmente, competindo a "facultas agendi" aos filhos, aos herdeiros ou ao representante legal deles. Sempre que no exercício do poder familiar houver choque de interesses entre pais e filhos, o juiz dará aos filhos curador especial, se for pedido pelos filhos ou pelo Ministério Público.

24.5. Exclusão de poderes

Não são absolutos os poderes dos pais no que tange ao usufruto e à administração dos bens dos filhos submetidos ao poder familiar. Vamos citar um exemplo: O pai reconhece um filho havido fora do casamento, mas, antes do reconhecimento, esse filho possuía um imóvel. Nesse caso, o pai não terá direito ao usufruto desse imóvel, nem poderá administrá-lo, a não ser que receba autorização para isso.

Vamos citar outra hipótese: um filho maior de 16 anos trabalha e ganha com seu trabalho pessoal, adquirindo um bem. Também fica fora o poder do pai na administração e usufruto desse bem.

Outra possibilidade: o filho recebeu doação de um imóvel, com cláusula no ato de doação, excluindo os pais do usufruto e da administração.

Ainda outro caso: o filho recebe diversos bens como herança de seu avô, tendo sido os pais excluídos da sucessão. Se foram eles excluídos da sucessão é porque não eram merecedores de confiança, portanto, ficam inibidos de usufruir ou administrar os bens do filho.

Novo Código Civil

Do Usufruto e da Administração dos Bens de Filhos Menores

Art. 1.689. O pai e a mãe, enquanto no exercício do poder familiar:

I – são usufrutuários dos bens dos filhos;

II – têm a administração dos bens dos filhos menores sob sua autoridade.

Art. 1.690. Compete aos pais, e na falta de um deles ao outro, com exclusividade, representar os filhos menores de dezesseis anos, bem como assisti-los até completarem a maioridade ou serem emancipados.

Parágrafo único. Os pais devem decidir em comum as questões relativas aos filhos e a seus bens; havendo divergência, poderá qualquer deles recorrer ao juiz para a solução necessária.

Art. 1.691. Não podem os pais alienar, ou gravar de ônus real os imóveis dos filhos, nem contrair, em nome deles, obrigações que ultrapassem os limites da simples administração, salvo por necessidade ou evidente interesse da prole, mediante prévia autorização do juiz.

Parágrafo único. Podem pleitear a declaração de nulidade dos atos previstos neste artigo:

I – os filhos;

II – os herdeiros;

III – o representante legal.

Art. 1.692. Sempre que no exercício do poder familiar colidir o interesse dos pais com o do filho, a requerimento deste ou do Ministério Público o juiz lhe dará curador especial.

Art. 1.693. Excluem-se do usufruto e da administração dos pais:

I – os bens adquiridos pelo filho havido fora do casamento, antes do reconhecimento;

II – os valores auferidos pelo filho maior de dezesseis anos, no exercício de atividade profissional e os bens com tais recursos adquiridos;

III – os bens deixados ou doados ao filho, sob a condição de não serem usufruídos, ou administrados, pelos pais;

IV – os bens que aos filhos couberem na herança, quando os pais forem excluídos da sucessão.

25. DOS ALIMENTOS

25.1. Conceito
25.2. Alimentantes e alimentados
25.3. Pressupostos básicos
25.4. Caracteres
25.5. Legislação pertinente
25.6. Conseqüências da separação
25.7. Da ação de alimentos
25.8. Disposições penais

25.1. Conceito

Das relações de parentesco decorrem muitas obrigações para as pessoas ligadas entre si pelo vínculo familiar. Cada um de nós tem necessidades de ordens diversas, entre as quais as variadas necessidades materiais, relativas à própria sobrevivência, incluindo remédios e tratamento médico, vestuário, um lugar onde possa fixar residência e principalmente a quantidade mínima indispensável, ao menos, dos alimentos necessários à manutenção física. Todavia, nem todos têm capacidade física para obter esse mínimo necessário, principalmente crianças e idosos.

Já se convencionou chamar de alimentos o conjunto dessas necessidades básicas. Tem, pois, um sentido jurídico bem mais amplo do que o significado gramatical do termo. Como ficará a situação de um menor impúbere impossibilitado de trabalhar e auferir rendimentos necessários à sua subsistência? E os idosos, também na mesma impossibilidade? O Estado encampa essa responsabilidade, tanto que criou a seguridade social. Não deve porém ser função exclusiva do Estado suprir a subsistência de pessoas incapazes de obter o ganho necessário à vida.

É também função familiar, uma obrigação inerente às relações de parentesco. Um casal de velhos, por exemplo, passa necessidades e poderá ser levado à inanição ou obrigado a pedir esmolas para poder sobreviver, quando tem filhos em condições de evitar-lhe a desgraça. A posição do filho ingrato consiste nada menos em tirar a vida de quem lhe deu a vida. O que dizer ainda dos milhões de menores abandonados em todo o Brasil, mormente em São Paulo e Rio de Janeiro?

25.2. Alimentantes e alimentados

A obrigação de prestar alimentos faz parte do já estudado poder familiar, mas não é apenas dos pais, estendendo-se a todas as pessoas ligadas pelo vínculo familiar. Podem os parentes, os cônjuges ou companheiros pedir uns aos outros os alimentos de que necessitem para viver de modo compatível com a sua condição social, inclusive para atender às necessidades de sua educação. Esse direito, como se vê, atinge os cônjuges componentes da união estável.

O direito aos alimentos é recíproco entre pais e filhos, e extensivo a todos os ascendentes, recaindo a obrigação nos mais próximos em grau, uns na falta dos outros (art.1.696). Vemos, desta forma, que a lei tutela o direito de sobrevivência, o direito à vida, ao estabelecer a prestação alimentícia, obrigando todos os parentes. Os alimentos são portanto direito legítimo do alimentando (ou alimentado) e obrigação legal do alimentante.

Na falta de ascendentes cabe a obrigação aos descendentes, guardada a ordem da sucessão (vocação hereditária) e, faltando estes, aos irmãos, tanto germanos como unilaterais (germano é irmão filho dos mesmos pais; unilaterais são irmãos filhos de pais diferentes). Por conseqüência, a obrigação alimentar segue, mais ou menos, a ordem da sucessão; cabe aos pais para com os filhos, como aos filhos para com os pais, alongando-se aos avós e netos.

Não havendo parentes em linha reta, obriga os parentes colaterais, começando pelos irmãos. Se o parente que deve alimentos em primeiro lugar não estiver em condições de suportar totalmente o encargo, serão chamados a concorrer os de grau imediato. Se forem várias as pessoas obrigadas a prestar alimentos, todas devem concorrer na proporção dos respectivos recursos e, intentada ação contra uma delas, poderão as demais serem chamadas a integrar a lide.

25.3. Pressupostos básicos

A concessão de alimentos obedece a certos pressupostos. São devidos os alimentos quando quem os pretende não tem bens nem pode prover, pelo seu trabalho, a própria manutenção, e o de quem se reclamam, pode fornecê-la sem desfalque do necessário ao seu sustento. Devem eles ser fixados na proporção das necessidades do alimentado e nas possibilidades do alimentante. Não é pois tão fácil a fixação dos alimentos. Se o alimentante foi um assalariado, torna-se mais fácil, com o juiz fixando-os entre 20% a 40% do salário do alimentante.

A sentença que fixar os alimentos nunca terá trânsito em julgado, mas será passível de revisão. Se, fixados os alimentos sobrevier mudança na fortuna de quem os supre ou na de quem os recebe, poderá o interessado reclamar ao juiz, conforme a circunstância, exoneração, redução ou majoração do encargo (art.1.699). Digamos por exemplo, que o alimentado ganhe na loteria: houve tal mudança em sua fortuna, que sua necessidade de alimentos ficou abolida. Ou então, se o alimentante perder seu emprego e não tiver mais o salário do qual os alimentos possam ser descontados.

25.4. Caracteres

O direito aos alimentos é personalíssimo, "intuiu personae" mas não tanto quanto ao alimentante. A obrigação de prestar alimentos transmite-se aos herdeiros do alimentante. Se porventura falecer o alimentante cessa sua obrigação de pagar alimentos, mas surgirá essa obrigação aos seus herdeiros. Poderá o alimentado empreender nova ação contra os herdeiros do antigo alimentante.

Pelo lado do alimentado, se este falecer termina seu direito, que entretanto permanece aos seus herdeiros. Por exemplo: o alimentado tem filhos menores e recebe alimentos de seu pai; com seu falecimento os netos poderão reclamar a continuação dos alimentos. Nosso Judiciário tem entendido que não haverá necessidade de nova ação judicial movida pelos netos, mas poderão eles reclamar a transferência nos próprios autos do processo que ensejou o pedido de alimentos movido por seu pai.

A pessoa obrigada a suprir alimentos poderá pensionar o alimentado, ou dar-lhe hospedagem e sustento, sem prejuízo do dever de prestar o necessário à sua educação, quando menor. É muito flexível essa prestação. Pode ela ser paga em dinheiro ou em espécie, como uma cesta básica. Poderia o alimentante dar casa para o alimentado morar e outra para usufruir o aluguel. É muito comum na separação judicial o marido dar casa e outros imóveis para a mulher e ficar com as quotas de uma sociedade mercantil. Pode haver outras variantes, desde que o alimentado tenha realmente as condições mínimas para uma vida condigna e o alimentante tenha condições mínimas para proporcioná-la. Competirá ao juiz, se as circunstâncias o exigirem, fixar a forma do cumprimento da prestação.

Cessa o direito aos alimentos se o alimentado vier a casar ou estabelecer união estável, ou mesmo concubinato comprovado. Porém não cessa a obrigação para o alimentando se este vier a casar ou estabelecer união estável ou concubinato. Ainda com relação ao alimentado, cessa seu direito se ele tiver comportamento indigno em relação ao alimentante.

25.5. Legislação pertinente

Embora o alimentado nem sempre seja menor, a legislação tem os caracteres das disposições comuns aos menores desprotegidos. Foi o que levou à proliferação de normas. É sintomático: quando um instituto sofre dificuldades na sua eficácia, provoca o aparecimento e normas freqüentes que o protegem. A princípio, a regulamentação dos alimentos estava prevista no Código Civil de 1916. Esses artigos supriam as necessidades do instituto. Permanece agora no novo Código Civil, nos arts. 1.694 a 1.710.

Aos primeiros sintomas de que os vínculos familiares começassem a deteriorar-se, outras leis foram surgindo. A possibilidade de desconto em folha de pagamento do alimentante foi prevista em 1938, pelo Decreto 845/38. O Código Penal capitulou como crime, chamado de "abandono de incapaz", no art. 244, deixar de prover o sustento de pessoas necessitadas, quando cabe essa obrigação.

Em 1941 surgiu o Decreto-lei 3.200/41 dispondo sobre a organização da família; seu art. 7° buscou a segurança da prestação alimentícia, abrindo a possibilidade de ser descontada na fonte, isto é, no rendimento do alimentante. O art. 15 garante ao filho havido fora do casamento o mesmo direito que teria o filho originado do casamento. A possibilidade do desconto em folha de pagamento foi reforçada com importante passo, representado pela Lei 5.478/68 dispondo sobre a Ação de Alimentos. O Código de Processo Civil já houvera regulamentado o assunto em ação chamada de "execução de prestação alimentícia". A Lei 5.478/68 deu novos contornos a essa ação, tornando-a mais dinâmica.

Ao modificar as diversas formas de dissolução da sociedade conjugal, a Lei do Divórcio reforçou o direito dos filhos menores e do cônjuge inocente pela separação, nos arts. 19 a 23. O novo Código Civil não introduziu sensíveis modificações no regime jurídico dos alimentos, mas manteve-o regulamentado nos arts. 1.694 a 1.710.

25.6. Conseqüências da separação

Larga e profunda é a abrangência da Lei do Divórcio. A dissolução da sociedade conjugal não é tão simples e pacífica como é apresentada nas novelas de televisão e nos programas de entrevistas. Psicólogos, psicoterapeutas, psiquiatras, sexólogos, sociólogos e tantos outros apresentam a separação e o divórcio como meio de solução de conflitos matrimoniais. Daí por diante, todos estarão aliviados e a questão dos alimentos já está estabelecida judicialmente e é só colocar em prática o que os cônjuges decidiram e o juiz aprovou.

Se assim fosse não haveria no Brasil um contingente de menores abandonados e passando fome, calculado como superior à população da Argentina. Por essas razões, procurou a Lei do Divórcio garantir os alimentos aos filhos menores do casal separado. O cônjuge responsável pela separação judicial prestará ao outro, se dela necessitar, a pensão que o juiz fixar. O poder familiar continua e mesmo que um cônjuge receba os benefícios dos alimentos não se exime de garanti-los aos filhos menores. Para a manutenção dos filhos, os cônjuges, separados judicialmente, contribuirão na proporção de seus recursos (art.1.704).

O art. 23 da Lei do Divórcio traz uma inovação esquisita. A obrigação de prestar alimentos transmite-se aos herdeiros do devedor. Essa disposição só se aplica então para alimentos decorrentes de processo de separação judicial e divórcio, não para os demais casos. Mesmo assim, pode provocar situações muito duvidosas. Por exemplo: um casal sem filhos separa-se e o marido comprometeu-se à prestação alimentícia à sua ex-mulher. Posteriormente, o marido vem a casar novamente e em seguida morre, deixando sua segunda mulher como herdeira. Esta segunda mulher herda a obrigação de pagar alimentos à primeira mulher de seu finado marido.

Para complicar a situação, o art.1.700 do novo Código Civil adotou idêntico critério: a obrigação de prestar alimentos transmite-se aos herdeiros do devedor. Será conveniente aguardar as ocorrências, para se saber exatamente o alcance dessa disposição.

Para assegurar o pagamento da pensão alimentícia, o juiz poderá determinar a constituição de garantia real ou fidejussória. Para garantir, portanto, o pagamento da pensão, será possível fazer hipoteca de um imóvel, dar um bem móvel em penhor, como um título em caução ou recibo de aluguéis. Se o cônjuge credor preferir, o juiz poderá determinar que a pensão consista no usufruto de determinados bens do devedor. As prestações deverão ser corrigidas monetariamente para evitar o desgaste da inflação.

25.7. Da ação de alimentos

A regulamentação desse tipo de ação consta dos arts.732 a 735 do Código de Processo Civil, mais especificamente da Lei 5.478/68. A ação de alimentos é de rito especial, independe de prévia distribuição e de anterior concessão do benefício de gratuidade. A distribuição será determinada posteriormente por ofício do juízo, inclusive para o fim de registro do feito.

Assim estatuído, o requerente da pensão deverá apresentar a petição ao juiz, que a despachará, deferindo-a e fixando os alimentos provisionais. Os alimentos provisionais são fixados previamente e provisoriamente, até que a ação seja julgada: se os alimentos destinam-se a garantir a sobrevivência de uma pessoa carente, não se pode esperar o julgamento da ação de alimentos, que pode demorar anos, podendo o réu perturbá-la com vários recursos protelatórios. Despachada a inicial, faz-se a distribuição, podendo o juiz avocá-la para si.

O requerente da ação de alimentos poderá pedir justiça gratuita na inicial, o que é justificável, pois quem necessita de alimentos, não poderá custear essa ação. A parte que não estiver em condições de pagar as custas de um processo sem prejuízo do sustento próprio ou de sua família gozará do benefício da gratuidade, por simples afirmativa destas condições perante o juiz, sob pena de pagamento até o décuplo das custas judiciais. Não há mais necessidade de provar o estado de pobreza. Presume-se pobre, até prova em contrário, quem afirmar essa condição.

O réu será citado para os termos da ação e poderá impugnar a gratuidade da ação, correndo a impugnação em autos separados. Não será suspenso o curso do processo em decorrência da impugnação. Segue então o processo, nos passos costumeiros, até a solução final. A citação será enviada pelo correio, sendo entregue por mandato se o alimentante criar embaraços. Contudo, independente da citação, o cartório enviará ofício para o desconto da pensão nos rendimentos do alimentante.

25.8. Disposições penais

O não cumprimento da prestação alimentícia pode acarretar sérias sanções penais ao infrator da lei ou da decisão judicial. Estabelecidos os alimentos e não sendo eles pagos, requererá o alimentando a execução da sentença. O juiz determinará a intimação do alimentante para que efetue o pagamento ou prove que já pagou; ou então que justifique validamente por que não pagou. Não atendendo à intimação, o alimentante inadimplente poderá ter sua prisão decretada por 1 a 3 meses. Mesmo cumprindo a pena de prisão, permanece o débito e a obrigação saldá-lo. Essa prisão é até admitida pela Constituição Federal, cujo teor do art. 5º, LXVII é o seguinte:

> "Não haverá prisão por dívida, salvo o do responsável pelo inadimplemento voluntário e inescusável de obrigação alimentícia e do depositário infiel".

A disposição de caráter efetivamente penal ficou expressa no art. 244 do Código Penal, reformulado pelo art. 21 da Lei 5.478/68. Pelo nosso

Código Penal, constitui crime punível (com detenção de 1 a 4 anos e multa e 1 a 10 vezes o maior salário mínimo vigente no país) deixar, sem justa causa, de prover a subsistência do cônjuge ou do filho de 18 anos ou inapto para o trabalho ou de ascendente inválido ou valetudinário não lhes proporcionando os recursos necessários. Igualmente, faltando ao pagamento de pensão alimentícia judicialmente acordada, fixada ou majorada, deixar sem justa causa, de socorrer descendente ou ascendente gravemente enfermo.

Nas mesmas penas incide que, sendo solvente, frustra ou elide, de qualquer modo, inclusive por abandono injustificado de emprego ou função, o pagamento de pensão alimentícia judicialmente acordada, fixada ou majorada. É muito comum ver-se o alimentante forçar a dispensa do emprego que ocupa, a fim de reduzir-se à insolvência e frustrar o pagamento de pensão alimentícia. Desta forma, prejudica-se para proporcionar prejuízos ainda maiores a quem dele depende.

Não escapa de penas também o empregador do alimentante que criar embaraços para o cumprimento da prestação alimentícia. Constitui crime contra a administração da justiça deixar o empregador ou funcionário público de prestar ao juízo competente as informações necessárias à instrução do processo ou execução de sentença ou acordo que fixe pensão alimentícia. A sanção para esse procedimento delituoso é de 6 meses a 1 ano de detenção, sem prejuízo da pena de suspensão do emprego de 30 a 90 dias.

Nas mesmas penas incide quem, de qualquer modo, ajudar o devedor a eximir-se ao pagamento de pensão alimentícia judicialmente acordada, fixada ou majorada, ou se recusar, ou procrastinar a execução da ordem de desconto em folha de pagamento, expedido por juiz competente.

Novo Código Civil

Dos Alimentos

Art. 1.694. Podem os parentes, os cônjuges ou companheiros pedir uns aos outros os alimentos de que necessitem para viver de modo compatível com a sua condição social, inclusive para atender às necessidades de sua educação.

§ 1.º Os alimentos devem ser fixados na proporção das necessidades do reclamante e dos recursos da pessoa obrigada.

§ 2.º Os alimentos serão apenas os indispensáveis à subsistência, quando a situação de necessidade resultar de culpa de quem os pleiteia.

Art. 1.695. São devidos os alimentos quando quem os pretende não tem bens suficientes, nem pode prover, pelo seu trabalho, à própria mantença, e aquele, de quem se reclamam, pode fornecê-los, sem desfalque do necessário ao seu sustento.

Art. 1.696. O direito à prestação de alimentos é recíproco entre pais e filhos, e extensivo a todos os ascendentes, recaindo a obrigação nos mais próximos em grau, uns em falta de outros.

Art. 1.697. Na falta dos ascendentes cabe a obrigação aos descendentes, guardada a ordem de sucessão e, faltando estes, aos irmãos, assim germanos como unilaterais.

Art. 1.698. Se o parente, que deve alimentos em primeiro lugar, não estiver em condições de suportar totalmente o encargo, serão chamados a concorrer os de grau imediato; sendo várias as pessoas obrigadas a prestar alimentos, todas devem concorrer na proporção dos respectivos recursos, e, intentada ação contra uma delas, poderão as demais ser chamadas a integrar a lide.

Art. 1.699. Se, fixados os alimentos, sobrevier mudança na situação financeira de quem os supre, ou na de quem os recebe, poderá o interessado reclamar ao juiz, conforme as circunstâncias, exoneração, redução ou majoração do encargo.

Art. 1.700. A obrigação de prestar alimentos transmite-se aos herdeiros do devedor, na forma do art. 1.694.

Art. 1.701. A pessoa obrigada a suprir alimentos poderá pensionar o alimentando, ou dar-lhe hospedagem e sustento, sem prejuízo do dever de prestar o necessário à sua educação, quando menor.

Parágrafo único. Compete ao juiz, se as circunstâncias o exigirem, fixar a forma do cumprimento da prestação.

Art. 1.702. Na separação judicial litigiosa, sendo um dos cônjuges inocente e desprovido de recursos, prestar-lhe-á o outro a pensão alimentícia que o juiz fixar, obedecidos os critérios estabelecidos no art. 1.694.

Art. 1.703. Para a manutenção dos filhos, os cônjuges separados judicialmente contribuirão na proporção de seus recursos.

Art. 1.704. Se um dos cônjuges separados judicialmente vier a necessitar de alimentos, será o outro obrigado a prestá-los mediante pensão a ser fixada pelo juiz, caso não tenha sido declarado culpado na ação de separação judicial.

Parágrafo único. Se o cônjuge declarado culpado vier a necessitar de alimentos, e não tiver parentes em condições de prestá-los, nem aptidão para o trabalho, o outro cônjuge será obrigado a assegurá-los, fixando o juiz o valor indispensável à sobrevivência.

Art. 1.705. Para obter alimentos, o filho havido fora do casamento pode acionar o genitor, sendo facultado ao juiz determinar, a pedido de qualquer das partes, que a ação se processe em segredo de justiça.

Art. 1.706. Os alimentos provisionais serão fixados pelo juiz, nos termos da lei processual.

Art. 1.707. Pode o credor não exercer, porém lhe é vedado renunciar o direito a alimentos, sendo o respectivo crédito insuscetível de cessão, compensação ou penhora.

Art. 1.708. Com o casamento, a união estável ou o concubinato do credor, cessa o dever de prestar alimentos.

Parágrafo único. Com relação ao credor cessa, também, o direito a alimentos, se tiver procedimento indigno em relação ao devedor.

Art. 1.709. O novo casamento do cônjuge devedor não extingue a obrigação constante da sentença de divórcio.

Art. 1.710. As prestações alimentícias, de qualquer natureza, serão atualizadas segundo índice oficial regularmente estabelecido.

26. DO BEM DE FAMÍLIA

26.1. Conceito e origem
26.2. Legislação pertinente
26.3. Como instituir
26.4. Extinção do bem de família

26.1. Conceito e origem

Considera-se bem de família um imóvel destinado à residência de uma família, imune a possível penhora. É instituído pelos cônjuges, por escritura ou testamento. Pode ser instituído também por entidade familiar, ou seja, por uma família sem que haja cônjuges, como é o caso de mãe solteira e seus filhos, formando família, chamada pelo novo Código de "entidade familiar". Embora o Código use a expressão "domicílio", refere-se, ao nosso modo de ver, mais a uma relação de fato, à residência; o próprio nome do instituto indica o lugar em que possa uma família residir de forma estável, sem ser alvo de execução do imóvel em que reside.

Há algumas restrições para a instituição do bem de família. A primeira é a de que apenas parte do patrimônio pode ser transformado em bem de família, e desde que não ultrapasse a 1/3 do patrimônio líquido existente ao tempo da instituição. A segunda é a de que deverá ser prédio para servir apenas de residência da família. Qualquer interessado poderá requerer a extinção, se puder provar que o bem esteja sendo utilizado para outras finalidades.

Não poderão os cônjuges servir-se desse instituto para fraudar direitos dos credores. Para a instituição do bem de família, será preciso que os instituidores não tenham dívidas, cujo pagamento possa ser prejudicado. Para evitar a penhora, deverá ele pagar as dívidas anteriores ou manter outros bens penhoráveis, que possam garantir seus débitos. Os débitos contraídos após a instituição do bem de família não afetam a integridade deste; apenas as anteriores.

O bem de família será administrado por ambos os cônjuges, a menos que haja disposição no ato da instituição, prevendo outra forma de administração. Com o falecimento de ambos os cônjuges, a administração passará ao filho mais velho, se for maior, e, do contrário, a seu tutor (art.1.720).

Aspecto interessante trazido pelo novo Código Civil é o de que o bem de família poderá ser abrangido por valores mobiliários, cuja renda será aplicada na conservação do imóvel e no sustento da família. São, por ações de uma companhia, cujos dividendos serão aplicados na reforma ou manutenção do bem de família ou no pagamento de seus impostos. Esses valores mobiliários não poderão exceder o valor do prédio instituído em bem de família, à época de sua instituição.

O instituidor do bem de família poderá determinar que a administração dos valores mobiliários seja confiada a instituição financeira, bem como disciplinar a forma de pagamento da respectiva renda aos beneficiários, caso em que a responsabilidade dos administradores obedecerá às regras do contrato de depósito. Convém lembrar outra vez que "instituidor" do bem de família são os cônjuges, normalmente, ou a entidade familiar, ou então um terceiro que destine um imóvel a um casal, desde que conte com a aprovação desse casal. A instituição financeira encarregada da administração do bem de família exerce papel comparado ao de "agente fiduciário". Se houver liquidação da instituição financeira administradora desses valores mobiliários, a liquidação não atingirá os valores a ele confiados, ordenando o juiz a sua transferência para outra instituição semelhante, obedecendo-se, no caso de falência, ao disposto sobre pedido de restituição.

Cumpre ainda falar um pouco mais sobre a finalidade do bem de família, sua característica marcante: estar imune à execução de dívidas. O bem de família é isento de execução por dívidas posteriores à sua instituição, salvo as que provierem de tributos relativos ao prédio, ou de despesas de condomínio (art.1.715). Procura a lei a estabilização e conservação do bem de família, principalmente nas fases financeiramente desfavoráveis da família beneficiada. Aliás, essa imunidade é da essência do bem de família; sem ela tornar-se-ia inócua sua instituição. Essa isenção durará enquanto viver um dos cônjuges, ou, na falta destes, até que os filhos completem a maioridade (art.1.716).

A ressalva da executabilidade das dívidas não chega a abalar a manutenção do bem de família. Caso o imóvel vinculado seja penhorado e vendido em leilão, as dívidas provenientes de não pagamento de impostos ou de despesas de condomínio desse imóvel serão pagas, mas o restante deverá ser aplicado em outro imóvel a ser instituído como bem de família. Poderá também ser aplicado em valores mobiliários, como ações de uma companhia, cuja renda possa ser aplicada no aluguel de imóvel para a família beneficiária ou no sustento dela.

O bem de família é uma instituição jurídica realmente notável, mas não tem divulgação junto à coletividade, que desconhece seus benefícios. Perdeu ele parte de sua importância, em vista da Lei 8.009/90, estendendo a impenhorabilidade a qualquer imóvel residencial próprio do casal, ou entidade familiar. O que fez a Lei 8.009/90 foi reconhecer como bem de família a residência, ainda que não tenha sido promovido o registro na circunscrição imobiliária, conforme exige o art.1.714 do novo Código Civil. Deixou assim mais maleável a situação jurídica do bem de família, como por exemplo, se a família quiser se mudar do imóvel, não precisará extinguir esse bem de família e instituir outro.

26.2. Legislação pertinente

A idéia do bem de família é oriunda do direito norte-americano, de uma instituição denominada "homestead". Dificuldades financeiras dos Estados Unidos da América, os resultados da Guerra da Secessão, a necessidade de fixar colonos em certas regiões, as migrações internas e outros motivos forçaram aquele país a adotar medidas legais para a proteção da família. O Texas promulgou o "Homestead Exemption Act", para garantir o direito de posse e propriedade de um local onde uma família possa residir de forma estável e sem perigo de penhora por dívidas. A idéia difundiu-se por todo o país, formando efetiva legislação, chamada de "homestead exemption laws", cuja aplicação foi um sucesso.

A influência norte-americana fez-se sentir no Brasil antes que nosso Código Civil fosse promulgado em 1916. Surgiu então expressa nos arts.70 a 73. Posteriormente, o Decreto-lei 3.200/41, dispondo sobre a organização e proteção da família, ampliou as disposições sobre o nosso "homestead. Essa lei protetora da família faz ressaltar a finalidade e a natureza do instituto. O novo Código Civil regulamentou melhor essa questão, nos arts.1.711 a 1.722, situando-o de forma mais acertada no Direito de Família.

Posteriormente, a Lei dos Registros Públicos (Lei 6.01.5/73) ampliou ainda mais a questão, nos arts. 260 a 265, mormente quanto à forma de instituir o bem de família. Transformou-o em ato solene, por ter imposto a ele muitas formalidades. Formou-se, assim, um conjunto de normas, procurando estimular e proteger o instituto. Infelizmente, o interesse do legislador, procurando garantir cada vez mais o instituto, a aceitação do bem de família não encontrou eco perante a população. Seria exaustivo justificar o desinteresse público por tão louvável medida, mas é tema merecedor de amplas e profundas meditações.

26.3. Como instituir

A instituição do bem de família deverá constar de escritura pública ou testamento, instituído pelos cônjuges ou por terceiro, transcrita no registro de imóveis e publicada na imprensa local, e, na falta desta, na da capital do Estado. O instituidor deverá declarar que o imóvel se destina à residência dele e de sua família e ficará isento de execução por dívida. Deverá ser publicado edital, para que todos tomem oficialmente conhecimento da instituição e ninguém possa alegar ignorância.

Poderá algum credor ou outro interessado impugnar o registro, restando ao chefe de família requerer judicialmente, ficando decidida a determinação do registro ou sua recusa. Não há limite de valor para o bem de família, desde que o imóvel seja a residência da família do instituidor por mais de dois anos. Pressupõe-se, entretanto, que seja de pequena propriedade. Pode o bem de família ser instituído também por testamento, o que constitui inovação, já que foi previsto só agora, pelo novo Código Civil.

26.4. Extinção do bem de família

Embora se destine o bem de família a proporcionar abrigo seguro e estável à família, pode ele ser revogado e anulado. Com a morte de ambos os cônjuges e não havendo mais filhos menores, está extinta a família, e com ela o bem de família. Digamos que um filho maior se case e constitua família, continuando a morar na casa. Trata-se porém de nova família e deverá ser constituído novo bem de família, embora com a mesma casa.

Esse imóvel deverá entrar no inventário, declarando então o juiz extinto o bem de família e conseqüentemente extinta a cláusula de inalienabilidade e impenhorabilidade. Ambos duram enquanto durar a família. A eliminação da cláusula não será automática, devendo ser requerida judicialmente, ou pelo instituidor ou por outro interessado, e cancelada mediante mandado judicial.

A eliminação poderá ser requerida por terceiros prejudicados, se eles constatarem fraude, como desvio de finalidade do imóvel, alienação irregular dele, deixar de servir para a residência da família. É possível porém que haja consentimento dos interessados e dos seus representantes legais. Interpretamos como sendo o consentimento dos credores ou outros terceiros diretamente interessados e não o cônjuge ou filhos menores. Se os cônjuges pretenderem cancelar o bem de família, assiste-lhes esse direito, sem necessitar consentimento dos demais membros da família.

A dissolução da sociedade conjugal não é motivo para se extinguir o bem de família, mas se a sociedade conjugal for dissolvida pela morte de um dos cônjuges, o sobrevivente poderá pedir a extinção, se for o único bem do casal.

A manutenção do bem de família nas condições em que foi instituído pode tornar-se impossível e, desde que seja comprovada essa impossibilidade, poderão os interessados requerer judicialmente a extinção dele. Poderão ainda pedir a sub-rogação dos bens que constituem o bem de família em outros, ouvidos os instituidores e o Ministério Público. Assim, um imóvel que tiver deixado de ser bem de família poderá transformar-se ou substituído por outro que possa cumprir essa finalidade.

Novo Código Civil

Do Bem de Família

Art. 1.711. Podem os cônjuges, ou a entidade familiar, mediante escritura pública ou testamento, destinar parte de seu patrimônio para instituir bem de família, desde que não ultrapasse um terço do patrimônio líquido existente ao tempo da instituição, mantidas as regras sobre a impenhorabilidade do imóvel residencial estabelecida em lei especial.

Parágrafo único. O terceiro poderá igualmente instituir bem de família por testamento ou doação, dependendo da eficácia do ato da aceitação expressa de ambos os cônjuges beneficiados ou da entidade familiar beneficiada.

Art. 1.712. O bem de família consistirá em prédio residencial urbano ou rural, com suas pertenças e acessórios, destinando-se em ambos os casos a domicílio familiar, e poderá abranger valores mobiliários, cuja renda será aplicada na conservação do imóvel e no sustento da família.

Art. 1.713. Os valores mobiliários, destinados aos fins previstos no artigo antecedente, não poderão exceder o valor do prédio instituído em bem de família, à época de sua instituição.

§ 1.º Deverão os valores mobiliários ser devidamente individualizados no instrumento de instituição do bem de família.

§ 2.º Se se tratar de títulos nominativos, a sua instituição como bem de família deverá constar dos respectivos livros de registro.

§ 3.º O instituidor poderá determinar que a administração dos valores mobiliários seja confiada a instituição financeira, bem como disciplinar a forma de pagamento da respectiva renda aos beneficiários, caso em que a responsabilidade dos administradores obedecerá às regras do contrato de depósito.

Art. 1.714. O bem de família, quer instituído pelos cônjuges ou por terceiro, constitui-se pelo registro de seu título no Registro de Imóveis.

Art. 1.715. O bem de família é isento de execução por dívidas posteriores à sua instituição, salvo as que provierem de tributos relativos ao prédio, ou de despesas de condomínio.

Parágrafo único. No caso de execução pelas dívidas referidas neste artigo, o saldo existente será aplicado em outro prédio, como bem de família, ou em títulos da dívida pública, para sustento familiar, salvo se motivos relevantes aconselharem outra solução, a critério do juiz.

Art. 1.716. A isenção de que trata o artigo antecedente durará enquanto viver um dos cônjuges, ou, na falta destes, até que os filhos completem a maioridade.

Art. 1.717. O prédio e os valores mobiliários, constituídos como bem da família, não podem ter destino diverso do previsto no art. 1.712 ou serem alienados sem o consentimento dos interessados e seus representantes legais, ouvido o Ministério Público.

Art. 1.718. Qualquer forma de liquidação da entidade administradora, a que se refere o § 3.º do art. 1.713, não atingirá os valores a ela confiados, ordenando o juiz a sua transferência para outra instituição semelhante, obedecendo-se, no caso de falência, ao disposto sobre pedido de restituição.

Art. 1.719. Comprovada a impossibilidade da manutenção do bem de família nas condições em que foi instituído, poderá o juiz, a requerimento dos interessados, extingui-lo ou autorizar a sub-rogação dos bens que o constituem em outros, ouvidos o instituidor e o Ministério Público.

Art. 1.720. Salvo disposição em contrário do ato de instituição, a administração do bem de família compete a ambos os cônjuges, resolvendo o juiz em caso de divergência.

Parágrafo único. Com o falecimento de ambos os cônjuges, a administração passará ao filho mais velho, se for maior, e, do contrário, a seu tutor.

Art. 1.721. A dissolução da sociedade conjugal não extingue o bem de família.

Parágrafo único. Dissolvida a sociedade conjugal pela morte de um dos cônjuges, o sobrevivente poderá pedir a extinção do bem de família, se for o único bem do casal.

Art. 1.722. Extingue-se, igualmente, o bem de família com a morte de ambos os cônjuges e a maioridade dos filhos, desde que não sujeitos a curatela.

254

27. DA UNIÃO ESTÁVEL

27.1. Conceito e legislação
27.2. Os deveres dos conviventes
27.3. O regime matrimonial
27.4. Direitos emergentes da dissolução da união estável
27.5. A transformação em casamento

27.1. Conceito e legislação

Considera-se como união estável um tipo de casamento. É a vida em comum de homem e mulher como se casados fossem, mas sem ter regularizado legalmente esse casamento nos termos de nosso Código Civil. É um casamento sem ter sido realizado perante o Juiz de Casamentos e portanto destituído da certidão de casamento expedida pelo cartório. Era também chamada de união livre, assim considerada por ser livre de vínculo jurídico, ou seja, é uma sociedade conjugal sem casamento civil. Poderia haver casamento religioso, mas este era considerado união livre se não houvesse o casamento civil.

Essa união livre tinha certas características. Era possível que ambos fossem livres para se casar, mas optam por não fazê-lo. É entretanto união permanente; pode ter vida efêmera mas a intenção deles é a de estabelecer comunidade dual para toda a vida. Não se considera como união livre nem concubinato uma simples aventura, uma série de encontros íntimos, mas sem revelar os caracteres de estabilidade, ou seja, sem o objetivo de constituição de família. Ainda que dessa união resultem filhos, não são conviventes os pais que não vivem como se casados fossem. Importante característica é a transparência: os conviventes apresentam-se socialmente como marido e mulher e assim são considerados.

Nosso antigo Código Civil interpretava os costumes e a mentalidade do século retrasado, quando o concubinato apresentava ínfima incidência e não era aceito social e juridicamente. Por isso, encontramos raras referências a ele em nossa lei básica e nessas parcas e leves alusões só se encontram manifestações de rejeição. Apesar de tudo, a união estável é hoje uma realidade social, econômica e jurídica que a lei não consegue mais desconhecer. Não podemos deixar de fazer considerações sobre ela, por constituir tema importante do Direito de Família. A Constituição Federal de 1988 reconheceu-o no art. 226.

Todavia, o art. 226 § 3º de nossa Constituição precisava ser regulamentado e melhor esclarecido, pois dizia apenas que a união estável seria reconhecida e dada para ela o conceito e objetivo. Não dizia quais são os direitos que haveria de provocar. Essa necessidade foi suprida muito tempo depois, com a Lei 8.971, de 29.12.1994, mais de seis anos após A data da lei revela as dificuldades que enfrentou. Como se sabe, as leis mais polêmicas, aquelas que enfrentam maior hostilidade, geralmente são votadas no Congresso Nacional ao final do ano, quando a maioria dos congressistas já viajou e o país está em festas.

Posteriormente, a mesma questão foi regulamentada pela Lei 9.278, de 10.5.96. Esta lei não declara expressamente a revogação da Lei 8.971/94. Achamos que tacitamente também não a revogou, pois há aspectos que a nova lei não tratou. Assim, a Lei 8.971/94 fala em usufruto, o que a nova lei omitiu. Por essa razão, o estudo da união estável deve começar com a Lei 8.971/94, complementando-se com a Lei 9.278/96. Se houver algum ponto conflitante entre as duas leis, deve prevalecer a mais nova, de acordo com o art.2º §1º da Lei de Introdução ao Código Civil. Há certos aspectos em que a revogação pode ser desnecessária, como a terminologia; enquanto uma fala em "companheiro", a outra fala em "convivente". Alguma coisa foi revogada, como por exemplo o prazo de cinco anos para que a união estável fosse reconhecida, o que não foi exigido pela lei posterior.

Já explicado o que seja a união estável, temos dela o conceito apresentado pelo art. 226 § 3º da Constituição Federal. A Lei 9.278/96, no art.1º dá também um conceito em outras palavras, repetido pelo art.1723 do Código Civil, todos semelhantes ao constitucional: é a entidade familiar resultada da convivência duradoura, pública e contínua de um homem e uma mulher, estabelecida com objetivo de constituição de família. Antes de mais nada, com essas disposições ficou legalmente reconhecida a união estável; não é mais uma sociedade de fato, mas de direito. Foram vencidas as férreas resistências oferecidas pelo tradicionalismo. Existem ainda muitos aspectos omissos, razão pela qual a questão está ainda inacabada, tanto que a Lei 9.278/96 possui apenas nove artigos.

Um aspecto interessante foi a eliminação do vocabulário jurídico, do termo "concubina", considerado depreciativo. Na verdade, o termo é jurídico e o concubinato era reconhecido no direito romano pelas leis Julia e Pappia Poppaea. Era citada como "licitas consuetudo" (convivência lícita), considerada como um tipo de casamento, já que o direito romano regulamentou vários tipos de casamentos, até entre escravos. Todavia, nosso direito, tradicionalista e machista, lançava o anátema sobre a concubina, só se referindo a ela para crucificá-la (só a concubina, não o concubino). O novo direito não poderia pois reconhecer e regulamentar uma instituição ilegal, torpe e indecente. Foi portanto de bom alvitre substituir a terminologia, para não ferir suscetibilidades.

A Lei 8.971/94 adotou o termo "companheiro" e a Lei 9.278/96 "convivente". A primeira expressão era bem mais suave do que concubino, mas logo sofreu excomunhão semelhante. Adotaremos então a segunda nomenclatura, chamando de conviventes os participantes da união estável.

O novo Código Civil usa a expressão "companheiros", mas fala também em "convivência", o que nos leva a acreditar que também adota o termo "conviventes". Em nosso parecer, nada obsta que sejam chamados também de marido e mulher.

Outra inovação trazida pelo novo direito é a igualdade de condições entre o homem e a mulher. A Lei 9.278/96 fala apenas em conviventes mas a Lei 8.971/94 sempre que fala num fala no outro deixando bem claro que os direitos e deveres de um são iguais aos do outro. Contrasta assim com o machista direito adotado anteriormente. Assim, dizia o Código Civil que não podia um homem deixar testamento em favor de sua concubina, mas não proibia a mulher de testar em favor de seu concubino.

O que caracteriza a união estável é a convivência duradoura, pública e contínua de um homem e uma mulher. Nossa legislação anterior nunca falou na união de um homem e uma mulher, não havendo clara proibição legal de casamento de pessoas do mesmo sexo. Nesse aspecto, tanto a Lei 8.971/94 como a Lei 9.278/96 deixam claro logo no art.1º a união de homem com mulher. Essa característica fica ressaltada em quase todos os artigos. Na mesma esteira segue o novo Código Civil, tendo sofrido por isso intenso combate assim que foi promulgado.

Hoje há três tipos de casamento referidos pela nossa legislação: o casamento civil, a união estável e o concubinato. Os dois primeiros estão regulamentados e o terceiro não, mas é porém citado. A diferença é que na união estável os conviventes poderão casar civilmente se quiserem; enquanto que no concubinato há impedimentos.

A convivência entre o homem e a mulher deve ser duradoura e contínua. Por duradoura entenda-se que a convivência não pode ser rápida, efêmera, embora não tenham sido estabelecidos os parâmetros dessa duração. Numa cidade pequena, por exemplo, a duração pode ser breve, uma vez que a convivência "more uxorio" propala-se mais rapidamente. Numa cidade grande deve ser mais longa a fim de que a convivência possa ser constatada de forma mais efetiva. Para ser contínua, não terá interrupções, como por exemplo, a convivência de homem e mulher por dois anos, mas neste período houve vários rompimentos, de tal forma que a união deixou de ser sucessiva.

Outra característica essencial prevista na lei é o objetivo perseguido pelos conviventes de constituir família. Implica a formação de sociedade conjugal, com identidade de propósitos, a "affectio maritalis". A criação de filhos é evidente sintoma desse objetivo, mas não obrigatório. Há casais, em matrimônio com vínculo, que não desejam ter filhos ou não podem tê-los, o que não descaracteriza o casamento. Assim sendo, a união estável, além de seus fatores objetivos, como a continuidade e a notoriedade, há também o elemento subjetivo, o "animus" de ambos em levar uma vida familiar solidária, de colaboração mútua. Outro sintoma desse objetivo é a pretensão de transformar em casamento, conforme se refere a nossa Constituição Federal.

A regulamentação da união estável não pretende hostilizar o casamento, criando forma apartada de sociedade conjugal. Muito ao contrário, faculta aos companheiros (ao casal) transformá-la em casamento, podendo requerer a qualquer tempo, e de comum acordo a transformação. Serão dispensadas as formalidades preliminares, constantes da habilitação. É o que se depreende o art. 8° da Lei 9.278/96 e do art.1.716 do Código Civil.

Exige a lei que o fato seja público e notório, conhecido pela sociedade freqüentada pelos conviventes, numa demonstração de reconhecimento. União mantida em segredo é clandestina, o que demonstra um sentido de ilegalidade e inconstância. Não revela o "animus" de permanência e de constituição de família, mas a momentânea fuga da solidão, com uma associação fugaz de interesses.

27.2 Os deveres dos conviventes

Três deveres expressos constam do art.2° da Lei 9.278/96: o respeito e consideração mútuos; a assistência moral e material recíprocas; a guarda, sustento e educação dos filhos comuns. Por seu turno, o art.1.723 do Código Civil fala na obediência aos deveres de lealdade, respeito e assistência, e de guarda, sustento e educação dos filhos. Mudam um pouco as palavras, mas não o sentido. O respeito e consideração mútuos são uma exigência muito vaga e abrangente: acreditamos que nela se inclui o dever de fidelidade recíproca, porquanto seria um desrespeito a qualquer sociedade conjugal estável e sólida. Essa fidelidade será, ao nosso modo de ver, também ferida no caso de ser o convivente um homem casado, ou uma mulher casada. Nesse caso, seria o convivente duplamente infiel. Segundo o art.1° da Lei 8.871/94, a aquisição de direito a alimentos é facultada à companheira de um homem solteiro, separado judicialmente, divorciado ou viúvo; exclui portanto da aquisição de direitos quem for unido a homem ou mulher casados.

A Lei 9.278/96 não faz essa exclusão, havendo pois séria divergência entre as duas leis, o que nos faz supor que o art.1° da lei antiga tenha sido revogado, nos termos do art.2º §1º da Lei de Introdução ao Código Civil. Vamos então transcrever esse parágrafo:

> "A lei posterior revoga a anterior quando expressamente o declare, quando seja com ela incompatível ou quando regule inteiramente a matéria de que tratava a lei anterior".

Mesmo assim, é nossa opinião a de que a união estável não pode ser estabelecida com pessoa casada, ainda que haja apenas separação de fato. Será um relacionamento adulterino e o adultério é crime previsto em nosso Código Penal. É princípio geral do direito o de que o crime não pode gerar direitos a quem o pratica. Se a lei criou e regulou a união estável, fê-lo com boas intenções, atingindo o interesse de milhões de pessoas honestas e bem intencionadas. Urge pois que os cidadãos preservem e valorizem essa nova instituição, desejada por tantos e por tanto tempo.

Gozaria do mesmo reconhecimento e respeito da sociedade a mulher casada e mãe de família que mantivesse união estável pública e notória com outro homem? Ou então um chefe de família que mantivesse publicamente duas famílias? Além do mais, se este homem casado pudesse manter união estável, por que não duas ou mais? Somos pois de parecer de que, ainda que tenha sido revogado o art.1º da Lei 8.971/94, permanece a sua disposição excludente da pessoa casada ante a união estável, por afrontar o respeito e consideração mútuos. A pá de cal nesta questão porém foi colocada pelo novo Código Civil, cujo art.1.727 não reconhece a união estável entre pessoas impedidas, constituindo porém o concubinato.

Outro ponto que nos deixa perplexos é o de que não seja exigida a vida sob o mesmo teto, ou seja, a vida em domicílio comum. Essa exigência não consta das duas leis, mas fala a Lei 8.971/94 de pessoa que "viva" com outra; viver com alguém pode ser interpretado como "morar junto". Fato é que pode pesar nessa consideração a Súmula 382 do STF:

> "A vida em comum sob o mesmo teto, "more uxorio", não é indispensável à caracterização do concubinato".

A união estável porém não é concubinato. Se adota nome diferente é porque pretende diferenciar-se deste, estabelecendo outros critérios. O concubinato foi instituição execrada mas a união estável pretende ser instituição reconhecida, aceita e respeitada. A vida sob o mesmo teto é forte indício da estabilidade dessa sociedade conjugal, fator de respeito e consideração de um convivente ao outro. Não se admite que convivente seja considerada "a outra". Vem-nos à mente um conhecido provérbio francês:

Boire, manger e coucher ensemble, C'est mariage, ce me semble.	Beber, comer e deitar juntos, É casamento, pelo que me parece.

No que tange aos incisos II e III, nada de novo adicionam. As obrigações referentes aos filhos comuns já são tradicionais. A assistência moral e material recíproca é própria do casamento tradicional e a união estável luta para equiparar-se a ele.

27.3. O regime matrimonial

Chegamos agora ao aspecto mais importante do problema, razão fundamental do novo direito. O art. 5º diz que os bens móveis e imóveis adquiridos por um ou por ambos os conviventes, na constância da união estável e a título oneroso, são considerados fruto do trabalho e da colaboração comum, passando a pertencer a ambos, em condomínio e em partes iguais, salvo estipulação em contrato escrito.

Merece comentários a indicação de contrato escrito. A união estável por contrato constava dos arts. 3º e 4º, mas foram vetados pelo Presidente da República. Realmente, a união estável é uma situação fática, que se pode provar de várias formas. Não se quer dizer que o contrato seja nulo, mas é uma das formas de se provar a existência da união estável. É uma confissão e a confissão, no dizer dos processualistas, é a rainha das provas.

O que se deve entender aqui é o contrato de aquisição dos bens imóveis ou móveis e que devam constituir patrimônio comum dos conviventes. Poderá, por exemplo, o contrato de aquisição de um imóvel declarar a propriedade exclusiva do adquirente, arredando-se então o condomínio. A situação desse patrimônio é semelhante ao do casamento em *regime de comunhão parcial de bens*. Há a exigência de terem sido adquiridos a título oneroso. Não são considerados fruto do trabalho e da colaboração comum bens recebidos, por exemplo, pela convivente por dote ou doação.

Expressão também considerável é a de "fruto do trabalho". A lei não fala em "trabalho comum", mas apenas trabalho, motivo pelo qual se deva entender pelo trabalho pessoal de cada um. O que a lei fala é em colaboração comum. Esse trabalho não precisa ser remunerado nem provado. Por exemplo: se a convivente criar e educar os filhos do casal, ocupar-se dos serviços domésticos, terá contribuído com esse trabalho, para formar o patrimônio do casal, ou como diz a lei, o condomínio.

Outra restrição quanto à aquisição do condomínio é o de se o bem ocorrer com o produto de bens adquiridos anteriormente ao início da união estável. Seria como a hipótese de um dos conviventes trocar um apartamento de sua propriedade antes do início da união estável por um novo. Essa nova aquisição deu-se com recursos não resultantes do trabalho e colaboração comum dos conviventes, mas recursos do adquirinte anteriores à união estável. Digamos porém que o novo apartamento tenha sido adquirido por R$ 100.000,00, enquanto que o antigo foi vendido por R$50.000,00 e o restante pago com recursos provenientes na constância da união estável. Neste caso, a metade do valor desse bem fará parte do condomínio.

A administração do patrimônio comum dos conviventes compete a ambos, salvo estipulação contrária em contrato escrito. É outro aspecto da autonomia da vontade: podem as partes dispor sobre a administração dos bens de acordo com a vontade deles. Trata-se mais de uma questão patrimonial e não de relacionamento conjugal e, nesse caso, celebrarão as partes um contrato escrito de administração patrimonial.

27.4. Direitos emergentes da dissolução da união estável

Outro aspecto importante do novo sistema foi a confirmação dos direitos resultantes da dissolução da união estável, mais ou menos como fora previsto no art. 3º da antiga lei. Essa questão foi prevista pelo art. 7º da nova lei, dizendo que dissolvida a união estável por rescisão, a assistência material prevista nessa lei será prestada por um dos conviventes ao que dela necessitar, a título de alimentos. O "caput" do art. 7º confirma o art. 1º da antiga lei, concedendo o direito a alimentos a qualquer dos conviventes, se a união estável for dissolvida. Incorporam-se à nova lei os dispositivos da Lei de Alimentos (Lei 5.478/68), aplicando-se o princípio de que os alimentos deverão obedecer o critério da necessidade do alimentado com a possibilidade do alimentante.

O termo "rescisão" aplicado pelo art. 7º dá a impressão de ser a união estável um contrato. Não há conceito universalmente aceito do que seja o contrato, mas não consideramos a união estável um contrato. Trata-se de uma "entidade familiar", isto é, um tipo de casamento e a constituição de uma família, bem diverso do contrato. Preferimos chamar de rompimento da união estável, da sociedade conjugal.

Falamos da dissolução da união estável por iniciativa dos conviventes. Poderá entretanto haver a dissolução pela morte de um deles. Nesse caso, não poderá haver alimentos. Dissolvida a união estável por morte de um dos conviventes, o sobrevivente terá direito real de habitação relativamente ao imóvel destinado à residência da família, enquanto viver ou não constituir nova união ou casamento. A lei antiga falava em usufruto e não em direito real de habitação. Vamos aplicar esse direito a um caso concreto. O convivente varão possuía um imóvel residencial seu, sem fazer parte do condomínio, mas vem a falecer. Ante esta situação, a convivente virago terá o direito de continuar morando naquele imóvel gratuitamente. Não poderá todavia desfrutar do imóvel em seu proveito: não poderá alugá-lo ou aliená-lo, mas apenas morar nele com o restante da família. Esse direito real de habitação é porém concedido com manifesta condição resolutiva: cessará se o cônjuge supérstite, titular desse direito, estabelecer nova união estável ou casar-se.

O direito real de habitação é mais restrito do que o usufruto, mas a nova lei é omissa a respeito deste último direito real. Achamos porém que a nova lei não revoga a antiga, pois cuida de questões diferentes. Basta ver a ementa, o enunciado de cada lei: o da Lei 8.971/94 diz "regula o direito dos companheiros a alimentos e à sucessão", enquanto que a ementa da Lei 9.278/96 diz: "regula o § 3º do art. 226 da Constituição Federal". São portanto duas leis, regulamentando cada uma dois assuntos. A nova não revoga a velha, a não ser naquilo que diz a mesma coisa ou em contrário.

Portanto, a Lei 8.971/94 está em vigor, valendo portanto seu art. 2º. Este artigo concede ao cônjuge supérstite certos direitos sucessórios. Esses direitos apresentam-se de três formas:

1º – o cônjuge supérstite terá direito ao usufruto de quarta parte dos bens do "de cujus", se houver filhos deste ou comuns;

2º – à metade dos bens se não houver filhos;

3º – na falta de descendentes ou ascendentes terá direito à totalidade da herança.

Esses três direitos sucessórios adicionam-se ao direito real de habitação, previsto no art. 7º, parágrafo único, da Lei 9.278/96.

Outro direito aparece na antiga lei, no art. 3º, que podemos considerar como direito de meação. Quando os bens deixados pelo autor da herança resultarem de atividade em que haja colaboração do outro cônjuge, terá este direito à metade dos bens.

27.5. Transformação em casamento

Diz o art. 8º da Lei 9.278/96 que conviventes poderão, de comum acordo e a qualquer tempo, requerer a conversão da união estável em casamento, por requerimento ao Oficial de Registro Civil da Circunscrição de seu domicílio. Este artigo coloca em evidência o que tinha sido estabelecido no § 3º do art. 226 da Constituição Federal, que merece ser aqui transcrito, já que falamos tanto nele:

"Para efeito da proteção do Estado, é reconhecida a união estável entre o homem e a mulher como entidade familiar, devendo a lei facilitar sua conversão em casamento".

Parece-nos realmente inovador este artigo, pois cria nova formalidade para a realização do casamento. Existem agora duas formas de se casar: uma pelas formalidades tradicionais, previstas no Código Civil, e outra pelo art. 8º da Lei 9.278/96. Será que o Cartório de Registro Civil de Pessoas Jurídicas exigirá comprovação da união estável, para transformá-la em casamento? Achamos que não, porquanto nossa Constituição diz que a lei deve facilitar essa conversão. Basta portanto a declaração dos pretendentes de que mantém a união estável, requerendo que seja ela transformada em casamento.

Em seguida à análise da situação, podemos resumir nossas considerações expendidas, apesar de que vários juristas expenderam opiniões bem diferentes, nos seguintes aspectos:

A – convivem as duas leis sobre a união estável;

B – a união estável é uma entidade familiar, assim entendida como novo modelo de sociedade conjugal regulada pela lei;

C – a união estável quase que se equipara ao casamento com vínculo legalmente regulado pelo Código Civil, no que tange a direitos e obrigações dos participantes;

D – afronta o novo Direito a admissão da união estável adulterina ou incestuosa;

E – é estabelecida entre um homem e uma mulher, rejeitando o projeto de lei de uma deputada, em discussão no Congresso Nacional;

F – a união estável concede direitos sucessórios, reais e alimentos;

G – o homem e a mulher são iguais perante a lei, não se admitindo discriminações.

Novo Código Civil

Da União Estável

Art. 1.723. É reconhecida como entidade familiar a união estável entre o homem e a mulher, configurada na convivência pública, contínua e duradoura e estabelecida com o objetivo de constituição de família.

§ 1.º A união estável não se constituirá se ocorrerem os impedimentos do art. 1.521; não se aplicando a incidência do inciso VI no caso de a pessoa casada se achar separada de fato ou judicialmente.

§ 2.º As causas suspensivas do art. 1.523 não impedirão a caracterização da união estável.

Art. 1.724. As relações pessoais entre os companheiros obedecerão aos deveres de lealdade, respeito e assistência, e de guarda, sustento e educação dos filhos.

Art. 1.725. Na união estável, salvo contrato escrito entre os companheiros, aplica-se às relações patrimoniais, no que couber, o regime da comunhão parcial de bens.

Art. 1.726. A união estável poderá converter-se em casamento, mediante pedido dos companheiros ao juiz e assento no Registro Civil.

Art. 1.727. As relações não eventuais entre o homem e a mulher, impedidos de casar, constituem concubinato.

28. DA TUTELA

28.1. Conceito e aplicação
28.2. Tipos de tutela
28.3. Dos incapazes de exercer a tutela
28.4. Da escusa dos tutores
28.5. Da garantia da tutela
28.6. Do exercício da tutela
28.7. Dos bens do tutelado
28.8. Da prestação de contas da tutela
28.9. Da cessação da tutela

28.1. Conceito e aplicação

A tutela é o instituto jurídico integrante do sistema previsto na lei para a proteção de pessoas menores sem pais, ou cujos pais, ainda que existindo, não mais disponham do poder familiar. Faz parte do recém-formado Direito Assistencial. Conforme vimos no estudo do poder familiar, cabe aos pais representar os filhos e assisti-los. Se porém o menor não tiver pais, precisará de quem os substitua, isto é, possa representá-lo e assisti-lo. É a função do tutor, que seria um tipo de pai postiço. O tutor não apenas representa o tutelado e lhe dá assistência em atos que exigem sua autorização: age como se fosse o pai, administrando os bens do menor e dirigindo-o e aconselhando-o em suas ações. Dirige e zela pela educação do menor.

A tutela é um encargo, um "munus" público que a justiça confere a uma pessoa, com uma vasta gama de obrigações e de direitos, para que esta pessoa supra a deficiência de um menor. A referida deficiência é a falta do poder familiar exercido pelos pais. A tutela forma com o poder familiar e a curatela o conjunto de institutos constitutivos do Direito Assistencial, o sub-ramo do Direito de Família, destinado a proteger o menor juridicamente carente. Não se confunde tutor com pai; este é naturalmente tutor de seu filho mas não juridicamente, pois não é possível ser pai e tutor. Todos os direitos-deveres do tutor estão no poder familiar, mas o pai é mais que um tutor, por ser mais ampla a gama de direitos-deveres.

A tutela só se aplica a menores, nunca a maiores; a estes pode aplicar-se a curatela, que iremos analisar em seguida. São postos em tutela apenas os menores não sujeitos ao poder familiar, ou seja, sem pais agindo sobre eles. Essa deficiência parental, causadora da tutela, ocorre falecendo os pais ou sendo julgados ausentes, ou decaindo os pais do poder familiar. O ECA-Estatuto da Criança e do Adolescente incluiu entre os sujeitos à tutela, no art. 26, o menor em situação irregular que carecer de representação permanente. Este último tipo de tutela implica necessariamente o dever de guarda e será exercida por prazo indeterminado. O menor em situação irregular, o qual já havíamos mencionado, é o que na linguagem vulgar é chamado de "menor abandonado".

28.2. Tipos de tutela

O tutor pode ser nomeado de diversas formas e de acordo com o sistema de nomeação haverá vários tipos de tutela, mais precisamente quatro: testamentária, legítima, dativa e irregular.

Testamentária

A primeira de que fala nosso Código é a testamentária. Surge ela de ato de última vontade; os pais que detenham o poder familiar sobre o filho menor, ainda em vida, dispõem por testamento ou qualquer outro documento autêntico, que, após sua morte, seu filho será tutelado por pessoa que eles indicarem. O direito de nomear tutor competirá aos pais em conjunto. Na ausência de um deles, o outro assume totalmente essa faculdade, já que detém o poder familiar. Será portanto nula a nomeação de tutor pelo pai ou pela mãe, que ao tempo de sua morte, não tinha o poder familiar.

Essa exclusividade encontrará porém certas exceções. Digamos que os pais do menor sejam falecidos e os avós assumiram a tutela. Os avós poderão por testamento ou documento autêntico dispor que, após sua morte, o menor tenha por tutor pessoa de confiança. Embora seja chamada de testamentária, essa tutela pode ser feita por "qualquer outro documento autêntico", como fala o Código Civil.

No caso de ser nomeado mais de um tutor por disposição testamentária sem indicação de precedência, entende-se que a tutela foi cometida ao primeiro, e que os outros lhe sucederão pela ordem de nomeação, se ocorrer morte, incapacidade, escusa ou qualquer outro impedimento. Digamos que Modestino nomeia em testamento ou qualquer outro documento autêntico, para seu filho menor, Ulpiano, Pompônio e Papiniano, nessa ordem, sem dizer qual dos três será o imediato tutor; neste caso será Ulpiano, por ser o primeiro da lista. Se Ulpiano vier a falecer, assumirá Pompônio, o segundo da lista.

É possível que alguém institua um menor herdeiro ou legatário seu, mas não é seu filho e este se encontre sob o poder familiar de seus pais, ou então esse menor esteja sob tutela de outra pessoa. Neste caso, poderá nomear um curador especialmente dos bens deixados em testamento. Neste caso, não há tutela, mas curatela para um ou mais bens especificados.

Legítima

O segundo tipo de tutela é a legítima. Na falta de testamento nomeando o tutor, é a própria lei que indica quem deva ser, no art.1.731. Em falta de tutor nomeado pelos pais, incumbe e tutela aos parentes consangüíneos do menor, por esta ordem:

1º – aos ascendentes, preferindo o de grau mais próximo ao mais remoto; neste caso serão os avós e na falta destes os bisavós;

2º – aos colaterais até o terceiro grau, preferindo os mais próximos aos mais remotos, e no mesmo grau, os mais velhos aos mais moços; em qualquer dos casos o juiz escolherá entre eles o mais apto a exercer a tutela em benefício do menor. Assim sendo, será o irmão mais velho e, se não houver irmãos, serão os tios. Muita lógica tem a preferência do irmão ou do tio mais velho ao mais moço, pois o tutor é um pai postiço, devendo haver entre tutor e tutelado a diferença de idade peculiar à de pai para filho.

Dativa

A tutela dativa é o terceiro tipo. Foi prevista no art. 1.732 e se aplica quando não puderem ser aplicadas as outras duas. Trata-se de tutela judicial porquanto se origina da decisão do juiz. O juiz nomeará tutor idôneo e residente no domicílio do menor, na falta de tutor legítimo ou testamentário, ou quando estes forem excluídos ou escusados da tutela, ou então removidos por não idôneos o tutor legítimo e o testamentário. A tutela dativa tem caráter subsidiário, portanto; ela é invocada se não houver a testamentária e a legítima.

Irregular

A tutela irregular aplica-se ao menor em situação irregular, prevista no ECA. É chamada de tutela de fato, que é muito comum, principalmente nas categorias menos favorecidas pela fortuna. Às vezes, em vez de tutela, o tutor de fato tem a guarda do menor o que aproxima um instituto do outro.

Os menores abandonados terão tutores nomeados pelo juiz, ou serão recolhidos a estabelecimento público para esse fim destinado. Na falta desse estabelecimento, ficam sob a tutela das pessoas que voluntária e gratuitamente se encarregam da sua criação. Há vários desses estabelecimentos mas o principal é a FEBEM. Não há falar em tutela pela FEBEM, mas um tipo de guarda. Como o tutor é nomeado por sentença judicial, poder-se-ia incluir essa tutela na classificação de dativa.

28.3. Dos incapazes de exercer a tutela

Nem todos podem exercer a tutela. Há certos impedimentos, como os há para o casamento. A incapacidade é pois para o exercício da tutela e não no sentido genérico. O art. 1.735 aponta, em seis incisos, as pessoas impedidas de exercer a tutela. Não podem ser tutores e serão exonerados da tutela, caso a exerçam, os que não tiverem a livre administração de seus bens. Evidente é essa medida, aplicada a menores, interditos e incapazes. Como poderia uma pessoa, incapaz de administrar seus bens, ser capaz de administrar bens alheios?

Nem os que, no momento de lhes ser deferida a tutela, se acharem constituídos em obrigação para com o menor, ou tiverem de fazer valer direitos contra este; e aqueles cujos pais, filhos ou cônjuges tiverem demanda contra o menor. Há aqui um impedimento por vínculo judicial. Por exemplo: um menor executa dívida de um devedor; durante a execução seria incoerente que o executado se tornasse tutor do exeqüente. Igualmente quem for inimigo do menor ou de seus pais, ou que tiver sido por estes expressamente excluído da tutela.

Para responsabilizar-se pela criação do menor e administrar seus bens, é imprescindível que o tutor seja pessoa idônea. Não poderão ser tutores os condenados por crime de furto, roubo, estelionato ou falsidade, tenham ou não cumprido a pena; também as pessoas de mau procedimento ou falhas em probidade e as culpadas de abuso em tutorias anteriores.

O inciso VI declara incapazes de exercer a tutela os que exercerem função pública incompatível com a boa administração da tutela. Não esclarece quais sejam as funções, mas a lógica apontaria militares em tempo de guerra, e obrigados a viagens.

28.4. Da escusa dos tutores

Nem todos são obrigados a aceitar a tutela já que constitui ela um "munus" e nem todos têm interesse nela. Necessário, porém, que tenha motivos legais para escusar-se. Esses motivos estão disciplinados pelos arts.1.736 a 1.739 do Código Civil, formando a seção chamada "Da Escusa dos Tutores". A nomeação e a posse do tutor estão regulamentadas nos arts.1.187 a 1.193 do CPC – Código de Processo Civil, inclusive o procedimento do pedido de escusa.

A escusa será apresentada nos dez dias seguintes à designação do tutor, e se ela não for apresentada nesse prazo, entender-se-á como renúncia ao direito de alegá-la. É possível que o tutor tenha aceito a incumbência e um dos motivos da escusa tenha surgido após a aceitação; em casos assim, o tutor terá os 10 dias para a escusa, contando-se do dia em que o motivo surgiu. Se o juiz não admitir a escusa, o tutor nomeado estará obrigado a exercer a tutela, enquanto o recurso interposto não tiver provimento, e responderá desde logo pelas perdas e danos que o menor venha a sofrer.

O inciso I do art.1.736 aponta como autorizadas a recusar a tutela as mulheres casadas. O antigo Código citava as mulheres, numa evidente discriminação adotada quanto às mulheres no tocante à tutela. O novo Código entretanto restringe essa possibilidade apenas às mulheres casadas. O direito de as mulheres casadas poderem recusar a tutela não é discriminatório, mas a consideração de que a mulher casada está hoje sobrecarregada de responsabilidade do lar, do marido, de filhos e, muitas vezes, a mulher também trabalha fora de casa para o sustento do lar. Muito lógico pois que se reserve à mulher casada o direito de aceitar ou não essa incumbência.

O inciso II dá essa possibilidade às pessoas maiores de 60 anos, o que julgamos coerente, porquanto criar menores exige energia física, que começa a declinar após os 60 anos.

Pelo mesmo motivo, podem excusar-se as pessoas impossibilitadas por enfermidade, segundo o inciso IV.

Quem tiver em seu poder mais do que três filhos poderá também escusar-se, uma vez que não será justo sobrecarregar uma pessoa com a responsabilidade de mais um menor, além dos próprios filhos.

A recusa é ainda facultada a quem residir longe do lugar em que haja de exercer a tutela. Não estabelece o Código os parâmetros dessa distância, ficando a cargo do juiz julgar a dificuldade de locomoção do tutor para o exercício da tutela.

Ficam dispensados os que já foram incumbidos de tutela ou curatela, para não serem sobrecarregados.

Finalmente, são isentos os militares em serviço. É sabido que os militares estão sujeitos a transferência a qualquer momento para regiões distantes. Poderiam então renunciar à tutela e já que isso poderá acontecer, é preferível evitar essa renúncia.

O art.1.737 faculta ainda a alguém que não seja parente do menor, se houver na localidade da residência dele algum parente apto a exercer a tutela.

28.5. Da garantia da tutela

A função do tutor é muito variada e se aproxima à de pai. Às vezes o tutelado é um menor de posses e suas propriedades serão administradas pelo tutor. Se o tutor encarregar-se da administração de bens do menor, terá responsabilidade patrimonial, devendo resguardar o patrimônio administrado contra os riscos e desgastes.

Como a nomeação do tutor cabe aos pais e na impossibilidade deles ao juiz, será evidente o cuidado que estes deverão tomar na escolha do tutor, mesmo porque lhes caberá responsabilidade por escolha má ou irregular. Se a situação for delicada, como no caso de o menor possuir vultoso patrimônio, o juiz poderá condicionar o exercício da tutela à prestação de caução (garantia). Essa garantia não é obrigatória, mas em casos mais delicados.

Nesses casos, para assegurar a integridade do patrimônio administrado, o tutor dará garantias, que poderão ser de diversos tipos. Poderá oferecer imóveis em hipoteca; essa hipoteca recebe o nome de especialização. O tutor, antes de assumir a tutela, especializará, em hipoteca legal, que será inscrita, os imóveis necessários para a acautelar, sob sua administração, os bens do menor.

Poderá ainda oferecer caução real ou fidejussória, como ações de companhias, títulos de crédito, coisas em penhor, e outros. Os bens do menor serão entregues ao tutor mediante termo especificado deles e o valor de cada um, ainda que tenha sido dispensado pelos pais do menor. Embora a lei não disponha a respeito, achamos que o ideal seria fazer um seguro-fidelidade e pago pela renda do próprio patrimônio do menor. Com efeito, o tutor é obrigado a aceitar um encargo, sem remuneração, responsabilizar-se por possíveis falhas de gestão, é obrigado a prestar contas, e ainda tem que dar garantias da tutela. Não é sobrecarregar demais a responsabilidade de um cidadão?

O juiz que nomear o tutor não fica isento de responsabilidade por atos praticados por este, tornando a posição ainda mais delicada. O juiz responde subsidiariamente pelos prejuízos que sofra o menor em razão da insolvência do tutor, de lhe não ter exigido a garantia legal, ou de o não haver removido, tanto que se tornou suspeito. É subsidiária e indireta, significando que a responsabilidade será do juiz se o tutor não ressarcir os danos.

A responsabilidade do juiz será direta e pessoal, quando não tiver nomeado o tutor, ou não o houver feito oportunamente.

28.6. Do exercício da tutela

O que faz o tutor? Quais suas funções e responsabilidades? O que pode fazer? É o que dispõem os arts. 1.740 a 1.752 sobre o exercício da tutela. Já se falou que o tutor é um pai postiço e mais ou menos exerce ele funções compatíveis com o poder familiar. Todavia, o poder familiar é privativo dos pais; o tutor equipara-se ao pai mas não é o pai. Há várias diferenças, como por exemplo, ter que agir sob a inspeção do juiz. Em sentido geral, compete ao tutor a representação legal do menor, a administração de seus bens, dirigir sua educação, dar-lhe assistência moral e psicológica.

Caberá ao tutor dirigir a educação do menor tutelado, defendê-lo e prestar-lhes alimentos, conforme os seus haveres e condição. Se o menor precisar de correção, poderá o tutor reclamar ao juiz a aplicação do corretivo. Deverá cumprir os deveres que normalmente cabe aos pais, mas se o menor já contar com mais de 12 anos, sua opinião deverá ser ouvida.

Incumbe ao tutor, sob a inspeção do juiz, administrar os bens do tutelado, em proveito deste, cumprindo seus deveres com zelo e boa-fé (art.1.741).Os bens do menor serão entregues ao tutor mediante termo especificado dos bens e seus valores, ainda que os pais os tenham dispensado. Se os bens ou interesses administrativos exigirem conhecimentos técnicos forem complexos, ou realizados em lugares distantes do domicílio do tutor, poderá este, mediante aprovação judicial, delegar a outras pessoas físicas ou jurídicas o exercício parcial da tutela. Nessas condições, poderá encarregar uma administradora de bens, contratar advogado para ações judiciais em defesa dos bens administrados, engenheiro para obras e outras necessidades.

Como se vê, as primeiras funções indicadas são de natureza patrimonial. É possível porém que o tutelado, também chamado "pupilo" tenha valioso patrimônio. Se o menor possuir bens, será sustentado e educado a expensas desses bens, arbitrando o juiz para tal fim as quantias necessárias, considerando o rendimento da fortuna do pupilo quando o pai ou a mãe não as houver fixado (art.1.746). Não seria justo obrigar o tutor a intenso trabalho na administração dos bens do tutelado e ainda pagar as despesas que eles acarretam. Para fiscalização dos atos do tutor pode o juiz nomear um protutor.

O menor pode ser porém destituído de bens. Nesse caso, não existe na tutela funções patrimoniais. Entretanto, compete ao tutor representar o menor, até os 16 anos, nos atos da vida civil, e assisti-lo, após essa idade, nos atos em que for parte. É portanto o representante legal do menor, e, além da representação há a assistência moral e a obrigação de formar o menor para que possa atingir a maioridade em condições de saber escolher os rumos de sua vida.

Além da normal administração dos bens, haverá as naturais mutações patrimoniais, rendimentos e outras operações necessárias à manutenção do patrimônio. Poderá o tutor receber as rendas e pensões do menor, fazer-lhe as despesas de subsistência e educação, bem como as da administração de seus bens, e alienar os bens do menor destinados à venda. Essas tarefas fazem parte da rotina da tutela, dispensando a autorização do juiz.

Compete também ao tutor, com autorização do juiz, fazer as despesas necessárias com a conservação e o melhoramento dos bens; receber as quantias devidas ao menor e pagar-lhe as dívidas; aceitar por ele heranças, legados e doações, com ou sem encargos; transigir; promover-lhe, mediante praça pública, o arrendamento de bens de raiz, vender-lhe os móveis cuja conservação não convier, e os imóveis nos casos em que for permitido; propor em juízo as ações, ou nelas assistir o menor, e promover todas as diligências a bem deste, assim como defendê-lo nos pleitos contra ele movidos (art. 1.748).

Por outro lado, o tutor vai encontrar restrições na prática de certos atos. Assim por exemplo, nos atos acima descritos, se forem eles praticados sem autorização do juiz, a eficácia dos atos do tutor só terão eficácia se houver ulterior aprovação judicial. Ainda com autorização judicial não pode o tutor, sob pena de nulidade: adquirir por si ou por interposta pessoa, por contrato particular ou em hasta pública, bens móveis ou imóveis pertencentes ao menor; dispor dos bens do menor a título gratuito; constituir-se cessionário de crédito ou de direito, contra o menor. Assim diz o art. 1.749. A prática de tais atos transformaria o tutor em sócio do menor, realizando transações pessoais envolvendo os bens e interesses do menor. O que julgamos estranho é essa disposição legal: se o tutor não pode praticar tais atos, sob pena de nulidade, escusado será dizer: "ainda com autorização do juiz". O que for proibido por lei é evidente que não pode ser autorizado pelo juiz. O que pretende a lei, ao que parece, é precaver os interesses do menor, caso haja engano ou equívoco, ou talvez exorbitância na autorização do juiz para tais atos, o que viria a dar cunho de legalidade na transação.

Os imóveis pertencentes aos menores só podem ser vendidos quando houver manifesta vantagem, mediante prévia avaliação judicial e aprovação do juiz. Pelo Código anterior, a venda deveria ser realizada em hasta pública, mas no sistema do novo Código é possível a venda por escritura. Chegamos ao ponto cruciante do problema: a venda de imóveis pertencentes a menores. O próprio pai não poderá vender imóveis do filho menor sem alvará judicial e o tutor vai encontrar a mesma restrição, necessitando ainda de avaliação prévia do valor do imóvel. Pela praxe processual, o juiz nomeará avaliador de sua escolha, ou encarregará alguma entidade idônea para esse serviço.

A lei prevê a possibilidade de haver dívidas do menor para com quem irá exercer sua tutela, ou seja, antes da tutela, o menor era devedor de seu futuro tutor. Antes de assumir a tutela, o tutor declarará tudo que lhe deva o menor, sob pena de lhe não poder cobrar, enquanto exerça a tutoria, salvo provando que não conhecia o débito quando a assumiu (art.1.751). Se ocorresse essa hipótese, o tutor exerceria o papel conflitante de credor e representante legal de seu devedor.

No tocante à administração dos bens do menor e nessas operações o tutor estará carregado de responsabilidade, mas terá também direitos e vantagens. Inclusive, para garantia dessas responsabilidades, terá ele que dar garantia em certos casos que já comentamos. Se ele for administrar bens de menores, será justo que seja ele responsável por essa administração, mas igualmente justo que seja ele compensado pelos seus esforços.O tutor responde pelos prejuízos que, por negligência, culpa ou dolo causar ao pupilo. No entanto, tem direito a ser pago do que legalmente despendeu no exercício da tutela, e a perceber remuneração proporcional à importância dos bens administrados. Embora o Código fale em remuneração, trata-se mais da cobertura de gastos e prejuízos que o tutor despender no exercício da tutela. Para o protutor também será arbitrada uma gratificação módica pela fiscalização efetuada.

A responsabilidade pela administração estende-se às demais pessoas às quais competia fiscalizar a atividade do tutor, e as que concorreram para o dano. A primeira a ser incluída será o protutor. Já havíamos feito referência à responsabilidade do juiz.

28.7. Dos bens do tutelado

Nosso Código reserva uma seção especial para as diretrizes referentes à administração dos bens do tutelado, com os arts.1.753 e 1.754, para evitar potenciais vantagens que o tutor possa auferir com a administração exercida por ele. O primeiro aspecto levantado é sobre o movimento de dinheiro. Não pode o tutor conservar em seu poder o dinheiro do tutelado, mas apenas o que seja necessário para os gastos da administração dos bens e no sustento, guarda, educação e outros gastos necessários ao menor.

Todo o dinheiro recebido deverá ser depositado em banco oficial. A retirada de dinheiro dessa conta só poderá ser realizada com autorização do juiz.

Quanto aos bens cuja manutenção seja onerosa ou inconveniente, ou não possa servir ao tutelado, poderão ser alienados, mas só com autorização judicial. Objetos de ouro e prata, pedras preciosas e móveis, se houver necessidade de alienação, devem ser avaliados por pessoa idônea e habilitada. O produto da alienação deve ser convertido em títulos, obrigações e letras de responsabilidade direta e indireta da União ou dos Estados, atendendo-se preferencialmente à rentabilidade desses títulos. Poderá igualmente ser aplicado esse dinheiro em imóveis, conforme autorização judicial. É possível também conservar esse dinheiro no Banco do Brasil ou na Caixa Econômica, em conta rentável.

A retenção de dinheiro em mãos do tutor acarretar-lhe-á o pagamento de juros legais desde o dia em que deveria dar o destino certo.

28.8. Da prestação de contas da tutela

Entre as obrigações do tutor figura a de apresentar relatório de suas atividades, uma prestação de contas que constitui um verdadeiro balanço patrimonial. Aliás, pela regulamentação do assunto, a impressão que se forma é a de que a maioria dos tutelados são milionários. Menor rico raramente tem tutor, mesmo porque o número de ricos no Brasil é ínfimo em proporção à enorme população pobre. Se examinarmos no fórum os processos de nomeação de tutores, constataremos que 99% ou mais de tutelados são pobres, para não dizer miseráveis.

Ainda que os pais do tutelado tenham disposto de forma diferente, o tutor estará obrigado a prestar contas. No final de cada ano de administração, o tutor submeterá ao juiz o balanço respectivo, que, depois de aprovado, se anexará aos autos do inventário. Além desse balanço anual, deverá haver a prestação de contas de dois em dois anos. Poderá haver ainda a prestação de contas quando o juiz julgar conveniente, como por exemplo, se o tutor deixar a função, ou se algum evento extraordinário ocorrer.

As contas serão prestadas em juízo, e julgadas depois da audiência dos interessados, recolhendo o tutor imediatamente a estabelecimento bancário oficial os saldos ou adquirindo bens imóveis ou títulos ou letras. Essa aquisição deverá ser cuidadosa, com requisitos expostos no art.1.753.

Finda a tutela pela emancipação ou maioridade, a quitação do menor não produzirá efeito antes de aprovadas as contas pelo juiz, subsistindo inteira, até então, a responsabilidade do tutor (art.1.758).

A morte, ausência ou interdição do tutor não elimina sua responsabilidade, que se transmite aos seus sucessores. Seus herdeiros ou representantes encarregar-se-ão de prestar contas pelo tutor.

Por outro lado, a lei reserva ao tutor algumas faculdades. Serão levadas a seu crédito todas as despesas justificadas e reconhecidamente proveitosas ao menor (art.1.760). As próprias despesas com a prestação de contas serão pagas pelo tutelado. O alcance do tutor, bem como o saldo contra o tutelado, são dívidas de valor e vencem juros desde o julgamento definitivo das contas. Se assim não fosse, o tutor seria obrigado a gastar e ter prejuízos para cumprir a missão que lhe foi imposta.

28.9. Da cessação da tutela

A tutela é de efêmera duração. O máximo que poderia durar é 18 anos, pois, com a maioridade do pupilo, cessa automaticamente. É possível que ela seja antecipada com a emancipação do menor tutelado ou se ele se casar.

Há motivos ainda que fazem cessar a tutela. Pode ela ser estabelecida por prazo determinado. Ao expirar esse termo, em que era obrigado a servir, o tutor não mais deve manter-se na função. Pode ainda, no exercício da tutela, sobrevir escusa legítima. Muitas são essas possibilidades. É possível ainda que seja o tutor removido da tutela, como por exemplo, se ele exorbitar-se em suas funções. Aliás a própria lei prevê a destituição do tutor, quando for negligente, prevaricador ou incurso em incapacidade. Essa questão está ainda com disposições previstas nos arts.1.194 a 1.198 do CPC, em item denominado "Da Remoção e Dispensa de Tutor ou Curador". Também no ECA (Lei 8.069/90).

Incumbe ao Ministério Público, ou a quem tenha legítimo interesse, requerer a remoção do tutor.

O tutor é obrigado a servir por espaço de dois anos, mas pode continuar no exercício da tutela além desse prazo se o juiz julgar conveniente ao menor (art.1.765). Cessando as funções do tutor pelo decurso do prazo em que era obrigado a servir, ser-lhe-á lícito requerer a exoneração do encargo; não o fazendo dentre os 10 dias seguintes à expiração do tempo, entender-se-á reconduzido, salvo se o juiz o dispensar, segundo o art.1.198 do CPC.

Novo Código Civil

Da Tutela e da Curatela

Da Tutela

Seção I
Dos Tutores

Art. 1.728. Os filhos menores são postos em tutela:

I – com o falecimento dos pais, ou sendo estes julgados ausentes;

II – em caso de os pais decaírem do poder familiar.

Art. 1.729. O direito de nomear tutor compete aos pais, em conjunto.

Parágrafo único. A nomeação deve constar de testamento ou de qualquer outro documento autêntico.

Art. 1.730. É nula a nomeação de tutor pelo pai ou pela mãe que, ao tempo de sua morte, não tinha o poder familiar.

Art. 1.731. Em falta de tutor nomeado pelos pais incumbe a tutela aos parentes consangüíneos do menor, por esta ordem:

I – aos ascendentes, preferindo o de grau mais próximo ao mais remoto;

II – aos colaterais até o terceiro grau, preferindo os mais próximos aos mais remotos, e, no mesmo grau, os mais velhos aos mais moços; em qualquer dos casos, o juiz escolherá entre eles o mais apto a exercer a tutela em benefício do menor.

Art. 1.732. O juiz nomeará tutor idôneo e residente no domicílio do menor:

I – na falta de tutor testamentário ou legítimo;

II – quando estes forem excluídos ou escusados da tutela;

III – quando removidos por não idôneos o tutor legítimo e o testamentário.

Art. 1.733. Aos irmãos órfãos dar-se-á um só tutor.

§ 1.º No caso de ser nomeado mais de um tutor por disposição testamentária sem indicação de precedência, entende-se que a tutela foi cometida ao primeiro, e que os outros lhe sucederão pela ordem de nomeação, se ocorrer morte, incapacidade, escusa ou qualquer outro impedimento.

§ 2.º Quem institui um menor herdeiro, ou legatário seu, poderá nomear-lhe curador especial para os bens deixados, ainda que o beneficiário se encontre sob o poder familiar, ou tutela.

Art. 1.734. Os menores abandonados terão tutores nomeados pelo juiz, ou serão recolhidos a estabelecimento público para este fim destinado, e, na falta desse estabelecimento, ficam sob a tutela das pessoas que, voluntária e gratuitamente, se encarregarem da sua criação.

Seção II
Dos Incapazes de Exercer a Tutela

Art. 1.735. Não podem ser tutores e serão exonerados da tutela, caso a exerçam:

I – aqueles que não tiverem a livre administração de seus bens;

II – aqueles que, no momento de lhes ser deferida a tutela, se acharem constituídos em obrigação para com o menor, ou tiverem que fazer valer direitos contra este, e aqueles cujos pais, filhos ou cônjuges tiverem demanda contra o menor;

III – os inimigos do menor, ou de seus pais, ou que tiverem sido por estes expressamente excluídos da tutela;

IV – os condenados por crime de furto, roubo, estelionato, falsidade, contra a família ou os costumes, tenham ou não cumprido pena;

V – as pessoas de mau procedimento, ou falhas em probidade, e as culpadas de abuso em tutorias anteriores;

VI – aqueles que exercerem função pública incompatível com a boa administração da tutela.

Seção III
Da Escusa dos Tutores

Art. 1.736. Podem escusar-se da tutela:

I – mulheres casadas;

II – maiores de sessenta anos;

III – aqueles que tiverem sob sua autoridade mais de três filhos;

IV – os impossibilitados por enfermidade;

V – aqueles que habitarem longe do lugar onde se haja de exercer a tutela;

VI – aqueles que já exercerem tutela ou curatela;

VII – militares em serviço.

Art. 1.737. Quem não for parente do menor não poderá ser obrigado a aceitar a tutela, se houver no lugar parente idôneo, consangüíneo ou afim, em condições de exercê-la.

Art. 1.738. A escusa apresentar-se-á nos dez dias subseqüentes à designação, sob pena de entender-se renunciado o direito de alegá-la; se o motivo escusatório ocorrer depois de aceita a tutela, os dez dias contar-se-ão do em que ele sobrevier.

Art. 1.739. Se o juiz não admitir a escusa, exercerá o nomeado a tutela, enquanto o recurso interposto não tiver provimento, e responderá desde logo pelas perdas e danos que o menor venha a sofrer.

Seção IV
Do Exercício da Tutela

Art. 1.740. Incumbe ao tutor, quanto à pessoa do menor:

I – dirigir-lhe a educação, defendê-lo e prestar-lhe alimentos, conforme os seus haveres e condição;

II – reclamar do juiz que providencie, como houver por bem, quando o menor haja mister correção;

III – adimplir os demais deveres que normalmente cabem aos pais, ouvida a opinião do menor, se este já contar doze anos de idade.

Art. 1.741. Incumbe ao tutor, sob a inspeção do juiz, administrar os bens do tutelado, em proveito deste, cumprindo seus deveres com zelo e boa-fé.

Art. 1.742. Para fiscalização dos atos do tutor, pode o juiz nomear um protutor.

Art. 1.743. Se os bens e interesses administrativos exigirem conhecimentos técnicos, forem complexos, ou realizados em lugares distantes do domicílio do tutor, poderá este, mediante aprovação judicial, delegar a outras pessoas físicas ou jurídicas o exercício parcial da tutela.

Art. 1.744. A responsabilidade do juiz será:

I – direta e pessoal, quando não tiver nomeado o tutor, ou não o houver feito oportunamente;

II – subsidiária, quando não tiver exigido garantia legal do tutor, nem o removido, tanto que se tornou suspeito.

Art. 1.745. Os bens do menor serão entregues ao tutor mediante termo especificado deles e seus valores, ainda que os pais o tenham dispensado.

Parágrafo único. Se o patrimônio do menor for de valor considerável, poderá o juiz condicionar o exercício da tutela à prestação de caução bastante, podendo dispensá-la se o tutor for de reconhecida idoneidade.

Art. 1.746. Se o menor possuir bens, será sustentado e educado a expensas deles, arbitrando o juiz para tal fim as quantias que lhe pareçam necessárias, considerado o rendimento da fortuna do pupilo quando o pai ou a mãe não as houver fixado.

Art. 1.747. Compete mais ao tutor:

I – representar o menor, até os dezesseis anos, nos atos da vida civil, e assisti-lo, após essa idade, nos atos em que for parte;

II – receber as rendas e pensões do menor, e as quantias a ele devidas;

III – fazer-lhe as despesas de subsistência e educação, bem como as de administração, conservação e melhoramentos de seus bens;

IV – alienar os bens do menor destinados a venda;

V – promover-lhe, mediante preço conveniente, o arrendamento de bens de raiz.

Art. 1.748. Compete também ao tutor, com autorização do juiz:

I – pagar as dívidas do menor;

II – aceitar por ele heranças, legados ou doações, ainda que com encargos;

III – transigir;

IV – vender-lhe os bens móveis, cuja conservação não convier, e os imóveis nos casos em que for permitido;

V – propor em juízo as ações, ou nelas assistir o menor, e promover todas as diligências a bem deste, assim como defendê-lo nos pleitos contra ele movidos.

Parágrafo único. No caso de falta de autorização, a eficácia de ato do tutor depende da aprovação ulterior do juiz.

Art. 1.749. Ainda com a autorização judicial, não pode o tutor, sob pena de nulidade:

I – adquirir por si, ou por interposta pessoa, mediante contrato particular, bens móveis ou imóveis pertencentes ao menor;

II – dispor dos bens do menor a título gratuito;

III – constituir-se cessionário de crédito ou de direito, contra o menor.

Art. 1.750. Os imóveis pertencentes aos menores sob tutela somente podem ser vendidos quando houver manifesta vantagem, mediante prévia avaliação judicial e aprovação do juiz.

Art. 1.751. Antes de assumir a tutela, o tutor declarará tudo o que o menor lhe deva, sob pena de não lhe poder cobrar, enquanto exerça a tutoria, salvo provando que não conhecia o débito quando a assumiu.

Art. 1.752. O tutor responde pelos prejuízos que, por culpa, ou dolo, causar ao tutelado; mas tem direito a ser pago pelo que realmente despender no exercício da tutela, salvo no caso do art. 1.734, e a perceber remuneração proporcional à importância dos bens administrados.

§ 1.º Ao protutor será arbitrada uma gratificação módica pela fiscalização efetuada.

§ 2.º São solidariamente responsáveis pelos prejuízos as pessoas às quais competia fiscalizar a atividade do tutor, e as que concorreram para o dano.

Seção V
Dos Bens do Tutelado

Art. 1.753. Os tutores não podem conservar em seu poder dinheiro dos tutelados, além do necessário para as despesas ordinárias com o seu sustento, a sua educação e a administração de seus bens.

§ 1.º Se houver necessidade, os objetos de ouro e prata, pedras preciosas e móveis serão avaliados por pessoa idônea e, após autorização judicial, alienados, e o seu produto convertido em títulos, obrigações e letras de responsabilidade direta ou indireta da União ou dos Estados, atendendo-se preferentemente à rentabilidade, e recolhidos ao estabelecimento bancário oficial ou aplicado na aquisição de imóveis, conforme for determinado pelo juiz.

§ 2.º O mesmo destino previsto no parágrafo antecedente terá o dinheiro proveniente de qualquer outra procedência.

§ 3.º Os tutores respondem pela demora na aplicação dos valores acima referidos, pagando os juros legais desde o dia em que deveriam dar esse destino, o que não os exime da obrigação, que o juiz fará efetiva, da referida aplicação.

Art. 1.754. Os valores que existirem em estabelecimento bancário oficial, na forma do artigo antecedente, não se poderão retirar, senão mediante ordem do juiz, e somente:

I – para as despesas com o sustento e educação do tutelado, ou a administração de seus bens;

II – para se comprarem bens imóveis e títulos, obrigações ou letras, nas condições previstas no § 1.º do artigo antecedente;

III – para se empregarem em conformidade com o disposto por quem os houver doado, ou deixado;

IV – para se entregarem aos órfãos, quando emancipados, ou maiores, ou, mortos eles, aos seus herdeiros.

Seção VI
Da Prestação de Contas

Art. 1.755. Os tutores, embora o contrário tivessem disposto os pais dos tutelados, são obrigados a prestar contas da sua administração.

Art. 1.756. No fim de cada ano de administração, os tutores submeterão ao juiz o balanço respectivo, que, depois de aprovado, se anexará aos autos do inventário.

Art. 1.757. Os tutores prestarão contas de dois em dois anos, e também quando, por qualquer motivo, deixarem o exercício da tutela ou toda vez que o juiz achar conveniente.

Parágrafo único. As contas serão prestadas em juízo, e julgadas depois da audiência dos interessados, recolhendo o tutor imediatamente a estabelecimento bancário oficial os saldos, ou adquirindo bens imóveis, ou títulos, obrigações ou letras, na forma do § 1.º do art. 1.753.

Art. 1.758. Finda a tutela pela emancipação ou maioridade, a quitação do menor não produzirá efeito antes de aprovadas as contas pelo juiz, subsistindo inteira, até então, a responsabilidade do tutor.

Art. 1.759. Nos casos de morte, ausência, ou interdição do tutor, as contas serão prestadas por seus herdeiros ou representantes.

Art. 1.760. Serão levadas a crédito do tutor todas as despesas justificadas e reconhecidamente proveitosas ao menor.

Art. 1.761. As despesas com a prestação das contas serão pagas pelo tutelado.

Art. 1.762. O alcance do tutor, bem como o saldo contra o tutelado, são dívidas de valor e vencem juros desde o julgamento definitivo das contas.

Seção VII
Da Cessação da Tutela

Art. 1.763. Cessa a condição de tutelado:

I – com a maioridade ou a emancipação do menor;

II – ao cair o menor sob o poder familiar, no caso de reconhecimento ou adoção.

Art. 1.764. Cessam as funções do tutor:

I – ao expirar o termo, em que era obrigado a servir;

II – ao sobrevir escusa legítima;

III – ao ser removido.

285

Art. 1.765. O tutor é obrigado a servir por espaço de dois anos.

Parágrafo único. Pode o tutor continuar no exercício da tutela, além do prazo previsto neste artigo, se o quiser e o juiz julgar conveniente ao menor.

Art. 1.766. Será destituído o tutor, quando negligente, prevaricador ou incurso em incapacidade.

29. DA CURATELA

29.1. Conceito

29.2. Quem está sujeito à curatela

29.3. O processo de interdição

29.4. Quem deve ser curador

29.5. Da curatela do nascituro e do enfermo ou portador de deficiência física

29.6. O levantamento da interdição

29.1. Conceito

Os menores não podem administrar seus bens nem dirigir sua pessoa; para isso existem os pais e, na falta deles, é nomeado judicialmente o tutor. O menor, pela sua idade, é, juridicamente um incapaz. Entretanto, é possível que um maior também seja incapaz de administrar seus bens e dirigir sua pessoa. Nesse caso, ser-lhe-á nomeado judicialmente um curador. A curatela é portanto um encargo conferido pela lei a uma pessoa, a fim de que esta administre os bens de outra pessoa maior, que por razão qualquer seja incapaz juridicamente.

Como a tutela, a curatela é um MUNUS público, um tipo de dever moral tutelado pela lei. Há muita semelhança entre curatela e tutela, e muitos princípios de uma aplicam-se à outra. Algumas diferenças porém são marcantes: a tutela aplica-se a menores; a curatela a maiores. E por falar em menores, vale lembrar que o novo Código Civil, no art. 5º, estabeleceu que a menoridade cessa aos 18 anos completos, quando a pessoa fica habilitada à prática da vida civil. Em outras palavras, a tutela é dada a menores de 18 anos, a curatela a maiores.

Outra diferença é que a tutela dirige mais a vida do tutelado, ficando em segundo plano a administração dos bens do menor. O curador não se assemelha ao pai do curatelado; destina-se mais a administrar os bens. Por isso, disseram os romanos: "Tutor datur personae, curator rei". No entanto, o curador, na verdade, é dado à pessoa do maior incapaz. Destina-se a protegê-lo, impedindo que seus bens se dissipem.

Por que um maior de 18 anos necessita de alguém para encarregar-se de seus bens e de sua pessoa? Vamos encontrar a resposta no art. 5º do Código Civil, que aponta os absolutamente incapazes de exercer pessoalmente os atos da vida civil. Resposta parcial está expressa no art. 4º, apontando os relativamente incapazes. Se eles são incapazes, haverá necessidade de alguém que os oriente ou possa agir por eles. O curador, de um modo geral, representa o curatelado absolutamente incapaz, gerindo seus negócios ou assistindo o relativamente incapaz, dando-lhe consentimento para a prática de negócios jurídicos. A expressão "negócios", aqui aplicada tem o sentido de "ato", como era chamado no antigo Código Civil

A curatela é instituto por demais antigo, tanto que já fora prevista na Lei das Doze Tábuas, com o nome de "cura". O direito romano previu várias espécies de curatela, das quais a principal era a CURA FURIOSI, aplicada no caso de "loucura furiosa", expressão usada pelo Código de

1916, felizmente suprimida pelo novo. Outra era a CURA PRODIGI, aplicada a quem desbarata seus bens.

29.2 Quem está sujeito à curatela

Pelo art.1.767, estão sujeitos à curatela as seguintes pessoas:

1 – aqueles que, por enfermidade ou deficiência mental, não tiveram o necessário discernimento para os atos da vida civil;

2 – aqueles que, por outra causa duradoura, não puderem exprimir a sua vontade;

3 – deficientes mentais, os ébrios habituais e os viciados em tóxicos;

4 – os excepcionais sem completo desenvolvimento mental;

5 – os pródigos.

Como se poderá enquadrar no inciso 1 esse tipo de incapaz? Atestados médicos não serão suficientes por terem validade temporária e não será fácil estabelecer a gradação da incapacidade. O estado jurídico a que se refere este inciso tem entretanto uma designação aceitável: o interdito. Resulta esse tipo de um processo de interdição, pelo qual alguém que tenha interesse na interdição, como os próprios pais, requer à Justiça a declaração de interdição de uma pessoa que não apresenta o suficiente discernimento mental para distinguir o bem do mal, a conveniência ou não dos atos que pratica. Munindo-se dos laudos médicos necessários, o juiz poderá declarar por sentença a interdição do mentalmente incapaz. A própria sentença judicial nomeará então o curador encarregado de representar o interdito em atos que deva praticar.

As pessoas que não puderem exprimir a sua vontade são as que apresentam vontade deficiente. A vontade apresenta dois atributos principais: a liberdade e o poder de decisão. É um fator psicológico que se manifesta, que se exterioriza. Essa manifestação deve ser clara e objetiva, graças à capacidade de fato no tocante à expressão da vontade. Um cego, surdo e mudo, por exemplo, dificilmente terá essa capacidade. Um detento sob o domínio de outros, em constante ameaça, tem sua capacidade constrangida.

O deficiente mental deve ser o interdito, declarado judicialmente como incapaz de distinguir o certo do errado. O ébrio habitual é normalmente chamado de alcoólatra, pessoa incapaz de livrar-se da bebida. É um tanto difícil estabelecer o grau de dependência do viciado em tóxicos, ou saber até que ponto poderá ele manter-se nos limites da normalidade.

Os excepcionais sem completo desenvolvimento mental são pessoas apresentando síndromes, como o mongolismo. O Código de Processo Civil faz referência a "anomalia psíquica". A questão é bem complexa, ocupando estudos da psiquiatria, da psicologia, da neurologia e outras ciências paralelas. Às vezes, a anomalia torna o deficiente incapaz para certos tipos de atos, mas não para outros. Há uma infinidade de enfermidades mentais e com efeitos muito variados. Haverá então necessidade de processo de interdição, findo o qual a sentença especificará o grau de incapacidade jurídica do deficiente mental.

Na mesma situação encontra-se o problema dos ébrios habituais e os viciados em tóxicos. Tóxico é a substância química ou natural que introduzida no organismo humano poderá determinar profundas mudanças no comportamento. É imprevisível o comportamento do dependente químico, mesmo porque, cada tipo de tóxico pode provocar alternâncias variáveis, como o álcool, a cocaína, a maconha, o LSD, o haxixe. O álcool não deixa de ser tóxico, pois é substância química que penetrada no organismo provoca modificações físicas e psíquicas, como moleza, sonolência e até o estado de coma.

Sob o ponto de vista psicológico, o álcool, como os demais tóxicos, provocam reações variáveis, correlacionadas ao perfil de personalidade do viciado. Uns ficam alegres e expansivos: dão gargalhadas, falam muito, abraçam e beijam pessoas, extravasando sua alegria e artificial. Outros, ao contrário, ficam tristes, emburrados, sentimentais e muitos choram; tornam-se às vezes românticos, escrevem poesias, recordam-se de fatos passados e pessoas com emoção. Outros tornam-se violentos; querem brigar, dar pancadas, expandir energias, dar gritos.

Haverá pois necessidade de julgamento judicial amparado por laudos médicos que autorizem o juiz a estabelecer o tipo de curatela necessária ao incapaz: se a curatela absoluta declarando a incapacidade para todos os atos da vida civil, ou da incapacidade relativa só a certos atos, como a disposição patrimonial. Poderá ainda o juiz decidir-se se a curatela possa implicar a internação em estabelecimento especializado.

Finalmente, o inciso V do art. 1.767 inclui os pródigos como necessitados de curatela. Pródigo é quem gasta desordenadamente, com propulsão a liberalidade patrimonial. Origina-se esse termo de "prodigere" = gastar desordenadamente, dissipar, desperdiçar. Ulpiano, um dos pioneiros do direito, previu o pródigo há mais de 2.000 anos atrás: "prodigus est neque tempus, neque finem expensarum habet, sede bona sua dilacerando et dissipando produndit" (pródigo é quem não distingue o tempo e o limite dos gastos, mas lançando fora seus bens, dilapidando ou dilacerando-os).

É o esbanjador de sua fortuna. É o caso do viciado em jogo, que mesmo perdendo não se afasta dele. A prodigalidade afeta o patrimônio familiar pois o pródigo não se apraz em dilapidar os bens próprios, mas compromete os bens da mulher e dos filhos; às vezes, o pródigo é um deficiente mental e outras é apenas um irresponsável, mas, em ambos os casos, provocam a necessidade do curador. Houve em São Paulo um empresário que formou, em meio século de lutas, um verdadeiro império econômico, com 23 prósperas empresas. Após sua morte, bastou um ano para que os filhos desbaratassem essa fortuna.

O pródigo não sofre propriamente a interdição, pois sua incapacidade é apenas relativa. A curatela atinge os atos de disposição patrimonial: não pode vender ou alienar seus bens e seus gastos ficam limitados às suas necessidades. Não pode ser empresário. A nomeação do curador geralmente é preventiva pois a prodigalidade só se pode comprovar na prática; quando os responsáveis tomarem as medidas compatíveis, o perdulário já diluiu parte de seus bens.

A curatela é medida destinada à proteção do próprio curatelado e das pessoas afetadas pela prodigalidade, como os pais, o cônjuge, os filhos. Após o advento do novo Código Civil (Lei 10.406, de 10.1.2002), é incluída como vítima a consorte do perdulário.

29.3. O processo de interdição

A interdição deve resultar de um processo judicial; só o juiz, por sentença poderá declarar a interdição. O processo de interdição está regulamentado por um capítulo do Código de Processo Civil, denominado "Da Curatela dos Interditos". Esse capítulo esclarece mais as disposições estabelecidas pelo Código Civil, tomando os arts. 1.177 a 1.186. Combinando os dois códigos, podemos ter boa visão desse processo.

Preliminarmente teremos de saber quem poderá requerer a interdição. A resposta nos é dada pelo art. 1.768 do Código Civil; a interdição deve ser promovida pelos pais ou tutores; pelo cônjuge ou qualquer parente; ou pelo Ministério Público. Será então o autor da ação alguma pessoa interessada, assim considerada quem puder ser prejudicado por atos do incapaz e tiver interesse afetivo por ele, a fim de evitar que sofra ele prejuízos pela sua falta de discernimento. Por isso os primeiros da lista são seus pais. Na impossibilidade dos parentes cabe a ação ao Ministério Público, mas este só promoverá a interdição no caso de doença mental grave do incapaz. A interdição, nesse caso, não pode ser promovida, por inexistência de pais ou tutores, parentes ou cônjuges do deficiente ou eles próprios. Não fica bem estabelecido se pessoas ligadas por afinidade, como cunhado, genro, teriam capacidade para essa ação. Igualmente, no caso de união estável. Caso não seja aceita essa intervenção, deveriam os interessados requererem ao Ministério Público e os afins participarem do processo como assistentes. Há jurisprudência admitindo afins e companheiros como sujeitos ativos para empreender a interdição.

Deverá haver defesa do suposto incapaz, cabendo a defesa ao Ministério Público quando a interdição for promovida por parentes. Quando for o Ministério Público o autor da ação, o juiz nomeará defensor ao suposto incapaz, que o Código de Processo Civil chama de "curador à lide". Poderá o interditando, porém, constituir advogado com poderes judiciais que teria se nomeado pelo interditando, respondendo pelos honorários.

Inicia-se o processo com a petição inicial, em que o interessado provará a sua legitimidade, especificará os fatos que revelam a anomalia psíquica e assinalará a incapacidade do interditando para reger a sua pessoa e administrar os bens. A exordial deve ser instruída com laudos médicos hábeis e idôneos, embora deva posteriormente o juiz determinar novos exames médicos.

Haverá audiência, com a citação para ela, quando será examinado e interrogado pelo juiz acerca de sua vida, suas ações, negócios e demais aspectos que possam levar o juiz a opinião do estado mental do interrogado. O interrogatório será lançado nos autos, as perguntas e as respostas.

O interditando poderá impugnar o pedido de interdição, no prazo de cinco dias *após* a *audiência.* O juiz, em seguida, nomeará perito para realizar o exame do interditando, com a apresentação do laudo médico. Portanto, antes de pronunciar-se acerca da interdição, o juiz assistido por especialistas, examinará pessoalmente o argüido de incapacidade (art. 1.771). De posse de todas essas provas e demais elementos, o juiz já poderá designar a audiência de instrução e julgamento, para prolatar a sentença.

Procedente a ação, o juiz pronunciará a interdição do incapaz e assinalará, segundo o estado ou o desenvolvimento mental do interdito, os limites da curatela. No caso do pródigo, a interdição só o privará de, sem curador, emprestar, transigir, dar quitação, alienar, hipotecar, demandar ou ser demandado, e praticar em geral os atos que não sejam, de mera administração (art. 1.782).

Decretando a interdição, o juiz nomeará na própria sentença o curador ao interdito. A sentença produzirá efeitos imediatos, embora sujeita a apelação. Será ela inscrita no Cartório de Registro Civil de Pessoas Naturais e publicada pela imprensa local e pelo Diário Oficial por três vezes, com intervalo de dez dias constando do edital os nomes do interdito e do curador, a causa da interdição e os limites da curatela. Essa publicação se torna imprescindível para que todos tenham conhecimento e possam evitar transações com o interdito.

29.4. Quem deve ser curador

Normalmente, quem requer a interdição é nomeado curador. O cônjuge, não separado judicialmente, é, de direito, curador do outro quando interdito. Na falta do cônjuge, é curador legítimo o pai ou a mãe; na falta destes, o descendente que se demonstrar mais apto. Entre os descendentes, os mais próximos precedem aos mais remotos. Na falta das pessoas mencionadas, compete ao juiz a escolha do curador (art. 1.775). Embora fale a lei "pai ou a mãe", não vemos impedimento legal para que ambos sejam nomeados curadores.

Vê-se que essa ordem segue os mesmos critérios da tutela. Diga-se, a propósito, que há muita afinidade entre os dois institutos, mas é bom repetir que há também várias diferenças entre ambos. Aliás, diz o art. 1.775 que se aplicam à curatela as disposições concernentes à tutela, com as modificações constantes do próprio Código.

A autoridade do curador à pessoa e aos bens dos filhos do curatelado, a não ser que o filho adquira a maioridade, nos termos do art. 5º do Código Civil, ou seja, aos 18 anos. No exercício da curatela, o curador procurará reenquadrar o curatelado na vida normal; havendo meio de recuperar o interdito, o curador promover-lhe-á o tratamento em estabelecimento apropriado. Quando não se adaptarem ao convívio doméstico certos interditos como os ébrios e os viciados em tóxicos deverão ser recolhidos em estabelecimentos adequados, por iniciativa do curador.

O curador será intimado a tomar posse, devendo prestar compromisso por termo em livro próprio rubricado pelo juiz. Antes de entrar em exercício, requererá a especialização em hipoteca legal de imóveis necessários para acautelar os bens que serão confiados à sua administração. Por essa especialização, os bens do curador ficam bem descritos e caracterizados, formando um patrimônio bem definido. Sobre esse patrimônio cairá uma hipoteca legal, assim declarada pelo juiz. A hipoteca legal que o curador faz de seus bens destina-se a garantir eventuais prejuízos que ele possa causar ao curatelado. É exigência legal não muito simpática pois a curatela é o exercício gratuito de um "munus" privado e não é lógico obrigar o curador a gravar seus bens para exercê-lo. Pode ser motivo para que ele recuse o encargo.

Poderá o curador ser destituído do cargo ou mesmo dispensado, caso não proceda de acordo com as normas ou deixe de prestar contas de sua atuação. Quando curador for o cônjuge e o regime de bens do casamento for de comunhão universal, não será obrigado à prestação de contas, salvo determinação judicial (art. 1.783). O patrimônio que o cônjuge estiver administrando nesse caso é também dele e se causar prejuízos será a si mesmo, não havendo pois de responder por tais danos.

29.5. Da curatela do nascituro e do enfermo ou portador de deficiência física

Com o instituto da curatela, procurou a lei proteger também os direitos do nascituro. Os direitos do nascituro foram apontados no art. 2º do novo Código Civil. O nascituro não é uma pessoa; é o feto já concebido, mas ainda no ventre da mãe. Segundo o art. 2º, a personalidade civil da pessoa começa do nascimento com vida; mas a lei põe a salvo, desde a concepção, os direitos do nascituro. Ele tem direitos, mas subordinados a uma condição suspensiva: nascer com vida.

Os direitos do nascituro são normalmente direitos sucessórios, como receber herança, legado ou mesmo doação. Dar-se-á curador ao nascituro se o pai falecer estando grávida a mulher e não tendo o poder familiar. Se a mulher estiver interdita, seu curador será o do nascituro. Vemos aqui vários fatores para que possa se dar a curatela:

1 – que o pai do nascituro tenha falecido;
2 – que a mãe esteja grávida;
3 – que não detenha o poder familiar.

Não deve ser fácil coincidirem simultaneamente essas três hipóteses, mas a lei previu essa possibilidade. Necessitam elas de prova: atestado de óbito do pai, da gravidez da mãe e a sentença de interdição da mãe.

Essa questão está prevista nos arts. 877 e 878 do Código de Processo Civil, com a designação "Da posse em nome do nascituro". A defesa dos direitos do nascituro cabe à mãe, ainda que não detenha o poder familiar. A mulher que, para garantia dos direitos do filho nascituro, quiser provar seu estado de gravidez, requererá ao juiz que, ouvido o órgão do Ministério Público, mande examiná-la por médico de sua nomeação. Esse exame pode ser dispensado se os herdeiros do falecido aceitarem a declaração da mãe.

Vejamos esta hipótese: há uma herança ainda em processo, havendo três irmãos herdeiros. Um dos irmãos era casado, mas faleceu; a parte da herança do irmão falecido fica para os outros dois. Entretanto, a esposa do falecido está grávida e o nascituro é um potencial herdeiro. Neste caso, a mãe do nascituro poderá reclamar a posse da herança pelo filho a nascer. Se à mãe não couber o exercício do poder familiar, o juiz nomeará curador ao nascituro. Se a mãe tiver curador, este será também o do nascituro. Estando em termos o processo, o juiz por sentença declarará a mãe investida na posse dos direitos que cabem ao nascituro.

Há outra questão, mais ou menos paralela: a do enfermo ou portador de deficiência física. Poderão eles requerer para que lhes seja dado curador para cuidar de todos ou alguns de seus negócios ou bens. Se eles não forem capazes de requerer, poderão fazê-lo os pais ou tutores, o cônjuge ou qualquer parente, ou o Ministério Público.

29.6. O levantamento da interdição

É possível o levantamento da interdição se houver cessado a causa que a tenha determinado. O pedido de levantamento poderá ser feito pelo interdito e será apensado aos autos da interdição. São semelhantes os dois processos: da interdição e do levantamento. O juiz nomeia perito para exame de sanidade do interdito, com a apresentação do laudo. Estando em termos o processo, o juiz realizará audiência de instrução e julgamento.

A sentença que decretar o levantamento da interdição será publicada três vezes, com intervalo de dez dias, na imprensa local e no Diário Oficial e deverá ser averbada no Cartório de Registro Civil de Pessoas Naturais.

Novo Código Civil

Da Curatela

Seção I
Dos Interditos

Art. 1.767. Estão sujeitos a curatela:

I – aqueles que, por enfermidade ou deficiência mental, não tiverem o necessário discernimento para os atos da vida civil;

II – aqueles que, por outra causa duradoura, não puderem exprimir a sua vontade;

III – os deficientes mentais, os ébrios habituais e os viciados em tóxicos;

IV – os excepcionais sem completo desenvolvimento mental;

V – os pródigos.

Art. 1.768. A interdição deve ser promovida:

I – pelos pais ou tutores;

II – pelo cônjuge, ou por qualquer parente;

III – pelo Ministério Público.

Art. 1.769. O Ministério Público só promoverá interdição:

I – em caso de doença mental grave;

II – se não existir ou não promover a interdição alguma das pessoas designadas nos incisos I e II do artigo antecedente;

III – se, existindo, forem incapazes as pessoas mencionadas no inciso antecedente.

Art. 1.770. Nos casos em que a interdição for promovida pelo Ministério Público, o juiz nomeará defensor ao suposto incapaz; nos demais casos o Ministério Público será o defensor.

Art. 1.771. Antes de pronunciar-se acerca da interdição, o juiz, assistido por especialistas, examinará pessoalmente o argüido de incapacidade.

Art. 1.772. Pronunciada a interdição das pessoas a que se referem os incisos III e IV do art. 1.767, o juiz assinará, segundo o estado ou o desenvolvimento mental do interdito, os limites da curatela, que poderão circunscrever-se às restrições constantes do art. 1.782.

Art. 1.773. A sentença que declara a interdição produz efeitos desde logo, embora sujeita a recurso.

297

Art. 1.774. Aplicam-se à curatela as disposições concernentes à tutela, com as modificações dos artigos seguintes.

Art. 1.775. O cônjuge ou companheiro, não separado judicialmente ou de fato, é, de direito, curador do outro, quando interdito.

§ 1.º Na falta do cônjuge ou companheiro, é curador legítimo o pai ou a mãe; na falta destes, o descendente que se demonstrar mais apto.

§ 2.º Entre os descendentes, os mais próximos precedem aos mais remotos.

§ 3.º Na falta das pessoas mencionadas neste artigo, compete ao juiz a escolha do curador.

Art. 1.776. Havendo meio de recuperar o interdito, o curador promover-lhe-á o tratamento em estabelecimento apropriado.

Art. 1.777. Os interditos referidos nos incisos I, III e IV do art. 1.767 serão recolhidos em estabelecimentos adequados, quando não se adaptarem ao convívio doméstico.

Art. 1.778. A autoridade do curador estende-se à pessoa e aos bens dos filhos do curatelado, observado o art. 5.º.

Seção II

Da Curatela do Nascituro e do Enfermo ou Portador de Deficiência Física

Art. 1.779. Dar-se-á curador ao nascituro, se o pai falecer estando grávida a mulher, e não tendo o poder familiar.

Parágrafo único. Se a mulher estiver interdita, seu curador será o do nascituro.

Art. 1.780. A requerimento do enfermo ou portador de deficiência física, ou, na impossibilidade de fazê-lo, de qualquer das pessoas a que se refere o art. 1.768, dar-se-lhe-á curador para cuidar de todos ou alguns de seus negócios ou bens.

Seção III

Do Exercício da Curatela

Art. 1.781. As regras a respeito do exercício da tutela aplicam-se ao da curatela, com a restrição do art. 1.772 e as desta Seção.

Art. 1.782. A interdição do pródigo só o privará de, sem curador, emprestar, transigir, dar quitação, alienar, hipotecar, demandar ou ser demandado, e praticar, em geral, os atos que não sejam de mera administração.

Art. 1.783. Quando o curador for o cônjuge e o regime de bens do casamento for de comunhão universal, não será obrigado à prestação de contas, salvo determinação judicial.

30. O ESTATUTO DA CRIANÇA E DO ADOLESCENTE

30.1. A legislação do menor
30.2. Proteção ao menor
30.3. A colocação em família substituta
30.4. A Justiça da Infância e da Juventude
30.5. Os crimes contra o menor
30.6. O adolescente infrator

30.1. A legislação do menor

Acreditamos ser o Direito do Menor uma das peculiaridades brasileiras. O Código Civil italiano não traz disposições especiais sobre menores, nem o francês, o espanhol e o português. Quanto mais se acentua a importância de um problema, mais se desenvolve o direito relativo a ele. Parece ser o que ocorre com relação a menores. Consta haver no Brasil mais de trinta milhões de menores abandonados, levantando problemas pasmantes. A população brasileira é extremamente jovem em comparação com os países europeus. Dentro das considerações que acabamos de expor neste compêndio, não há problema de menor; há problema de família. Rotos os laços familiares, desmoralizada a reverência pelos mais velhos, relegado o casamento à condição de arcaísmo, surgem as conseqüências. Entre elas a principal: filhos abandonados, revoltados, displicentes, irreverentes, violentos. São os frutos da crise familiar.

Paralelamente ao agravamento da crise familiar, foram surgindo normas relativas a menores, das quais fomos falando em várias passagens, mas que exigem estudo específico. Entre essas numerosas leis avulta o Estatuto da Criança e do Adolescente-ECA (Lei 8.069/90), que substituiu o antigo Código de Menores. Este código expande e pormenoriza as disposições anteriores do Código Civil e de outras leis, embora, às vezes, provoque conflito com elas. Um fato fica evidenciado: o problema do menor é isso, devemos trazê-lo à baila, mesmo porque é assunto de magnitude. Sempre que a questão se reporte a filhos menores, esse diploma legal necessita ser consultado.

Muito vasta é a legislação sobre a criança e o adolescente, chamados em geral de menor. Antes do atual estatuto jurídico, já era a questão tratada pelo Código de Menores (Lei 6.697/79), revogado pelo atual estatuto. Muitas outras normas integram-se neste direito, como a legislação sobre o reconhecimento de filhos, a ação de alimentos e tudo o mais que atinja uma pessoa de idade inferior a 21 anos. Há certos aspectos penais, como o aborto, o tráfico de menores, o tráfico de drogas e vários outros, que, sendo praticados por menores ou contra menores, invocam a aplicação desse específico ordenamento jurídico.

O Estatuto da Criança e do Adolescente repisa muitos institutos tradicionais, entre eles os já constantes no Código Civil e no antigo Código de Menores. Em nossa opinião, o Código de Menores era mais prático e objetivo, enquanto o ECA estabelece normas mais genéricas e princípios.

É quase uma lei complementar à Constituição, já que nossa Constituição Federal, no art. 227 prevê a maior parte do que trata esta lei. Torna-se então necessário falar sobre nossa Constituição, já que ela se integra neste direito, chamado por enquanto de Direito do Menor, tendendo a mudar sua denominação para Direito da Criança e do Adolescente.

A Constituição Federal de 1988 traz o capítulo chamado: "DA FAMÍLIA, DA CRIANÇA, DO ADOLESCENTE E DO IDOSO", ocupando os arts. 226 a 230. O art. 226 cuida da família, o 230 do idoso. A criança e o adolescente são tratados pelos arts. 227, 228 e 229. O art. 227 é bastante longo, prevendo, em vários incisos e diversos parágrafos, vasta gama de direitos, ou seja, os direitos de que trata o ECA. Prevê inúmeras obrigações para o Estado no trato da criança e do adolescente, mas também alarga essas obrigações à família e à sociedade.

É ilustrativo frizar o que diz o "caput" do art. 227, melhor esmiuçado depois nos parágrafos e incisos e na legislação posterior:

> "É dever da família, da sociedade e do Estado assegurar à criança e ao adolescente, com absoluta prioridade, o direito à vida, à saúde, à alimentação, à educação, ao lazer, à profissionalização, à cultura, à dignidade, ao respeito, à liberdade e a convivência familiar e comunitária, além de colocá-los a salvo de toda forma de negligência, discriminação, exploração, violência, crueldade e opressão".

Em seguida, sete parágrafos e nove incisos vão trazendo pormenores sobre o que diz o "caput". Diz o art. 228 que são penalmente inimputáveis os menores de 18 anos, sujeitos às normas da legislação especial. Essa disposição é repetida pelo art. 27 do Código Penal. O art. 229 afirma que os pais têm o dever de assistir, criar e educar os filhos menores, e os filhos maiores têm o dever de ajudar e amparar os pais na velhice, carência ou enfermidade.

Estamos aqui nos ocupando da legislação desde a Constituição Federal até normas e portarias diversas, passando pelo ECA, sem nos desviarmos para a realidade dos fatos e da forma como a lei é interpretada e aplicada, para não dizer disfigurada, afrontada e enxovalhada. Embora nosso direito atribua ao Estado gama imensa de obrigações para com a criança e adolescente e os direitos destes, o que eles recebem é a Praça da Sé, onde podem dormir ao relento, catar lixo, assaltar e roubar à vontade nas barbas da lei. Têm acesso fácil às drogas, à literatura fescenina e à prostituição. Fora de São Paulo, parece não ser diferente a situação, uma

304

vez que a imprensa publica constantemente reportagens de fatos realmente horripilantes a respeito da criança e do adolescente. O comportamento da sociedade e da família não é menos desanimador. Tornaremos porém o cuidado e nos ater exclusivamente aos aspectos jurídicos da questão.

30.2. Proteção ao menor

O novo Direito do Menor não elimina a expressão "menor", mas divide essa categoria de pessoas em dois tipos: a criança e o adolescente; a criança é de idade até 12 anos e de 12 a 18 é o adolescente. Há tratamento diferenciado para ambos, o que representa inovação, uma vez que o direito anterior não distinguia esses menores. Há certos casos em que são equiparados, ao menor, para efeitos de direito, pessoas entre 18 e 21 anos, como na tutela, na internação, no acesso à Justiça. Juridicamente, menor é quem não atingiu a idade de 21 anos.

O ECA é de tendência nitidamente protecionista, prevendo formas diversas de proteção e socorro ao menor. Os arts. 3º e 4º expõem quase que "ipsis literis" o disposto no art. 227 da Constituição Federal. O art. 5º condena qualquer forma de negligência, discriminação, exploração, violência, crueldade e opressão, punindo na forma da lei qualquer atentado, por ação e omissão, aos seus direitos fundamentais. As disposições desse artigo são meio vagas e genéricas, mas no próprio ECA e noutras normas serão encontradas medidas concretas de proteção e socorro ao menor. Por exemplo, os alimentos constituem sanção à negligência com que sejam tratados a criança e o adolescente; a perda do pátrio poder idem, a assistência médica prevista em várias normas, a detenção apenas em certos casos, a proibição de ser qualificado e registrado nos organismos policiais, as medidas gerais contra pais ou responsáveis e muitas outras.

O art. 6º é muito importante, ao reproduzir integralmente o art. 5º da Lei de Introdução ao Código Civil, mas adaptando-o ao caso específico do menor, que vamos transcrever:

"Na interpretação desta lei, levar-se-ão em conta os fins sociais a que ela se dirige, as exigências do bem comum, os deveres individuais e coletivos, e a condição peculiar da criança e do adolescente como pessoas em desenvolvimento".

Cabe realmente este princípio quando se lida com crianças e adolescentes, porquanto a lei não pode ser aplicada integralmente. A "dura lex sed lex" não pode ser invocada em questões de natureza sentimental. O juiz da Vara da Criança e do Adolescente é obrigado a sentir o lado humano e social da situação, ainda que a lei disponha em contrário. Vigora neste campo o chamado "prudente arbítrio do juiz". Cabe-lhe então aplicar a lei no sentido de atingir os aspectos sociais e humanos que o próprio direito persegue. Digamos, por exemplo, que, em conseqüência de divórcio, a mãe seja considerada culpada da dissolução do vínculo matrimonial e perca a guarda dos filhos. Todavia o filho está em amamentação e a fiel e estrita aplicação da lei trar-lhe-á sensíveis prejuízos.

30.3. A colocação em família substituta

Reconhece a lei a importância da família na formação e desenvolvimento do cidadão. Procura, por isso, assegurar-lhe a vida familiar e caso não tenha família, cria-lhe uma. Se tiver família incapaz de dar-lhe vida familiar, procura dar-lhe família substituta. É o que acontece com a adoção, com a perda do pátrio poder, a guarda de menores e a tutela. Dedicamos um estudo especial a cada um desses institutos, mas todos eles têm o sentido de garantir um lar ao menor. A questão é tratada pelo ECA no capítulo denominado "DO DIREITO À CONVIVÊNCIA FAMILIAR E COMUNITÁRIA", com os arts. 21 a 52.

A colocação do menor em família substituta, ou como chamava o antigo Código de Menores, em lar substituto, aplica-se ao menor em situação irregular, anteriormente definido como menor carente de assistência e representação de seus pais, chamado vulgarmente de "menor abandonado" ou "menor carente". O novo Direito do Menor é sub-ramo do Direito de Família e introduz inovações no sistema legal em que se enquadra o menor. É o caso da delegação, perda ou suspensão do pátrio poder. São medidas que não se coadunam com o direito tradicional, em razão de ser o pátrio poder privativo dos pais, consoante o próprio nome indica.

A adoção, outra forma de colocação em família substituta, embora seja um instituto tradicional, desde a antiga Roma, e regulamentada no Código Civil, ganhou novos matizes no ECA, nos arts. 39 a 52.

30.4. A Justiça da Infância e da Juventude

Para se avaliar a relevância do problema do menor, assim entendidos a criança e o adolescente, basta dizer que foi criada para ele uma justiça especial: a Justiça da Infância e da Juventude. Assim, ao lado da Vara Cível, Vara Criminal, Vara da Fazenda, existe agora a Vara da Infância e da Juventude. Não se ouve falar na existência dessa modalidade de jurisdição em outros países. Na Itália e na França seguramente não há, nem código ou leis especializadas. Existe sim, a regulamentação no Código Civil, bem semelhante à do Brasil. Desconhecemos nos demais países essa peculiaridade.

As varas especializadas e exclusivas da infância e da juventude pertencem à justiça estadual e estão sendo criadas nos Estados e reguladas na Lei de Organização Judiciária. Em São Paulo estão elas acionadas com intensa movimentação. O Juiz da Infância e da Juventude constitui nova categoria na magistratura paulista, atuando tanto no fórum central como as varas distritais.

As varas da infância e da juventude carrearam para elas a competência para inúmeras questões atribuídas anteriormente a outras varas, principalmente à vara de família e sucessões. Nesses termos, passou para a Vara da Infância e da Juventude a competência para muitas questões envolvendo menores de 18 anos, quando seus direitos forem ameaçados ou violados. Vamos enumerar as questões referidas pelo ECA:

1. conhecer de pedidos de guarda e tutela;
2. conhecer de ações de destituição de pátrio poder, perda ou modificação da tutela ou guarda;
3. suprir a capacidade ou o consentimento para o casamento;
4. conhecer de pedidos baseados em discordância paterna ou materna, em relação ao exercício do pátrio poder;
5. conceder a emancipação, nos termos da lei civil, quando faltarem os pais;
6. designar curador especial em casos de apresentação ou queixa e representação, ou de outros procedimentos judiciais ou extrajudiciais em que haja interesses de criança ou adolescente;
7. conhecer as ações de alimentos;
8. determinar o cancelamento, a retificação e o suprimento dos registros de nascimento e óbito;

9. conhecer de representações promovidas pelo Ministério Público para apuração de ato infracional atribuído a adolescente, aplicando as medidas cabíveis;

10. conhecer de pedidos de adoção e seus incidentes.

É da competência da Justiça da Infância e da Juventude da defesa de interesses difusos em relação ao menor. Cabe-lhe ainda disciplinar, por meio de portarias o comportamento de menores, como a entrada e permanência, desacompanhado dos pais ou responsável, em estádio, ginásio ou campo desportivo; bailes ou promoções dançantes; boate ou congêneres, casa que explore comercialmente diversões eletrônicas; estúdios cinematográficos, de teatro, rádio e televisão; e participação em espetáculo público e seus ensaios.

Com a criação dessa especial jurisdição, organizou-se também o Ministério Público especializado. As funções desse órgão estão previstas no longo art. 201, parecidas com às da competência anteriormente reservada às varas de família. Além de promover e de acompanhar as diversas ações relativas a menores, o Ministério Público toma iniciativa em defesa deles, suprindo a falta de representação dos menores. Poderia assim o Ministério Público, por exemplo, entre outras atribuições, promover o inquérito civil e a ação civil pública para a tutela e proteção dos interesses individuais, difusos ou coletivos, relativos à infância e a juventude, e contra formas de divulgação em programas de televisão que atentem contra a formação de menor.

30.5. Os crimes contra o menor

Apesar de serem as infrações penais previstas no Código Penal, o ECA capitulou os crimes praticados contra o menor, por ação ou omissão, sem prejuízo do disposto na legislação penal. Tais crimes são de ação pública incondicionada. O primeiro crime capitulado é contra o nascituro e praticado por pessoas responsáveis pelos serviços de saúde, deixando de manter registro das atividades desenvolvidas, através de prontuários individuais pelo prazo de 18 anos, segundo exige o art. 10.

É também crime deixar de identificar o recém-nascido mediante o registro de sua impressão plantar e da digital da mãe, sem prejuízo de outras formas normatizadas pela autoridade administrativa competente. Este crime é praticado pelo médico, pela enfermeira ou dirigente hospitalar. A prática desses dois crimes pode ocasionar troca de neonatos ou falta de identificação deles. Os erros de identificação constituem muitas vezes fraudes de conseqüências graves, com efeitos na sucessão de herança, venda de crianças e várias outras. As penas variam de acordo com o crime e se for ele doloso ou culposo.

Outro crime é o de privar o menor de sua liberdade, procedendo à sua apreensão sem estar em flagrante de ato infracional ou inexistindo ordem escrita da autoridade judiciária competente. Incide no mesmo crime e na mesma pena quem procede à apreensão sem observância das formalidades legais. Trata-se de crime de seqüestro de menor. Geralmente é ele praticado por autoridade abusando de seu poder.

Incorre também neste crime a autoridade policial responsável pela apreensão de criança ou adolescente, de fazer imediata comunicação à autoridade judiciária competente e à família do apreendido ou à pessoa por ele indicada. Trata-se, no caso, da retenção ilícita de um menor apreendido, deixando de encaminhá-lo a quem de direito. Ou então a autoridade que descumprir, injustificadamente, prazo fixado no ECA em benefício do adolescente privado de liberdade, ou seja, mantê-lo internado após o prazo. A pena para todos esses crimes retrocitados é de 6 meses a 2 anos, conforme previsão dos arts. 230 e 231.

Outra categoria de crimes é a dos praticados por pessoa detentora de poderes sobre o menor, como os progenitores. Submeter criança ou adolescente sob sua autoridade, guarda ou vigilância a vexame ou constrangimento. Pior ainda é submeter menor a tortura: constitui crime hediondo; poderá este ser ainda qualificado, aumentando a pena, se a tortura resultar lesão corporal grave ou gravíssima ou morte. Neste último caso a reclusão poderá ser de 15 a 30 anos, a maior admitida pelo Direito Penal.

São crimes os atos praticados que possam afetar a formação moral de menores. Produzir ou dirigir representação teatral, televisiva ou película cinematográfica, utilizando-se de criança ou adolescente em sexo explícito ou pornográfica. Incorre nele quem contracena com crianças ou adolescentes, ou fotografe ou publique cena de sexo explícito ou pornográfica com eles.

É crime vender, fornecer ainda que gratuitamente ou entregar, de qualquer forma a menor arma, munição ou explosivo, ou também fogos de artifício, a não ser que estes últimos tenham reduzido potencial e sejam incapazes de provocar dano físico.

O art. 243 capitula como crime o mesmo previsto no art. 12 da Lei dos Entorpecentes (Lei 6.368/76): fazer chegar à mão de menor produtos cujos componentes possam causar dependência física ou psíquica, ainda que por utilização indevida.

30.6. O adolescente infrator

Considera-se como infrator o menor de idade superior a 12 anos e inferior a 18, vale dizer, o adolescente. O menor de 12 anos, considerado criança, não pode ser processado, por ser inimputável. Sendo apreendido em flagrante de ato infracional, será desde logo, encaminhado à autoridade competente. Comparecendo os pais ou responsáveis, o adolescente será liberado ou, se grave for a infração, encaminhado ao Ministério Público junto com o B.O. Mesmo que não seja o caso de encaminhamento do menor, serão enviados ao Ministério Público o B.O. ou relatório policial.

O procedimento regulado pela lei visa mais a proteger o adolescente. Não pode ele ser transportado de forma atentatória à sua dignidade ou integridade física ou mental. Se o Ministério Público achar improcedente as acusações contra o infrator poderá pedir o arquivamento dos autos. Se houver base para um processo, fará representação ao juiz para a aplicação de medida sócio-educativa. Sendo condenado, não poderá ser preso mas internado ou então ficar em regime de semiliberdade.

As sanções aplicadas ao menor são, na realidade, medidas de poteção, chamadas pelo ECA de "sócio-educativas". São várias e algumas bem suaves, exceto a de internação. Poderá a Justiça adotar as medidas indicadas no art. 101, como o encaminhamento aos pais ou responsáveis, mediante termo de responsabilidade. Poderá também encaminhar o adolescente a cursos ou programas de orientação, ou dar-lhe orientação, apoio e acompanhamento temporários. Caso haja dúvidas sobre sua formação, poderá ser incluído em programa oficial ou comunitário de auxílio, orientação e tratamento a alcoólatras e toxicômanos; ou abrigo em entidades especializadas. Se o adolescente for pessoa sem família ou de família desestruturada, poderá ser dirigido para colocação em lar substituto.

Outras medidas sócio-educativas são realmente punições, indicando o art. 112 várias delas, das quais fazemos breve comentário:

    1 – ADVERTÊNCIA – Consiste na admoestação verbal, que será reduzida a termo e assinada.

    2 – OBRIGAÇÃO DE REPARAR O DANO – Se se tratar de ato infracional com reflexos patrimoniais, a autoridade poderá determinar, se for o caso, que o adolescente restitua a

coisa, promova o ressarcimento do dano ou, por outra forma, compense o prejuízo da vítima. Caso não seja possível a reparação, essa medida poderá ser substituída por outra adequada.

3 – PRESTAÇÃO DE SERVIÇOS À COMUNIDADE – A prestação de serviços comunitários consiste na realização de tarefas gratuitas de interesse geral, por período não excedente a seis meses, junto a entidades assistenciais, hospitais, escolas e outros estabelecimentos congêneres, bem como em programas comunitários ou governamentais. As tarefas serão atribuídas conforme as aptidões do adolescente, devendo ser cumpridas durante jornada máxima de oito horas semanais, aos sábados, domingos e feriados ou em dias úteis, de modo a não prejudicar a freqüência à escola ou à jornada normal de trabalho.

4 – LIBERDADE ASSISTIDA – Será adotada sempre que se afigurar a medida mais adequada para o fim de acompanhar, auxiliar e orientar o adolescente. A autoridade designará pessoa capacitada para acompanhar o caso, que poderá ser recomendada por entidade ou programa de atendimento. A liberdade assistida será fixada pelo prazo mínimo de seis meses, podendo a qualquer tempo ser revogada, prorrogada ou substituída por outra medida, ouvido o orientador, o Ministério Público e o defensor, este último o advogado do adolescente.

5 – INSERÇÃO EM REGIME DE SEMILIBERDADE – O regime de semiliberdade pode ser determinado desde o início, ou como forma de transição para o meio aberto, possibilitada a realização de atividades externas, independentemente de autorização judicial. É obrigatória a escolarização e a profissionalização, devendo, sempre que possível, ser utilizados os recursos existentes na comunidade. A medida não comporta prazo determinado, aplicando-se, no que couber, as disposições relativas à internação.

6 – INTERNAÇÃO – Chegamos à medida sócio-educativa mais dura e a mais importante. A internação constitui medida privativa de liberdade, sujeita aos princípios de brevidade, excepcionalidade e respeito à condição peculiar de pessoa em desenvolvimento. Os órgãos de comunicação de massa referem-se constantemente aos "internos da FEBEM". Como se sabe, a FEBEM-FUNDA-

ÇÃO DO BEM-ESTAR DO MENOR é a entidade principal de internação de menores infratores.

Será permitida a realização de atividades externas, a critério da equipe técnica da entidade, salvo expressa determinação judicial em contrário.

A internação tem prazo máximo de 3 anos, mas não prazo de duração, devendo sua manutenção ser reavaliada, mediante decisão fundamentada, no máximo a cada seis meses. Se nessa reavaliação ficar constatada a conveniência de liberação, será ele liberado. Será também liberado compulsoriamente ao atingir a maioridade de 21 anos, ou se tiver atingido três anos de internação.

Durante o período de internação, o art. 124 garante vários direitos ao adolescente privado de liberdade, entre outros os seguintes: 1. Entrevistar-se pessoalmente com o representante do Ministério Público; 2. Peticionar diretamente a qualquer autoridade; 3. Avistar-se reservadamente com seu defensor; 4. Ser informado de sua situação processual, sempre que solicitada; 5. Ser tratado com respeito e dignidade; e muitos outros.